/编著

市场实验与决策

Market Experiments and Decision-Making

北京大学出版社
PEKING UNIVERSITY PRESS

图书在版编目(CIP)数据

市场实验与决策/林升栋编著. —北京:北京大学出版社,2011.9
ISBN 978-7-301-19524-6

Ⅰ.①市… Ⅱ.①林… Ⅲ.①实验法(心理学)-应用-市场调查 Ⅳ.①F713.52

中国版本图书馆 CIP 数据核字(2011)第 189346 号

书　　　名:	市场实验与决策
著作责任者:	林升栋　编著
责 任 编 辑:	何耀琴　郝小楠
标 准 书 号:	ISBN 978-7-301-19524-6/C·0704
出 版 发 行:	北京大学出版社
地　　　址:	北京市海淀区成府路 205 号　100871
网　　　址:	http://www.pup.cn
电　　　话:	邮购部 62752015　发行部 62750672　编辑部 62752926　出版部 62754962
电 子 邮 箱:	em@pup.cn
印 　刷　者:	河北滦县鑫华书刊印刷厂
经 　销　者:	新华书店
	720 毫米×1020 毫米　16 开本　14.5 印张　276 千字
	2011 年 9 月第 1 版　2019 年 12 月第 2 次印刷
印　　　数:	3001—4000 册
定　　　价:	29.00 元

未经许可,不得以任何方式复制或抄袭本书之部分或全部内容。
版权所有,侵权必究
举报电话:010-62752024　电子邮箱:fd@pup.pku.edu.cn

前言

中国改革开放三十多年来,经济特区充当全国改革开放的"试验田",先行先试,摸着石头过河,其成功做法在经过实践检验后,再向全国其他地区推广或为其他地区所借鉴吸收。经济特区在中国经济发展过程中发挥的示范和带动作用,已经被世界公认。然而,在一个企业的具体营销决策过程中,采用市场试验进行先行先试的方法,在中国仍然十分少见。尽管这种方法早已成为许多跨国公司营销决策的一种重要方法。

在这里,有必要说明一下试验与实验这两个概念。《现代汉语词典》中对实验的释义是"为了检验某种科学理论或假设而进行某种操作或从事某种活动",对试验的释义是"为了察看某事的结果或某物的性能而从事某种活动"。由于实验比试验的范围更广,试验都是实验,而且市场实验既可能去验证某种假设,也可能只是先尝试一下看结果如何,因此本书采用市场实验的说法。

实际上,在国际顶级的消费者行为研究杂志,如 Journal of Consumer Research 和 Journal of Consumer Psychology 上,实验法一直是最主流的研究方法。在国外,许多大学建立了消费者行为实验室,有的科研机构甚至专门建立起领域更窄、技术含量更高的"神经营销(neuro-marketing)实验室"。尽管学院派运用实验法在这一领域的理论研究方面取得了相当的进展(见第一章),但是公司经理们对学者们大量采用大学生被试而得出的结果保持怀疑态度,也不认为这些普适性的理论有助于解决企业具体的营销决策问题。

然而,这并不意味着学院派推崇的研究方法不适用于实务界。最负盛名的佛罗里达大学消费者行为实验室,据说每年有三千多个实验项目,其中不乏企业的应用研究项目。实际上,在欧美市场,运用市场实验为营销决策服务的历史很长。20世纪三四十年代,速溶咖啡投入市场后,厂家以为它很快就会取代传统的豆制咖啡从而获得成功,因为它的味道和营养成分与豆制咖啡相同且饮用更方便,广告中也着力宣传这一优点。然而,购买者寥寥无几。后来心理学家们采用投射实验,才发现消费者拒绝使用速溶咖啡的真正原因:原来购买速溶咖啡的家庭主妇会被看做是懒惰、失职的家庭主妇。厂家广告就不再宣传又快又方便的优点,而是宣传它具有新鲜咖啡所具有的美味、芳香和质地醇厚等特点。在包装上使产品密封牢固,开启时很费力,以此减少因使用新产品省力而造成的个体社会形象受损。

学院派的研究侧重理论的验证,而实务界并不看重这一点,他们更关注为实际问题找到最佳答案,以便执行。当公司经理对一个实际问题有几种备择解决方案,并且在这些方案上举棋不定,而这个问题又很重要时,实验法就有了用武之地。学院派的研究常常采用大学生样本,面对的变量环境也较简单,更重内部效度。而市场实验的样本则一定是从目标消费者当中抽取,面对的变量环境要复杂得多,更重外部效度。市场实验的思想其实完全就是农业试验田的思想,通过小范围的实验确定是否大面积推广,以减少决策的风险或者出现灾难性后果(见第二章)。目前国内企业市场研究中问卷法的使用非常广泛,问卷法有操作简便、速度快等优点,但问卷法通常不能像实验法那样可确定因果关系,在调查过程和被试填答过程中存在很多可能的误差,这就为实验法在市场中的应用提供了用武之地。国内企业对市场实验的了解还不多,本书的推出将有助于实务界对市场实验原理及操作的了解。

本书对运用实验法为具体营销决策服务(第二章)、市场实验程序(第三章),以及几种市场实验的设计——完全随机设计(第四章)、单因素随机区组设计(第五章)、拉丁方设计(第六章)、双重遗留设计(第七章)、析因设计(第八章)、平衡不完全随机区组设计(第九章)进行了深入浅出的介绍,并探讨了如何建立起与实验数据相匹配的模型(第十章)。书后的附录提供了市场实验计划撰写和市场实验报告撰写的示例。

本书主要以李奥贝纳(Leo Burnett)广告公司副总裁 Symour Banks 在 1965 年所著的《实验法在营销中的应用》(*Experimentation in Marketing*)一书为蓝本,参考其架构,同时结合现代统计技术的发展、实验设计的演进以及中国的实践进行编写。Banks 的书是 2003 年我在读博士学位的时候,导师杨中芳教授给我的。阅读该书后,我对市场实验产生了浓厚的兴趣,并且产生了介绍实验法的愿望。2004—2006 年,我给中山大学心理系的本科生讲授《消费者心理》课程期间,多次组织学生对 Banks 的书逐章阅读研讨,对市场实验的原理与方法有了深入的认识。2005 年,我与广州某国际 4A 广告公司合作为广东某地移动通信公司操作了一个较大规模的市场实验项目,更让我看到市场实验在未来中国企业中应用的前景。

2010 年,我在中国营销科学学术年会上遇到北京大学出版社的何耀琴女士,谈到了中国市场上缺乏市场实验的教材与书籍,得到了何女士的支持,终于使本书得以顺利出版。中山大学心理系的黄巨星、梁颖琦、梁凯怡、李春霞、庞翠钰、伍秋萍、张宇庭、林菡、张思妍、何静雅、杨天笑、汤一鹏、林含章、甘嘉文、龙燕谊、黄隽永、姚璟丹、邓欣媚、曹敏莹、车笠、陈子欣、鄢燕宁、黄玄凤、但昭纯、何启亮、林永佳、林佳、邝颂文、程丽君、林萍、孙新花、林为、金瑾、魏蕾、廖文娜、陈小丽、陈辉等同学对本书初期资料的整理与讨论做出了贡献,在此表示谢意!

我在厦门大学广告系的2010级研究生团队多次讨论,并参与了本书的正式编写工作,其中:林升栋撰写了第一章"实验法在消费者行为研究中的广泛应用";姜婧和林升栋撰写了第二章"运用实验法为具体营销决策服务";魏昀撰写了第三章"市场实验程序";杨婧妍撰写了第四章"完全随机设计";李倩撰写了第五章"单因素随机区组设计";李光媛撰写了第六章"拉丁方设计";葛承悦撰写了第七章"双重遗留设计";曹金平撰写了第八章"析因设计";董小雪撰写了第九章"平衡不完全随机区组设计";郑达辉撰写了第十章"建立与实验数据匹配的模型";林升栋撰写了最后的附录部分。本书可作为高校讲授市场研究方法时的教材或辅助教材,亦可作为企业中从事市场研究人员的参考。撰写过程中还存在很多不足之处,请读者批评指正!作者的电子邮箱:lincook@163.com,欢迎来信!

林升栋
2011年7月

目 录

第一章 实验法在消费者行为研究中的广泛应用 /1
  第一节 健身俱乐部收费 /1
  第二节 新报纸促销 /3
  第三节 化整钱为零钱 /9
  第四节 超市试吃摊摆放 /12
  第五节 有奖销售方案 /15
  第六节 神经营销实验 /20
  本章小结 /28
  参考文献 /28

第二章 运用实验法为具体营销决策服务 /30
  第一节 市场实验看似冷门实则有用 /30
  第二节 市场实验解决的问题及其背后的思想 /32
  第三节 实验设计的三种类型 /35
  第四节 市场实验的局限性与弥补方法 /47
  本章小结 /48
  参考文献 /49

第三章 市场实验程序 /50
  第一节 市场实验问题的提出 /50
  第二节 市场实验设计的程序 /51
  第三节 市场实验模型的建立 /61
  第四节 寻找实验的原因变量 /62
  第五节 衡量实验效果的标准选择 /64
  第六节 测试组的选择 /65
  第七节 不同实验设计方案评价标准 /65
  第八节 最终确定是否实施市场实验 /68

第九节　市场实验规模的确定　　　　　　　　　　　　　　/70
　　本章小结　　　　　　　　　　　　　　　　　　　　　　　/71
　　参考文献　　　　　　　　　　　　　　　　　　　　　　　/72

第四章　完全随机设计　　　　　　　　　　　　　　　　　　　/73
　　第一节　完全随机设计思想　　　　　　　　　　　　　　　/73
　　第二节　一元方差分析　　　　　　　　　　　　　　　　　/75
　　第三节　一元方差分析的 SPSS 实现过程　　　　　　　　　/80
　　本章小结　　　　　　　　　　　　　　　　　　　　　　　/88
　　参考文献　　　　　　　　　　　　　　　　　　　　　　　/88

第五章　单因素随机区组设计　　　　　　　　　　　　　　　　/89
　　第一节　单因素随机区组设计的基本思想　　　　　　　　　/89
　　第二节　二元方差分析　　　　　　　　　　　　　　　　　/91
　　第三节　二元方差分析的 SPSS 实现过程　　　　　　　　　/92
　　本章小结　　　　　　　　　　　　　　　　　　　　　　　/109
　　参考文献　　　　　　　　　　　　　　　　　　　　　　　/109

第六章　拉丁方设计　　　　　　　　　　　　　　　　　　　　/110
　　第一节　拉丁方设计思想　　　　　　　　　　　　　　　　/110
　　第二节　拉丁方统计分析　　　　　　　　　　　　　　　　/112
　　第三节　拉丁方统计分析的 SPSS 实现过程　　　　　　　　/114
　　本章小结　　　　　　　　　　　　　　　　　　　　　　　/134
　　参考文献　　　　　　　　　　　　　　　　　　　　　　　/135

第七章　双重遗留设计　　　　　　　　　　　　　　　　　　　/136
　　第一节　遗留效应——采用双重遗留设计的原因　　　　　　/136
　　第二节　双重遗留设计　　　　　　　　　　　　　　　　　/137
　　第三节　案例介绍——包装重量对红苹果销售的影响　　　　/137
　　第四节　利用 SPSS 进行遗留效应的方差分析　　　　　　　/140
　　第五节　其他的重复实验和处理安排　　　　　　　　　　　/147
　　本章小结　　　　　　　　　　　　　　　　　　　　　　　/154
　　附录:威廉姆斯设计26种情况　　　　　　　　　　　　　　/155
　　参考文献　　　　　　　　　　　　　　　　　　　　　　　/168

第八章　析因设计　　　　　　　　　　　　　　　　　　　　　/169
　　第一节　析因设计理念概述　　　　　　　　　　　　　　　/169

第二节　多因素实验设计　　　　　　　　　　　　/170
　　第三节　实验设计与计算举例　　　　　　　　　　/171
　　本章小结　　　　　　　　　　　　　　　　　　　/180
　　参考文献　　　　　　　　　　　　　　　　　　　/181

第九章　平衡不完全随机区组设计　　　　　　　　　/182
　　第一节　平衡不完全随机区组设计思想　　　　　　/182
　　第二节　平衡不完全区组设计运用及分析　　　　　/184
　　本章小结　　　　　　　　　　　　　　　　　　　/198
　　参考文献　　　　　　　　　　　　　　　　　　　/199

第十章　建立与实验数据匹配的模型　　　　　　　　/200
　　第一节　为什么要建立数据模型　　　　　　　　　/200
　　第二节　一元线性回归模型　　　　　　　　　　　/201
　　第三节　曲线回归模型　　　　　　　　　　　　　/205
　　本章小结　　　　　　　　　　　　　　　　　　　/212

附录　　　　　　　　　　　　　　　　　　　　　　/214
　　附录一　市场实验计划撰写（例）　　　　　　　　/214
　　附录二　市场实验报告撰写（例）　　　　　　　　/218

第一章

实验法在消费者行为研究中的广泛应用

前言中已经述及,在国际顶级的消费者行为研究的杂志上,实验法一直是最主流的研究方法。学院派运用实验法在这一领域的理论研究方面取得了丰硕的成果,下面我们试举出其中的一些,让读者了解实验法在消费者行为研究中的广泛应用。通过这些有趣的实验和发现,大家会看到实验法的价值。

第一节 健身俱乐部收费

1. 研究问题

某健身俱乐部正在进行一项旨在强化顾客忠诚度的计划。俱乐部经理想了解一下,比起一次性付款方式,让会员分期付款的收费方式是否更有助于强化顾客忠诚。具体来说,包括两个问题:分期付款组与一次性付款组,哪一组去健身俱乐部的次数更多呢?哪一组更有可能在第二年续缴会员费、延长会员资格呢?

2. 实验过程

这个健身俱乐部将会员随机分成4组:第1组采用一次性付款方式;第2组采用半年付款一次的分期模式;第3组采用每季度一次的分期付款模式;第4组采用每月一次的分期付款模式。第二年年初,俱乐部经理统计了每个组别在收费当年来俱乐部健身的次数(出勤率),并计算出每个组别中续缴会员费的人数(保持率)。

3. 促进销售,更要促进消费

该俱乐部经理发现,采用一年一次性付款的方式,该组会员当年来健身俱乐部活动的情况很不均匀。第一个月会员们的出勤率很高,也许是因为刚刚付了大价钱,大家都恨不得天天都来。但是随着时间的推移,第1组会员的出勤率急速下滑,直到年底的时候,可能是意识到有效期快结束了,出勤率才略有回升。采用半年一付的方式,该组会员当年来健身俱乐部的次数有两个高峰期。

采用按季度付款的方式,该组会员当年来健身俱乐部的次数有四个高峰期。按月份来付款的组别,当年来健身俱乐部的次数最为均匀,而且年度统计的出勤率最高。这四个组别的年度出勤率,从第1组到第4组,随着付款频率的增多,出勤率也呈上升趋势。有趣的是,第二年续缴会员费的人数比率也是这样的,第1组的会员保持率最低,第4组的会员保持率最高。

这是2002年11月的《哈佛商业评论》上面的一个实验研究,作者 John Gourville 和 Dilip Soman 由此引出两个重要结论:(1) 从按月份分期付款组别的出勤率高这一事实出发,作者认为,"当人们惦记着所购产品的成本,即当他们意识到了这东西是花了钱的,他们会更愿意去消费产品";(2) 从出勤率高的组别第二年续缴会员费、延长会员资格的人数比率也高这一事实出发,作者认为,"顾客对已购产品的使用率决定了他们是否会再次使用该产品"。

绝大多数管理者都知道定价会影响到顾客对产品的需求,但很少人认识到定价也会影响到消费。事实上,大多数商家认为他们对顾客是否使用已经购买的产品无能为力。这个实验研究却告诉大家,定价和消费之间的关系是客户战略的一个核心,顾客对产品的使用率经常决定了他是否会再次购买。那些鼓励人们消费已购产品的定价策略将帮助商家建立和顾客的长期关系。

将消费者的注意力引向价格这一想法似乎有悖许多经理人的直觉。很多商家总是想方设法掩饰产品与服务的成本,以此来提高销量。的确如此,如果一家企业生产的产品都卖不出去,那么它根本用不着担心以后的消费问题。皮之不存,毛将焉附? 为了促进销售,健身俱乐部的客户经理鼓励会员尽早付钱;健康维护组织(HMO)希望从会员的工资卡中自动扣减会员费;而游船公司则将各种零星的、具体的费用捆绑在一起,只报一个总的价格。问题是,这些定价策略掩盖了顾客购买产品的实际成本,因而也就降低了顾客实际使用产品的可能性。

哈佛商学院教授 John Gourville 日前在接受"哈佛商学院实用知识"网络周刊访问时表示,"企业经理必须了解到,价格具有许多方面,不只是'价格应该定多少'的问题,也包括'应该如何收费'的问题"。在什么时候要顾客付钱,可能比要顾客付多少钱重要。公司是在一开始收费,或最后才收费,还是让顾客分期付款,总价虽然一样,但是方法不同会改变消费者对价格的看法,影响产品的销售量。

他以健身俱乐部为例,指出维持营收最重要的两个任务:一是吸引更多新会员,二是让旧会员续缴会费。在吸引新会员方面,当会费以分期付款的方式呈现时,吸引力通常较大。缴交1万元的入会费,可能会令消费者却步,但是如果公司将相同的金额转化为"入会费一个月只要900元"时,消费者比较容易动心。公司可以善用这种手法,把相同的价格,包装成比较不痛不痒的小额付款。

在吸引旧会员方面,当会员觉得第一年的钱花得有价值时,他们再上门的几率便增高,因此俱乐部应该花心力在鼓励会员多上门健身上。顾客在刚购买产品后,付钱的行为记忆犹新,为了值回票价,他们使用产品的频率最高。如果俱乐部要求会员在年初缴齐年费,会造成会员倾向于在年初时常上健身房,之后因为付费行为已久,使用的频率逐渐降低。在年底要决定是否续缴会费时,有人便会因为自己使用的频率不高,觉得不划算而选择不再加入。

为了避免这种情况,俱乐部可以采用会员月缴会费方式,会员每个月在缴费后,比较可能强迫自己上健身房,因此全年的使用频率能够持续且平均,到了年底要续缴会费时,这些持续上健身房的顾客,比较可能续缴会费。

如此一来,也可以分散会员上门的人数,不至于年初时过于拥挤,因为器材、场地及员工应接不暇,降低了顾客满意度;而年底时又过于冷清,浪费运作资源。为了避免这种情况,除了改为月缴会费外,俱乐部也可以分批让会员在不同时期缴费,或者在最淡季时寄出缴费通知单,以达到全年顾客量平均。

此外,研究显示,当消费者在缴付分期付款时,他们对每个月支付的费用高低比较敏感,对缴费月份长短则比较不敏感。每个月缴 1 万元,共缴 30 个月,及每个月缴 1.5 万元,共缴 20 个月,其实总数没有差别,但是消费者对第二种情况产生的反抗较大,因为每个月必须拿出的金额较高。因此,如果公司在制定价格时,没有考虑如何、何时、何地收费的因素,那么公司只问了一半的问题。

第二节　新报纸促销

1. 研究问题

南方星球报业集团决定创办一份新报,针对普通市民发行。集团总经理胡文龙连夜召集高层会议,商讨该报创办初期如何吸引读者购买的问题。在谈到新报促销时,大家的争论特别激烈。

发行部主任林文锋主张大搞促销,给每个社区做短期赠阅,因为新报未有人知晓,只有通过赠阅让读者了解到这是一份好报纸,慢慢培养起他们的阅读习惯,才会有人续订。他以宝洁公司为例,谈到宝洁每出一款新品,都会在大街上派发样品,让消费者免费试用,如果满意的话,消费者就会去购买。报纸促销的道理是一样的。

编辑部主任张彩云则坚决反对,她认为赠阅不会有什么好的效果,有许多报纸杂志都搞过赠阅,结果是读者觉得不花钱得来的东西,爱看不看,就扔在一边,或者当做废纸垃圾卖掉。她还举自己亲身的经历为例,在她居住的小区里,《南方快报》曾搞过半年的赠阅,但是半年之后,她发现《南方快报》的信箱都换成其竞争对手《珠江都市报》的了,《南方快报》替他人做嫁衣裳,培养起小区居民的阅报习惯,居民续订的时候却不再考虑这家花了大本钱给他们送来好处的报纸。

广告部主任黄婷玉也认为促销的效果可能不会太好,她说自己去超市购买酸奶的时候,有两个主要的竞争品牌:一个是国产的燕姿,口感不佳,但是经常搞促销;另一个是法国的全能,口感甚好,但从不降价。作为一个消费者,她也会经常被促销打动,觉得这么便宜的价格或者送这么多东西,不买会觉得很遗憾。因此,每次燕姿促销时,她也会购买,但是如果燕姿不促销,她是绝对不会买的。黄婷玉认为一个好的品牌是绝对不会搞促销的,促销给人的感觉是大路货、便宜、低档,就像我们天天在街上看到的"跳楼价"那样,超市里的水果蔬菜也只有在放得快过期的时候才会做促销。

新闻部主任黄欣欣却反驳说,他看到一些好的品牌也会搞促销,比如强生沐浴露的价格随季节会有波动。他每次去买的时候,如果有促销,他会觉得有点额外的惊喜,就多买一些。如果没有促销,因为自己喜欢用,觉得也没什么。促不促销对他的购买行为影响不大。

正当大家莫衷一是,各执一词时,胡文龙发话了:我不在乎花多少钱来搞促销,但我关心花了这些钱之后的效果如何,能不能引发较高的续订率。促销费用就像开出去的桑塔纳,只要这个投资回报的新报发行和广告收入能够像劳斯莱斯那样,那么开出去多少辆桑塔纳又有什么所谓呢?

在谈到具体方案时,张彩云坚持认为促销的效果不佳,只要派人上门做推销就可以,不必多花冤枉钱。她认为如果你没有给那些读者好处,但他们都同意试订购半月的话,说明他们对报纸感兴趣,将来续订的可能性也会比较大,这些人正是未来新报的主要阅读人群。

林文锋坚持大力赠阅的促销路线,还认为,除了赠阅半月之外,另外附送给读者一些礼品,比如某西餐厅的餐券。这样受赠对象会感到很满意,也更容易接受将来的续订请求。

黄欣欣则认为,赠阅半个月已经足够,该续订的人就会续订,不想续订的还是不会续订,不必再多花钱送礼品。黄婷玉提出了一个折中方案,赠阅太花钱,而且可能会有负面效应,完全不送一点东西,一下子要人订阅,好像于理也说不过去,还是半买半送,给对方50%的折扣,让他试订半个月。

真是公说公有理,婆说婆有理。胡文龙感到一阵迷茫……这是一个促销决策困境:给,不给?给多,给少?

2. 实验过程

早在1976年,Scott就曾测试了这四种不同水平的促销报偿对报纸后续购买的影响,在他的实验中设立了四个水平的实验组和一个控制组,各组成员都是随机选取的。两周之后,他再派发行人员回访这些顾客,并询问他们要不要续订。控制组的顾客是之前不给任何水平的促销刺激,只在两周之后去询问他们要不要订阅报纸。设立控制组的目的是要排除在这两周内其他因素对顾客续订率造成的影响,比如这两周内报社做了很多广告,如果不设立控制组的话,我们就不能确定顾客续订到底是因为之前的促销报偿在起作用,还是因为看了广告的缘故。由于第三、四种促销报偿的花费比较昂贵,第一种促销组别他们访问了 121 户家庭,第二个组别访问了 116 户家庭,而第三个组别只访问了 51 户家庭,第四个组别访问了 42 户家庭,控制组为 100 户家庭。

给消费者的报偿越大,就越吸引人,对促销的接受率就越高。但是从企业的角度来说,很关心的是促销努力之后消费者还会不会继续购买公司的产品。半个月之后,这家报社又派人去访问这些家庭,问他们愿不愿意继续订阅,结果发现(如表 1.1 所示):不给任何折扣的第一组,原先试订半个月的人当中有 32%继续订阅,原先没有试订的人也有 6%的愿意订阅,这可能是因为这半个月内受到其他信息的影响(比如报社的广告、朋友的推荐等);给 50%折扣的第二组,原先试订半个月的人中有 44%继续订阅,原先没有试订的也有 7%订阅了;赠阅半个月的第三组,原先接受赠阅的只有 3%订阅,原先没有接受赠阅的反而有 7%订阅了报纸;既赠阅还送餐券的第四组,原先接受促销的人当中有 19%愿意订阅,原先没有接受这项促销的也有 10%的人愿意订阅。Scott 设立的控制组,没有受到半个月前四种促销水平的影响,此时有 9%的人答应订阅。从结果来看,半买半送的方式能够引发最高的续订率。

表 1.1 四种促销方案的接受率与续订率

组别	无折扣		半买半送		赠阅		赠阅+餐券		控制组
接受率	28%		29%		71%		76%		
	原先接受订阅	原先不接受订阅	原先接受订阅	原先不接受订阅	原先接受订阅	原先不接受订阅	原先接受订阅	原先不接受订阅	
续订率	32%	6%	44%	7%	3%	7%	19%	10%	10%

3. 消费者学习与归因理论

对表 1.1 数据结果的解释,要用到消费者行为中的两个理论:

(1) 消费者学习

学习是消费过程中不可缺少的一个环节。事实上,消费者的行为很大程度上是后天习得的。学校、宗教组织、家庭这样的社会组织以及文化与社会阶层,为我们提供各种学习体验,这些体验极大地影响着我们所追求的生活方式和所消费的产品。操作性条件反射理论认为,行为是要经过一个学习的过程,在这个过程中,如果你能经常给予适当报偿的话,这个行为就会被不断强化,变成一种习惯。当行为变成一种习惯之后,你就不需要给予报偿了,消费者仍有可能继续购买。通常这个过程也被称为"塑型"(shaping)。比如小孩在吃东西前没有洗手的习惯,妈妈总是把食物高高拿起,要求小孩先洗手再给"奖赏",这样小孩会慢慢形成一种习惯,以至于到某一天他自己不洗手吃东西会觉得很别扭。某爆米花公司先是送给消费者一份免费的样品,在消费者试用时赠送一张五折的优惠券,之后就再给他一张六折的优惠券,如此慢慢减少折扣,使得消费者逐渐建立了吃爆米花的习惯,就可以不打折销售了(见图 1.1 右边部分)。

Hawkins、Best 和 Coney 的《消费者行为学》(第七版)第十章中就给出了下面这张图(见图 1.1 左边部分),来说明学习过程中奖赏的作用①:

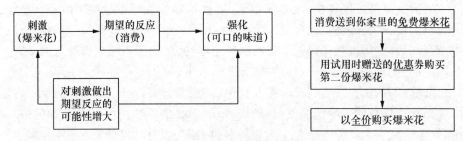

图 1.1　爆米花的学习机制

在 Scott 的研究中,给 50% 折扣比不给任何报偿的促销,能够引发更高的续订率。可能是操作性条件反射的作用,50% 的折扣给了消费者一定的报偿,这个报偿本身会强化阅报行为,使之成为习惯,而不给任何报偿反而起不到强化作用。

(2) 归因理论

Schiffman 和 Kanuk 的《消费者行为》(第七版)的第八章"态度形成与改变"中提到了归因理论。② 消费者在接受促销报偿之后会问自己,为什么会购买这个产品,这种心理过程称为"归因"。对促销时购买行为的归因可能是当时有一个这么大的报偿(情境),而不是自己真的喜欢这个产品(倾向),这里牵涉到社会心理学中的"过度辩解"(over justification)现象。什么是所谓的"过度辩解"呢? 心理学里有一个很经典的故事,美国一位老太太在午间休息时,总是被门外的嘈杂声吵得睡不着,原来是一群爱好足球的小孩在午间踢球,多数人可能会冲出门外,大声责骂一番,效果却不一定好,往往是你一进屋,那些小孩又从哪里冒出来,你一出来,就发现他们又无影无踪。这个老太太很聪明,她不是去骂这些小孩,而是出来夸奖他们踢得好,然后奖赏给每个小孩一枚硬币,要求他们明天再来。这样过了一个月后,老太太就跟他们说没钱给了,但仍然希望这些小孩来踢球。结果你猜是怎样的呢? 慢慢地,这些小孩就不来这里踢球了,老太太也就可以安心地睡觉了。为什么会这样呢? 刚开始的时候,小孩踢球是因为他们"自己"喜欢(倾向归因),但是在老太太给了一个报偿并附加天天来踢球的条件之后,他们对自己为什么来踢球的归因发生了变化,觉得自己可能

---

①　Hawktns D. J., Best R., Coney K. A.,符国群等译(2000),《消费者行为学》,北京:机械工业出版社。

②　Schiffman L. G., Kanuk L. L. (2001), *Consumer Behavior* (7th edition),北京:清华大学出版社(英文影印版)。

是为了那一枚硬币而天天来的。同样道理,如果消费者本来就很喜欢这个产品,后来你给了他一个很大的报偿,消费者可能就慢慢不喜欢这个产品了。原因在于过去他做归因,是因为自己喜欢,后来你老是给他打折,渐渐他就觉得购买产品是因为你的促销了。

Bem(1967)提出的"自我感知"(self perception)理论也可用来解释这种现象。这种理论认为,人的内部线索有时很微弱、模糊,所以必须通过观察自己的外显行为去推测内心的态度。消费者有时用自己外部的行为来推断自己内心的态度。一个人试图去解释自己的购买行为,如果人家并没有给他什么促销的好处,也没有什么特别的购买理由,他就会倾向内归因,认为自己是喜欢这个产品。如果促销时给了一个报偿,内归因就会被削弱,报偿越大,向内归因的可能性就越低。第一、二种的促销方式比起第三、四种来,更能吸引顾客的续订率,这说明内外归因的确在其中起作用。

促销报偿的大小会带来不同的顾客。第一种只让对方订阅,而没有给任何报偿的,很可能是真正对报纸感兴趣的人。第二种给50%折扣的人,很可能既对你的报纸感兴趣,同时也被50%的折扣所吸引。所以这两种人继续订阅的比率都比较高,是因为他们原先就对报纸怀有一定兴趣。如果你是采用第三种赠阅,或者第四种加上餐券的话,吸引的顾客就不太一样,很大一部分人是因为外在的报偿很大,所以他是为了这个报偿而接受促销的,一旦报偿停止,他就不再订阅了。给50%折扣比不给任何报偿的促销,能够引发更高的续订率,这可能是操作性条件学习的作用,50%的折扣给了消费者一定的报偿,这个报偿会强化阅报行为,使之成为习惯,而不给任何报偿反而起不到强化作用。消费者往往不把单纯的赠阅看做一种报偿,很容易到手的东西觉得就像垃圾一样,这从单纯赠阅组的订阅率(3%)远低于控制组(10%),也可看出端倪,反而是你给他50%的折扣,他还觉得获得了报偿。赠阅加餐券比起单纯的赠阅能引发更高的续订率,Scott是这样解释的,可能是因为用餐引起的愉快体验使得较多的人愿意续订。可见,在促销当中,新增的一些变量可能会改写最后的结果。但总体来说,第四种促销方案虽然引发了较高的回应率,其成本也是最高的。所以,对于促销报偿要多大的问题,可以用一句英文来总结:More is not better。

4. 后续思考

Scott之后的研究开始关注在什么样的条件下,自我感知和归因理论起作用,而什么条件下不起作用。Tietje(2002)总结了"自我感知解释"所依赖的三个前提条件:当内部的微弱线索被用于态度形成;当报偿及获得报偿的可能性很高;以及消费者初始就已经对产品没有好感。大量的研究表明,这三个条件只要缺少一个,消费者就不会降低对促销产品的评价,相反,报偿产生了积极影响。当人们对一个产品已经有丰富的经验和知识时,促销报偿提升了他们对产品的评价(像案例中黄欣欣购买强生沐浴露的例子)。根据学习理论,实际是不主张每一次购买行为都有报偿的,当采用有时给有时不给的间歇性报偿时,往往效果会更好,消费者会长时间地去使用这个产品。即时报偿可以很快地鼓励消费者的购买行为,但是当报偿停止时,可能很多消费者就会停止购买行为。如果是延迟报偿,消费者要花一些努力去收集印花,或者贴上邮票寄回去,还要再期盼一段时间。这些努力都是一些负强化,它使报偿本身(正强化)的价值变低了,从而削弱了报偿的行为鼓励作用。但是通过延迟报偿的淘汰作用,那些肯花时间去做的消费者,除了极少数人对很少的报偿也感兴趣,剩下的就是对你的产品确实有好感的那些人。Tietje 还引进了"属性可获得性"(availability valence)来看促销报偿能否起到强化作用。所谓"属性可获得性",也就是个体在面对一条劝说性信息时的态度判断是由当时他能够回想起的信息的属性(即个体对这些信息的好恶)来决定的,如果当时回忆起来的信息是积极的,报偿就会起强化作用。

营销者在对消费者做促销时,第一个可能要做的决定是,到底哪一种报偿更能促进消费者继续购买。第二,这个报偿到底要多大。比如,给顾客打折,到底是九折,还是八折、七折。虽然,折扣越低吸引的顾客越多,但是低折扣带来的新增顾客能否补偿你打折后少赚的钱呢?第三,报偿是不是要经常给,给的频率如何。有的商店天天都挂着"最后一天"的招牌,久而久之,人们也就不太相信了。还有,是什么时候给,在节骨眼上给,得到的效果就很明显。很多售楼小姐就很会这一套,买房是一笔大交易,所以很小的一个折扣都是很大一笔数额,买房者通常会跟售楼小姐多次谈判,有时会进入一个僵局状态,双方似乎都不肯让步了,就连买房者都有点想放弃了,这时售楼小姐往往会抛出一个公司的优惠政策来,或说是只有几个名额,或说是最后几天了,这时往往最容易成交。

消费者会不会接受一个促销,除了跟前面提到的报偿大小有关之外,还跟他对产品本身的期望以及对促销的态度有关。消费者对产品的期望,会随着产品的不同而不同。比如今天促销的是消费者常用的一类产品,这类产品又是标准包装的,减价不减价并没有什么差别,像案例中黄欣欣常用强生沐浴露,碰到降价,往往很放心去购买。因为这里头没有什么风险,消费者会觉得很划算,此时不买,更待何时。还有一些消费品的促销,比如超市里的水果、蔬菜,都是摆得快过期了,这时就要根据自己降低了的期望去衡量还值不值得去购买这样的商品。消费者对促销的态度也会影响其对促销的反应,有的人总认为促销的产品都是有瑕疵的,所以一看到促销,反而不去购买。也有人会比较理性去看,如果促销品跟没促销前的一样,就购买;若不是,就要进一步权衡。

促销活动除了真正鼓励购买行动外,还有一个作用是引起了大家对产品的注意。消费者对促销的信息,比如免费、折扣,总是很敏感,即使有些人对促销持负面看法。促销通常会引起三种人的注意,一种是"蝴蝶型"顾客,这种人对金钱看得较重,完全是为了省钱,哪里有蜂蜜就去那里采,当促销一结束,他就会去购买更便宜的产品。另一种是忠诚买家,促销活动提醒他要多买些,放在家里储藏起来,促销报偿也是对这部分人长期购买的一种酬谢。还有一种是对产品有潜在兴趣,经过学习也可能成为企业永久性顾客的人。广州的房地产企业为了吸引买家看楼买楼,曾推出中午免费送午餐的促销方案,结果吸引了一大批无所事事的阿公阿婆们,免费坐车,免费看楼,看累了还可以搭上一顿免费的午餐,何乐而不为呢?但这些人是我们的目标顾客吗?一个好的促销设计应当能够吸引到对产品真正感兴趣的,或者有潜在兴趣的顾客。

综上所述,消费者会不会接受一个促销,是一个很复杂的问题,它跟消费者本身对产品的期望、对促销的态度有关,而这里也存在教育程度、收入、价值观、购物经验、习惯的个体差异。当然,从经营者的角度来看,每种促销水平所花的成本是不同的,这也要求他们要在促销的成本和新增的收入之间取得平衡。总之,一个好的促销要能吸引到真正对产品感兴趣的顾客,新顾客经过行为学习过程使之成为一种习惯,在这个过程当中,还要避免消费者认为自己是为了外在的报偿而去购买产品。而且,促销报偿并不是给得越多越好,要把握一个合适的度。

第三节 化整钱为零钱[①]

1. 研究问题

十张面值 10 元的纸币跟一张面值 100 元的纸币等值吗?

或许你会说,当然等值,小孩子都会算:$10 \times 10 = 100$。你的回答没错,然而,从实际的消费行为来看,十张 10 元纸币与一张 100 元纸币的心理分量却是不等值的,$10 \times 10 \neq 100$!消费者总是偏爱整钱,胡花零钱!

2. 实验过程

我们先来看一个有趣的实验:

64 名被测试者被分成两组,一组被告知他们每人有一张 100 元,另一组被告知他们每人有十张 10 元,然后分别询问他们购买以下商品的渴望程度:T恤(9.99 元)、帽子(9.99 元)、背包(19.99 元)、鞋子(79.99 元)。每个产品的渴望度分为 10 级,1 级是最低渴望,而 10 级是最高渴望。结果显示第一组的平均渴望度为 4.12,第二组为 6.08,第二组的购物渴望显著高于第一组。

这个实验来自 Mishra 等人在 2006 年美国《消费者研究杂志》(*Journal of Consumer Research*)上发表的一篇论文,题目就叫做"对整钱的偏爱",研究的结

[①] "化整钱为零钱"由原中山大学旅游管理系毕业生吴家胜(现就职于广州宝洁公司)及本书作者共同整理。

论是:消费者倾向于保留整钱而把等额的零钱花掉。① 同样,来自加州大学的 Raghubir 和来自马里兰大学的 Srivastava 在一项研究中也发现,71% 的人会花 4 个 25 美分来购买糖果,但是只有 29% 的人会用 1 美元购买同样多的糖果。②

假设你正在超市里购物,此刻你看到一瓶啤酒,正在考虑要不要买。第一种情形,你的钱包里有一张 100 元钱;第二种情形,你的钱包里有十张 10 元钱。那么根据上述研究,第二种情况下你购买啤酒的可能性更大,也就是说在你手握零钱时,购买的可能性会大于手握整钱。那么,人们为何总是舍不得花掉手里的整钱呢?

3. 偏爱整钱背后的心理学

为何同等货币价值的整钱与零钱会产生不同的心理价值呢?Mishra 等人认为,消费者之所以倾向于保留整钱而把等额的零钱花掉,是因为整钱具有很高的认知流畅性(processing fluency),或者我们可以通俗地将其理解为整钱的"警醒"作用。整钱就像一个闹钟,当你正在犹豫是否要把那瓶售价 5 元的啤酒买回家时,口袋中的百元大钞就会提醒你,它要被"破开"了,你将不再拥有这一百块钱了,你的关注点在大钞上;而当你口袋中是一叠面值不一的零钱时,你一下子无法清楚地意识到你的财富总数究竟有多少,不就 5 元钱的啤酒嘛,你的关注点在小钞上,这种情况下,你更有可能作出购买决策。

Mishra 等人还引入心理学中的完形理论(gestalt theory)来解释这一现象,"完整特性"是整体固有的属性,它具有不可分割性,而部分并不具有此属性。开篇提到,10×10≠100! 其中,100 是整体,里面的每 10 元货币价值,如果花去的话,就如同要将这一张百元大钞卸成 10 块,100 的完整感被破坏了。"10×10",每张 10 元就是一个独立的小整体,它们是部分的相加而已。"≠"就是心理这个"魔术师"变的戏法,货币价值相等,只是以两种不同方式存在(整钱或零钱),却可能导致人们在面对同一瓶啤酒时作出截然相反的决定。

4. 胡花零钱的营销启示

人们常说,"钱怕零花,账怕总算"。我们很多时候觉得钱包不知不觉就空空如也;很多人到超市购物,结算时不敢相信自己一下子竟花掉这么多钱;有的企业在月度结算时才发现支出超出了预算。这些可能都跟我们"胡花零钱"这个习惯有关。在商言商,这样一种消费行为对商家营销有什么样的意义?

(1) 整钱零算:无形瓦解

在今天的消费者行为研究领域,有一个热点是"对顾客冲动性购买行为"的研究。冲动购物是指"消费者快速达成的采购决定,是一种无计划的、瞬间产生

---

① Mishra H., Mishra A., Nayakankuppam D. (2006), Money: A bias for the whole, *Journal of Consumer Research*, 32(4): 541—550.

② Raghubir, Priya and Joydeep Srivastava(2008), Monopoly money: The effect of payment coupling and form on spending behavior, *Journal of Experimental Psychology*: *Applied*, 14(3), 213—215.

的一种强烈的、持续的立即购买的渴望"。这种突如其来的购买渴望,使超市的卖场互动营销变得格外重要,如何诱发和捕捉这些"零散"的消费冲动,决定了超市营业额能否更上一层楼。

那么,如何利用消费者的"冲动购物"为商家增加收益?其中一种做法就是在顾客的找零上做文章。Albert 和 Winer 在"顾客的零钱也要赚"一文中介绍了在快餐行业里如何"将心理学与计算机技术结合起来,以便增加人们的冲动性购买"。[①] 文中提到了"零钱效应","人们愿意花掉零钱购买那些自己不想用整钱购买的商品"。假如一位顾客要了一份 19 元的汉堡套餐,并支付面值 20 元的钞票给收银员,收银员只要把顾客点的套餐号码和支付金额的相关数据输入电脑,电脑系统会根据顾客支付的整钱(20 元)和应找的零钱(1 元)自动生成一个折扣方案,比方说将原价 1.5 元的薯片按 1 元的价钱卖给顾客,收银员就会建议顾客在购物单里加上薯片这一项,从而收取顾客 20 元的整钱。这种做法不但增加了餐厅的销售,而且顾客享受到折扣还觉得划算。值得注意的是,折扣方案并不是随机的,而是建立在统计基础上的最优方案,比如要是历史数据显示更多购买 19 元汉堡套餐的顾客愿意用剩下的零钱买冷饮而非薯片,那么系统提供的方案就该是建议顾客购买冷饮而非薯片了。

Albert 指出,"采用了这种技术的商店,销售额增加了 3%—5%,税前利润增加了 30%。大约 35% 的零钱购买建议被接受,而且在多数情况下,与单独购买该额外商品相比,顾客少付 35%—45% 的钱。这种系统在快餐行业非常有成效"。当你在麦当劳或者肯德基点餐时,服务员常会进行类似的实时促销,虽然在中国他们可能还未采用计算机自动提供优化方案技术,但他们常会建议顾客加一两块钱来换一个所谓更值、更美味的套餐。这些零钱虽然也是存在于 20 元的整钱当中,但这张整钱似乎大势已去(即将花掉),闹钟功能本来就丧失了。销售人员在现场再做无形的言辞瓦解,将整钱零算,配以利诱(促销),消费者的购买欲望自然被提了起来。这对于一间日客流量数以万计的快餐店,一两块的累积可不是一笔小数目!正应了那句有趣的谚语:"一日积一文,三年头算晕。"

此外,商家在推销复读机时,往往跟你说一个 200 元钱的复读机至少用上一两年,如果你每天都坚持使用的话,那么每天只花几毛钱就能学好英语了,很值得购买。装修行业总是将一套装修方案细化到每个项目,让顾客详尽知道每个环节的花费。这些做法都是要把顾客的视线从整钱转移到零钱上,无形中瓦解了整币的"完整特质"。

(2)化整为零:有形分割

多数人都有到游乐场玩耍的经历,一般游乐场的进口都设有兑换零钱的柜台,每次进去之前游客都要把一些整钱兑换成一枚枚面值一元的硬币。每次那

---

① Albert T. C., Winer R. S. (2005), Capturing customers' spare change, *Harvard Business Review*, 83(5):28—30.

些硬币总是来去匆匆,玩完了总觉得没有尽兴,很多人还要再去兑换。为什么这些硬币会在我们的口袋中不知不觉地溜走呢?要是我们在玩每个项目时都用大面值换找,结果会一样吗?不一样。因为当我们用大面值支付时,大面值就会"警醒"我们,相反,当我们口袋里装的都是硬币时,整钱已经被有形地分割成一个个的零钱了,我们的脑袋会将这些零钱实体当成一个个"小整体",认知的完整性被破坏了,一块钱,小意思,投进机器里的感觉就是好玩。

想象一下,在一些购物广场里面,是否可以在入口处设置一些零钱兑换点?当顾客走进购物广场时,能够很方便地将口袋中的整钱兑换成零钱(就像游乐场的做法)。那么,根据"零钱效应",顾客在整个购物广场的消费额可能会增加,就像我们在游乐场里不知不觉地使用口袋中的零钱。当然,这样可能会有些问题,比如:一些人只是来换零钱而并不在广场消费;即使在广场内消费,各个商店获益也不会平均。这就要设计一些限制的条件,比如可以把换零钱的权利跟会员制度挂钩。或者,采取一些措施来激励顾客进行零钱兑换,比如兑换零钱可以获赠优惠卡,或者赠送一些印有商家广告的小礼物;根据顾客会员卡上次的消费记录给顾客赠送"红包",若顾客上次消费达到一定金额,便可用100元的整钱换101元或更多的零钱。这种变相的折扣优惠,既奖赏了花钱的顾客,同时又把顾客口袋中的整钱"即时"地换成了零钱,相信这些"胡花零钱"的顾客在没有整钱的"警醒"下,不知不觉多花的零钱定会超过"红包"的价值。

对于商家来说,顾客觉得一个商品值多少钱比商品真正值多少钱更重要。同理,顾客感觉中的货币价值比起货币真正的价值更重要。正如 Mishra 在文中提到,"人们或许更看重货币感官上的价值而非其真正的价值"。了解顾客对货币价值的觉知,对于营销人员的实际工作有一定的启示。

第四节 超市试吃摊摆放

1. 研究问题

在超市里工作的朋友,不知有没有想过这些问题:现有三种巧克力要在超市里摆试吃摊,一种是奶油杏仁糖味的,口感较差;一种是水果味的,口感一般;还有一种是澳大利亚坚果加焦糖味的,口感最佳。你会让顾客先尝哪一种巧克力呢?(见图1.2中的A和B两种顺序)这些巧克力品尝的时间间隔应有多长?你可以把这三种巧克力摆放在一起,顾客吃完一种之后直接就吃第二种,也可以在超市中分别摆放摊位,这样顾客吃完一种巧克力后要走一段路过一段时间才能吃到第二种巧克力。(见图1.3中的A和B两种摆放)品尝的顺序以及摊位摆放位置是否会影响到顾客的消费体验呢?哪一种品尝顺序与摊位摆放能够使顾客走出超市时有最好的感觉呢?

2．实验过程
（1）品尝顺序的选择：

A．从口感差的尝到口感好的

（1）口感差　　　　　（2）口感中　　　　　（3）口感好

B．从口感好的尝到口感差的

（1）口感好　　　　　（2）口感中　　　　　（3）口感差

图1.2　两种品尝顺序

（2）品尝的时间间隔：

A．三种巧克力放在一起

B．三种巧克力分开摆放

图1.3　两种摆放位置

3. 应付机制与矛盾论

也许你会跟我讲,这么小的细节没有太大的影响吧?有一句话叫"细节决定成败",我们的思维往往太宏观了,忽视了一些重要的细节。Lau-Gesk 在 2005 年的《消费者研究杂志》上发表了一篇论文,谈到了品尝顺序与品尝时间间隔对顾客整体消费体验的影响。[①]

当顾客在品尝不同的巧克力时,会产生多种混合性情感体验,有积极的,也有消极的,这些不同产品的单个体验顺序与间隔的差异会影响到顾客的整体消费体验。有关这一方面的研究一直以来有两种几乎对立的观点:一种称为"矛盾论",认为当积极(如:口感好)与消极(如:口感差)的情感体验发生的时间很近,二者会相互抵减,因此个体对这一事件的整体评价会是二者的折中,既不那么好,也不那么差。多个单独的情感体验同时发生,在记忆时更有可能被编码或储存在一起,在信息提取时也容易一起被抽取出来。这种正负共存的情感体验常常让人感到不舒服。若依这一观点,不应将"差"与"好"的放在一起品尝,而且根据体验的近因效应,"差—中—好"的品尝顺序会好过"差—好—中"的品尝顺序。另一种观点称为"应付机制",却认为消费者在应付消极的情感体验,而这种消极体验与多种情感体验有联系时,常常倾向于将积极体验与消极体验放在一处。这时候,积极体验会充当消极体验的缓冲器,在消费心理学领域,研究发现,消费者倾向于选择在同一天经历积极与消极的体验,而不是不同的日子。因此,这个观点建议将"差"与"好"放在一起品尝,消费者会更偏向这种体验。

这样的激辩似乎双方都有理,那到底超市的试吃摊应当如何摆放呢?Lau-Gesk 的研究成功地解决了这一困境,他引入了一个中介变量——试吃食品的差别度,发现:当试吃的食品间差异大时,比如巧克力与奶糖,或者试喝橙汁与苹果汁,这个时候让消费者在同一时间(即没有间隔)品尝,比起分开来(有时间间隔)品尝,其整体的消费体验评价要高,品尝顺序(先吃口感好的,还是先吃口感差的)反而不重要;当试吃的食品间差异小时,比如都是巧克力,但原料不同造成口感差异,或者同是橙汁,但浓度不同,这个时候让消费者从口感差的先开始品尝,最后吃的是口感好的,比起先品尝好的,再品尝差的,其整体的消费体验评价明显要高,品尝的时间间隔反而不重要。

也就是说,当消费者品尝不同类食品时,"应付机制"观点起作用,他们倾向于接受将不同类食品放在一起品尝,积极情感充当消极情感的缓冲器,超市应将不同类食品的试吃摊摆放在一起,而不应分开来摆放;当消费者品尝同一类食品时,"矛盾论"起作用,先让他们吃差一些,最后吃到好一些的食品,先苦后甜,消费者的整体消费体验会最愉快。

[①] Lau-Gesk L (2005), Understanding consumer evaluations of mixed affective experiences, *Journal of Consumer Research*, 32(1):23—28.

第五节　有奖销售方案

1. 研究问题

抽奖和附赠是最常见的促销方式。举个例子来说,商家有100万元的奖品预算,它可以采取两种促销方式:一种是将这100万元全部用于购买一个高额奖品,比如一辆宝马车,然后每个消费者的中奖概率都是百万分之一;另一种是将这100万元全部分摊到每个消费者身上,人人有奖,中奖概率是百分之百,奖品是一包价值一元的餐纸。在这两种极端方式之间,依据奖品价值与中奖概率又可以产生多种分配方式,比如设置一百个1万元的奖项,这样每个消费者的中奖概率就是万分之一。除了均等奖品外,还可设置不同层级的奖品,而且,附赠和抽奖两种方式也可以结合在一起。

影响抽奖效果的因素很多,奖品的吸引力、奖品与产品的匹配性、奖品价值和中奖概率等均会影响到消费者对促销吸引力、满意度的评价,进而影响其购买决策。营销经理在设计抽奖方案的时候,首先面临有限的奖品预算如何分配的问题,在确定分配后才能进一步定制各种有创意的奖品。那么,究竟奖品预算应当如何分配才能取得最佳的效果呢?虽然单项奖品金额越高,或者中奖概率越大,抽奖促销的吸引力就越大,但在有限的预算范围内,奖品价值与中奖概率却成此消彼长的关系。

2. 实验设计

考虑到有奖销售方案有很多考虑因素,这些因素都可能会影响到最终的促销效果。本实验设计仅考虑全部抽奖(只有一个高额奖品)和全部附赠(人人有奖)两种极端的情形,从中探索消费者的心理过程。根据以往的研究,消费者面对高价品与低价品的有奖销售时会有较大的不同,因此下面的实验设计将之分开:

(1) 高价品抽奖与不同附赠水平比较:137个中山大学本科生参加了这一实验,他们被告知是对促销方式进行评价。这些被试被随机分配到6种实验条件:购买500元抽100万元大奖;购买500元赠400元奖品;购买500元赠200元奖品;购买500元赠100元奖品;购买500元赠50元奖品;购买500元赠2元奖品。6组人数大致相当。附赠奖品价值占购买品价值的比重,从20%到40%,再翻倍至80%。每个被试都收到一份简短问卷,描述示范:你去购物时,发现某商品正在做促销,这个商品的标价为500元,如购买,附赠2元奖品。接着要求被试就购买意向、促销吸引力、促销满意度、产品感知质量、产品感知价值做出判断。被试在七点量尺上分别对每个描述做出判断,1表示完全不同意,7表示完全同意。

(2) 低价品抽奖与不同附赠水平比较:93个中山大学本科生参加了这一实

验,他们被告知是对促销方式进行评价。这些被试被随机分配到4种实验条件:购买10元抽100万元大奖;购买10元赠8元奖品;购买10元赠4元奖品;购买10元赠2元奖品。采用被试间设计,4组人数大致相当。附赠奖品价值占购买品价值的比重,从20%到40%,再翻倍至80%。每个被试都收到一份简短问卷,描述示范:你去购物时,发现某商品正在做促销,这个商品的标价为10元,如购买,附赠2元奖品。接着要求被试就购买意向、促销吸引力、促销满意度、产品感知质量、产品感知价值做出判断。被试在七点量尺上分别对每个描述做出判断,1表示完全不同意,7表示完全同意。

(3) 被试对中奖概率的主观估计:几乎所有的商家在抽大奖促销的时候,都会突出巨奖的吸引力,而尽力弱化或者不报告中奖概率的信息,因此被试对自己中奖概率的估计完全是一个主观的过程。280个中山大学本科生参加了这一实验,他们被告知是对中奖概率进行估计。这些被试被随机分配到10种实验条件:2(购买品:高价/低价)×5(奖品:100万/10万/1万/1千/1百)。每组28人。每个被试都收到一份简短问卷,描述示范:商家做抽奖促销时,常常不会告诉你中奖概率的信息,只告诉你"有机会"赢得大奖。你去购物时发现某商品正在做促销,该商品标价500元,如购买,可参与抽奖,奖品价值100万元。请估计自己中奖的可能性,在下面的选择项中打勾(注:—表示在两个之间):A. 大于1/100(即百分之一);B. 1/100—1/999;C. 1/1 000—1/9 999;D. 1/10 000—1/99 999;E. 1/100 000—1/999 999;F. 1/1 000 000—1/9 999 999;G. 小于1/10 000 000(即千万分之一)。

(4) 奖品价值及消费者对中奖的主观概率如何对抽奖促销的效果起作用:245个中山大学本科生参加了这一实验,他们被告知是对促销方式进行评价。这些被试被随机分配到10种实验条件:2(购买品:高价/低价)×5(奖品:100万/10万/1万/1千/1百)。10组人数大致相当。每个被试都收到一份简短问卷,描述示范:你去购物时,发现某商品正在做促销,这个商品的标价为10元,如购买,可参与抽奖,奖品价值100万元。接着要求被试就购买意向、促销吸引力、促销满意度、产品感知质量、产品感知价值做出判断。

3. 实验结果及理论解释

实验(1)结果:在高价品附赠的不同水平比较中,随着附赠的增加,在产品感知质量和促销满意度没有发生显著变化的条件下,购买意愿随之提升,但随着附赠的进一步增加,产品感知质量和促销满意开始显著下降,并影响到购买意愿,使得附赠的效果成倒U形曲线。而且,随着附赠品价值的增加(从2元增加到50元后),抽奖式促销的效果下降了,甚至在附赠值理想点附近出现了反转的现象,从均值上看已经超过抽奖方式,尽管未达到显著水平。

实验(2)结果:对于低价商品而言,随着附赠品价值占购买品价值比例的增加,由于其附赠绝对额增幅较小,感知相对不显著,附赠式促销的效果没有显著提高。尽管在促销吸引力和满意感方面有显著差异,但是因其金额小,未能对购买意愿产生影响。而且,随着附赠品价值的增加(从 4 元到 8 元),抽奖式促销的满意度与购买意愿都在下降。

实验(3)结果:无论是高价品,还是低价品,所购产品价值与奖品价值的比例越大,即价值相差越小,消费者对中奖概率的主观估计就越高。在奖品价值相同的条件下,随着奖品价值的下降,由于高价品与奖品价值的比例大得多,相对于低价品而言,主观概率变化在高价品上表现得明显些。

实验(4)结果:抽奖促销的效果是由奖品价值的吸引力以及消费者对中奖的主观概率共同决定的,在主观概率没有显著变化的条件下,抽奖促销的效果将随着奖品价值的降低而下滑,在主观概率有显著性提升时,随着奖品价值的进一步降低,消费者对中奖概率的乐观估计开始反向提升抽奖促销的效果,成 U 形曲线。在奖品价值为一万元时,抽奖促销的效果跌至谷底,当奖品价值为一千元时,抽奖效果又提升,呈现 U 形曲线,但是当奖品价值进一步降低至一百元(低于购买品本身的价值)时,虽然中奖概率的主观估计提升了,相对于购买品价值而言,奖品本身的吸引力大大降低,因而削弱了购买意愿。在奖品价值相同的条件下,随着奖品价值的下降,高价品抽奖促销 U 形效果曲线更明显;低价品与奖品价值相差太大,其 U 形曲线不明显且无规则。抽奖奖品的价值相对于低价品来说,实在太高,影响到被试对中奖概率的主观估计,让他们觉得中奖几乎是不可能的(悲观),只有在奖品下降到与低价品相称的位置,才有可能进一步提升抽奖的效果。

这是本书作者在 2007 年所做的一个研究。它源于对陈荣、贾建民等(2006)研究结果的扩展。陈荣、贾建民等(2006)以小概率中大奖和 100% 概率中小奖,作为抽奖和附赠的两种代表,运用行为经济学的期望理论进行分析。期望理论(prospect theory)认为,在风险选择的情况下每个选项在理论上可被描述成对不同概率(p)下能产生各种结果的一次博弈。每个选项的效用(U)可以看成价值方程(v)和权重方程(w)的组合,公式表述为

$$U = w(p) \cdot v \quad (1)$$

v 代表了结果的主观价值,w 量化了概率的主观影响(Kahneman and Tversky,1979)。行为经济学的研究,常常用货币来设定结果的价值,因此 v 的主观价值几乎等同于其客观价值,换言之,v 的主观价值以货币的形式被固定了。然而,在抽奖活动中,消费者会对相同货币价值的奖品产生不同的主观评价,有些奖品很有吸引力,它的主观价值就高,有些奖品消费者不喜欢,它的主观价值就低,因此奖品的选择本身也是一项创意。抽奖对消费者的效用(U)更完整的公式表述为:

$$U = w_1(p) \cdot w_2(v) \quad (2)$$

由于本研究关注奖品预算分配的问题,并不涉及奖品本身的特点,因此研

究者仍采用货币将结果的主观价值固定,重点关注权重方程对效用的影响。

期望理论认为价值方程和权重方程在对效用的影响上是相互独立的,而小概率权重高估是权重方程的基本特征(Kahneman and Tversky, 1979; 1984)。Kahneman 和 Tversky 在一个行为学实验中发现:当要求被试对获得确定的 5 元和以 1/1 000 的概率赢得 5 000 元两个选项做选择时,大多数人(72%)选择了后者。实际上,从理性人的角度来说,这两个选项具有完全等同的效用,因此各自应当都有 50% 被选择的可能。72% 的人选择了小概率中大奖,意味着 1/1 000 的客观概率被主观地、人为地高估了。"小概率权重高估"就是指一个人无意识地为一个客观概率设定一个更大的值,主观上认为某结果发生的可能性比它实际发生的客观可能性更高。陈荣、贾建民等(2006)发现,小概率权重高估可用于解释购买高价值产品时,消费者明显偏好抽奖式促销,而不是附赠式促销的现象。但对于低价值产品而言,两种促销方式没有显著的差别。

以跑步机(高价值商品)为例,陈荣(2006)对两种促销方式的操作如下:①"抽奖式"促销的描述:"某健身器生产商正在您家附近的体育用品商场举行买跑步机抽大奖的促销活动。凡是在这一个月时间里在商场购买该厂生产的跑步机的消费者,都能得到一个抽奖券,您可以当场刮奖并兑奖。该厂商宣称,在这一个月中,会有一人得到唯一的大奖,一辆家用小轿车。"②"附赠式"促销的描述:"某健身器生产商正在您家附近的体育用品商场举行买跑步机赠送饮料的促销活动。凡是在这一个月时间里在该商场购买该厂生产的跑步机的消费者,就将当场免费获得一瓶矿泉水。"这样的描述有接近社会现实的优点,让被试"自然"地填答,其应用价值更高,不足之处在于其中可能隐藏一些混淆(confounding)变量,会影响到结果的解释。

小概率权重高估被用来说明许多商业和社会现象中的非理性行为,比如:人们在赌马和六合彩时,只有极小的机会赢得一大笔金钱,却倾向于寻求风险。但这一理论仅限于描述现象,并没有对人们为何会做出这样的选择给出理论上的解释。而且,在现实促销情境中,消费者是从一个复杂的背景中提取决策信息,其中有些信息是容易评价的,有些信息是很难评价的。商家往往会大张旗鼓强调奖品的价值,比如"你将有机会赢取价值 4 999 元的联想手提电脑一部",但不愿意告诉消费者中奖概率很低的事实,客观概率的信息往往被隐瞒或弱化了。这样,奖品金额是很容易评价的,但中奖概率则是很难判断的。Kahneman 和 Tversky 的理想实验条件,在小概率抽大奖的促销情境中部分缺失或模糊了。这一缺失或模糊并不妨碍小概率事件被高估,突出大奖隐瞒小概率的目的正是为了让消费者高估概率。但信息的"可评价性"假设却会影响哪些信息进入决策框架(Hsee 等,1999)。在抽大奖情境中,奖品价值很容易进入决策框架,而中奖概率却因不易判断而被忽视。反而一些属性之间的关系,如购买品与奖品之间的比例,趁机进入决策框架,并间接影响到对中奖概率的判断。

"可评价性"假设与 Taylor 等（1979）的"感知相对显著性"假设是一脉相承的。进入决策框架后，信息会不会被消费者"显著"感知就变得很重要。Taylor 等人指出"显著"的刺激物容易吸引人们的注意力，并且对个体的判断产生不成比例的影响，尽管从逻辑上讲刺激无助于判断，或是二者并无关联。购买跑步机抽一辆小轿车，轿车很诱人，会对消费者的购买决策造成夸大性影响。

当人们面对一个单独决定时，属性之间的关系可能无助于理性决策，但却影响着决策。在附赠的情境中，购买品与附赠品之间的比例也会进入决策框架。购买跑步机只附赠一瓶矿泉水，这二者之间形成一种鲜明的反差，矿泉水的附赠价值相对跑步机而言是微不足道的。再比如，送别人一条 45 美元围巾做礼物的人往往比送别人一件 55 美元外套的人更慷慨；在一个小杯子里装得满满的 7 盎司冰激凌，常常会被认为比在一个大杯子里没装满的 8 盎司冰激凌要多；一套 24 件好的餐具被认为比一套具有同样 24 件但外加 7 件坏的餐具更有吸引力（Hsee，1998）。陈荣（2006）的结果也表明，买跑步机只送一瓶矿泉水的吸引力及顾客对促销的满意感均下降了。在附赠的情形中，人们可能假定购买品与附赠品之间存在着"比例"关系。事实上，不管高价还是低价商品，将附赠品的价值固定在同等小金额上，跟现实的情形也是相悖的。通常附赠品价值会随商品价值成等比增长趋势。Chen 和 Jia（2005）证实在小概率保持不变的条件下，随着确定选项金额的增大，风险选项的权重被高估的可能性减弱了，甚至可能出现反转（低估）的现象。在这里，确定选项就是"附赠"，风险选项就是"抽奖"。随着高价品附赠价值的增大，附赠品开始进入决策框架，并且被显著地感知，这时小概率权重高估的现象消失了。高价品抽奖促销比附赠促销更有效的说法就受到挑战。

上述是以跑步机为例分析高价品的抽奖与附赠效果，那么低价品呢？从感知显著性而言，奖品的价值很突出，但低价品抽奖式促销的效果并没有显著优于附赠式促销。陈荣等（2006）认为这可能是因为低价值产品与高额奖品相比时，会让消费者感到中奖概率太低的缘故。这一说法实际上表明，在抽奖促销的情境中，价值方程和权重方程对效用的影响并不是相互独立的。Smith、Dickhaut 等（2002）证实，对普通个体而言，这二者之间的确存在交互作用。在一个低价品抽奖的情境中，奖品进入决策框架，购买品与奖品的比例关系也同时进入决策框架。奖品价值并不是直接对权重方程产生影响，而可能通过奖品价值与所购买产品价值之间的对比，来影响消费者对中奖概率的主观估计。毕竟，买一个电池想抽到一辆宝马车，很多消费者不会抱有这样的奢望。大奖本可以增加促销的吸引力，但对中奖概率的悲观估计却可能会降低消费者对促销的满意感，进而削弱了促销的吸引力。换言之，大奖的感知显著作用被中奖概率的悲观估计抵消了。由于高价商品与奖品价值的比例相对较大，500 元是 100 万元（奖品）的 1/2 000，奖品价值变化时很容易引起消费者对中奖概率主观估计的变化,如奖品价值为10万元时,比例就变为1/200。而低价商品与奖品价值的比例相对要小得多,10元是100万元(奖品)的1/100 000,奖品价值变化时也较难引起消费者对中奖概率主观估计的变化,如奖品价值为10万元时,比例增加到1/10 000,这个比例还是很小。

那么,随着附赠比例的增加,会不会在低价品促销中也出现小概率权重高估反转的现象呢?也就是说,附赠值增加的话,其效果是否会好过抽奖呢?虽然附赠品价值及附赠与购买品的比例关系会进入到决策框架当中,但是由于绝对金额的变动很小。因此,比起高价品来说,低价品出现这些结果可能要模糊得多。

这样,该研究在经济学期望理论的基础上,进一步引入"可评价性"和"感知显著性"两个心理概念进行解释,完善了这一领域的理论框架。该研究的营销意义在于:对于高价品有奖销售而言,如果是附赠式,方案设计者需要小心限定赠品价值,根据目标对象接受水平找到一个理想的附赠值(不能太低也不能太高),这里要考量的心理变量是产品感知质量是否发生变化;如果是抽奖式,方案设计者需要小心设定奖品价值,根据目标对象接受水平找到一个理想的抽奖值(要不高些,要不低些),这里要考量的心理变量是产品感知价值是否发生变化。对于低价品有奖销售而言,如果是附赠式,在没有竞争品促销的情况下,方案设计者可以设定一个较低比例的赠品价值;如果是抽奖式,方案设计者要根据目标对象的接受水平设定一个比例与购买品价值相称的奖品。

第六节 神经营销实验

心理学与消费者行为一向有很深的渊源。在心理学中,从感觉、知觉、注意、表象、学习、记忆、思维、言语到情绪、人格、意识等各个专题都对消费者行为学的发展有过贡献。如今,认知心理学已逐渐与生理神经技术(如脑认知成像技术)结合起来,采用更科学的方法来研究人的心理与行为。随着这项技术的日益成熟,美国的《财富》、《新闻周刊》和《财富时代》杂志上出现了大量探讨这种技术商业应用前景的文章。认知神经技术有助于更深入了解消费者的知觉、注意、情感、记忆以及它们之间的相互作用,它被美国尼尔森市场调查公司确认为未来市场研究的主要手段之一。

1. 功能性磁共振成像术(FMRI)简介

许多心理学家认为,20世纪80年代中期至今,认知神经科学是心理学最有希望的发展方向。认知神经科学把心理与大脑的统一理解作为自己的目标,强调心理活动是大脑的功能这个简单的真理。只有在这样的前提下,通过仪器记录到的脑内变化过程才是有意义的,才是具有某种明确功能(心理活动)的脑活动。

近20年来,随着现代物理、电子计算机技术的发展,在脑认知成像技术领域出现了令人振奋的进展,涌现出一批功能强大的无创性脑认知成像手段。这些技术(如 FMRI、PET、EEG 等)被迅速应用到认知神经科学的各个领域中,形成一批突破性成果。如大量的脑认知成像研究结果证明了大脑功能模块化的基本思想,即大脑认知功能广泛分布在大脑的各个区域,每种功能都是由一些特定的脑区实现的。

下面就以功能性磁共振成像(Functional Magnetic Resonance Imaging,FMRI)技术为代表来介绍一下其工作原理、工作步骤及安全性。

(1)FMRI 的工作原理

1973年3月16日,美国科学家罗特博(Paul C. Lauterbur)在著名科学期刊《自然》上,描述他如何利用不同强度的磁场(做成磁场的梯度),分析由不同位置原子核所放射的无线电波的差异,他经过计算分析之后,可显现两根装水试管的不同空间位置。这是第一篇利用核磁共振现象来产生二维影像的论文。

随后,英国物理学教授曼斯菲德(Peter Mansfield)继续研究这项"梯度磁场"技术的更多应用,先是发展出用来分析讯号的数学计算方法,后来更于1977年开发出"回波平面造影"(Echo-planar Imaging, EPI)这种现已被广泛应用的超快速成像技术。有了他们两人的奠基,经过10年左右的发展,出现了第一台应用在医学领域的 MRI(Magnetic Resonance Imaging)设备,可显示三维影像。

磁共振过去常称核磁共振,是指原子核在静止磁场中,受电磁波激发而产生的共振现象。其成像原理较为复杂,涉及磁矩、自旋角动量、晶格弛缓、脉冲及扩散系数等专业领域,艰涩难懂,但若将人体比喻为一盆水,不难发现其原理相当简单。

人体是个充满水分的有机体,水分子的扩散是三度空间的随机运动,会受到周围环境的影响而改变运动速度。如果将人体视为一盆水,用力拍打盆子外缘,里面的水会泛起一圈圈涟漪,此时如果将手指插入其中,原本成同心圆的涟漪就会受到破坏。

同样的原理,人体内的水分子含有很多氢原子核,这些氢原子核本身又具有磁场特性,如同一个小小的磁铁。核磁共振扫描是将人体置于强大且均匀的静磁场中,再利用特定的射频无线电波脉冲,激发人体组织内的氢原子核。在身体组织中,到处都含氢的分子(如水分子和脂肪),氢原子核在外加磁场中的核磁共振频率与其周围环境有关。借核磁共振频率扫描可获得与各部位组织结构相关的信息,再经计算机分析可以组合成立体影像。

FMRI 是20世纪90年代初以来,随着 MRI 超快速成像技术的发展而出现的新技术。它是基于血氧水平(Blood Oxygenation Level Dependent,BOLD)的大脑活动成像,用以显示在执行特定任务时大脑相关区域的兴奋状况。血分子对磁场的反应是不同的,在 FMRI 中部超强磁力释放出来的场中,脱氧血分子会变成细小的磁体,这些分子扰乱FMRI场域,使得研究者可以观察大脑活动的变化。这项技术已被广泛运用于大脑的认知活动及其功能定位研究。

(2) FMRI的工作步骤

① 被试躺在一台桌子上,缓缓移入电磁孔内(见图1.4)。

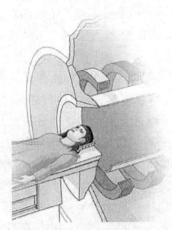

图1.4 被试进入电磁孔

② 运用电磁辐射波来使脑的各区域在对磁场反应时产生变化,技术人员准备了一张大脑的静止图,显示出脑部主要结构。

③ 当测试开始时,被试被要求完成各种不同的任务,可能从一大堆图片中比较,听音乐,玩游戏,或者看一个广告片段。

④ 再次运用电磁辐射波和大些的电磁以及一些额外的小电磁辐射波,技术人员记录下数百个时点上大脑活动变化的情况。

⑤ 测试结束后,研究者利用复杂的电脑程序来评估结果,然后准备在特定任务期间大脑哪一部分活动最繁忙的图像。

FMRI的结果是怎样的?

图1.5是比较不喝酒的年轻人(图1.5左边)和重量级饮酒者(图1.5右边)在执行记忆测试时的大脑活动情况,加利福尼亚大学在2001年发布的这个研究表明,即使在清醒的状态下,重量级饮酒者脑部特定区域的活动也比较少。

(3) FMRI技术的安全性

FMRI技术的特点是信号直接来自脑组织功能性的变化,无须注入造影剂、同位素或其他物质,因此是无创性方法,且简单易行,同一被试可以反复参加实验;它可以同时提供结构和功能的图像;它的空间分辨率很高,是目前所有成像技术中最好的,可多方向扫描,提供三度空间影像,又有高对比的解像力,成像速度可达几十毫秒;有大量成像参数供实验者自由控制,以实现各种特定效果

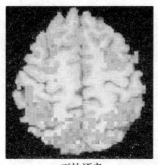
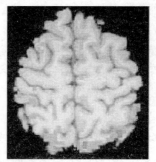

　　　　不饮酒者　　　　　　　　　　　重量级饮酒者
图 1.5　不饮酒者与重量级饮酒者的大脑活动情况

的扫描;它对人体不具侵袭性,不会产生游离辐射,不会像 X 光等传统检查方法一样对人体造成伤害。

　　完成这样一套实验程序基本上没有什么风险,但是任何能够被磁所吸引或干扰的金属都可能引发问题。因此,FMRI 技术不对那些身上装有心脏起搏器或其他植入器的人使用。另外,由于它不是直接检测神经活动,而是滞后于神经活动,因此它的时间分辨率较低;它的实验环境不适合于幽闭恐惧症患者,其扫描过程中的巨大噪音也妨碍了它在听觉研究上的应用;其系统造价较高,但好在它的临床价值通常能化解这一问题。

　　由于 FMRI 技术的上述优势,在其问世短短不到 10 年间,已成为最受推崇的一种脑认知成像手段。

2. FMRI 技术在市场研究中的应用

(1) 神经营销

　　神经营销可追溯到十多年前神经科学家丹玛西沃(Antonio Damasio)的预言。他说,人们在购买时不仅用到了大脑中理性的一半,也用到了感性的一半。这正是广告商们所想听到的。广告是艺术与科学的混合体,广告商在采用理性诉求的同时也诉诸感性。他们在广告中运用了负罪感、妒忌、恐惧、幽默与悬念等手法,然而他们不知道这些诉求究竟会产生什么的效果。现在,他们开始转向 FMRI,这种技术能将人们脑部不同区域的血流量记录下来。当人们购买时脑部某个区域被激活,该区域就需要更多的含氧血液供应来支持,每毫秒的血流图都会出现在 FMRI 扫描器上。通过 FMRI,可以更好地跟踪消费者对广告的认知与情感反应或广告的记忆。

　　当购买可能性首次出现时,脑后部的视觉皮层被激活。几毫秒后大脑开始反复考虑产品,似乎要从各个角度将产品看透一样,这就激活了左下前颞叶(inferotemporal)皮层的记忆系统,左下前颞叶皮层中有对不同复杂图形反应的细胞,用于处理复杂的形状,它位于左耳的上前方。当一个产品受到消费者的偏爱时,大脑活动开始转向右头顶骨皮层,位于右耳的稍上方。研究者扫描人们在注视各种图像时的大脑活动,之后看看人们到底能够记住哪些,然后回过头来研究人们在注视这些能够进入记忆的图像时大脑的活动。

公司提供几种广告或产品设计方案,FMRI扫描器能够帮助它们找到哪一种设计或方案受到最多人的喜爱。神经营销在发现顾客是如何体验一种产品时也很有效,比如我们在吃糖的时候,大脑是先对咀嚼的声音有反应,还是对味道先有反应。

著名的百货业巨子约翰·沃纳马克(John Wanamaker)曾说过一句名言,他知道他的广告支出有一半是浪费的,只是他不知道是哪一半。面对广告人贩卖的创意和方案,广告主总是无法获得充分证据去作一个保险的判断。事实上,好广告通常也是冒险的,而且它的特性几乎决定了它的效果只能在事后才能被确知。

与之明显不同的是,FMRI技术能提供真正意义上眼见为实的"事实"。你能清清楚楚地看见消费者大脑中的活动情况。在FMRI的监测下,受试者无法伪装或误传他的任何反应。因为当他看到喜欢的东西时,他的额前叶皮质就会开始闪动,即使他嘴上说他不喜欢它。面对性诉求广告,即使你假装深恶痛绝,FMRI也能读出你脑子里的真实情况。

神经营销甚至可以推断一个广告是仅仅讨人喜欢,还是真能引发购买之间的差别,而这恰恰是其他方法所无法办到的。比如最近澳大利亚的一个研究证实,那些MTV风格、快速切换画面的广告片(尤其每个画面停留不超过两秒的),基本上不可能进入观众的长期记忆,虽然它们收看起来通常都很能鼓舞和愉悦人。

神经营销研究正逐步成为企业决策的一部分,将来会有不少大公司设立专职的神经科学部门,为企业的重大决策提供科学上的支援。

(2) 直接测量品牌竞争力

在20世纪七八十年代,百事可乐的广告总是描述在大街上,将百事可乐与可口可乐倒在无标签的塑料杯里,然后让消费者尝尝哪一种味道更好,盲性测试的结果都表明百事可乐的味道更佳。既然可口可乐的味道更差,为何它还是能吸引更多的消费者呢?贝勒医学院的神经科学家蒙塔格(Montague)对这个问题进行了研究。他召集了一群实验被试,运用FMRI技术进行盲性测试研究,其结果证实了百事可乐的口味的确更佳,因为百事可乐在大脑前壳产生了更强的反应,大脑前壳被认为是用来处理报偿感觉的,举个例子来说,猴子完成任务后得到食物,其脑前壳活动会比较活跃。常喝百事可乐的人在喝百事可乐时其脑前壳的活跃程度是可口可乐忠实买家的五倍。

然而,在现实生活中,口味并不能代表一切。蒙塔格(Montague)试图去挖掘可口可乐的品牌形象所带来的影响力。他将盲性测试实验的程序稍作调整,指明了哪一杯是可口可乐。实验结果非常有趣:几乎所有的被试都声称他们喜欢可口可乐的味道。这些被试的大脑活动也发生了变化,其前额皮层中部的活动加强,这个脑区域被科学家认为是用来管辖高水平的认知能力。很明显,被试正在用一种更复杂的方法来考虑可口可乐的味道,这个过程夹带着对这个饮料的记忆与其他印象,换言之,品牌改变了消费者的偏好。而百事可乐就不能取得相似的效果,当蒙塔格指明哪一杯是百事可乐时,较少的被试声称他们喜欢百事可乐的味道。

这就是品牌的力量。由于 FMRI 技术,品牌的竞争力得以最直接的测量。相隔 30 年的两次实验证明,品牌有一种神奇的力量塑造着消费者的消费偏好。与其说消费者是在品尝可口可乐这种饮料,不如说消费者是以一种更为复杂微妙的方式感受可口可乐这个品牌,这种感受品牌的过程里掺入了消费者的情感、记忆,以及其他的印象。

事实上,行销百年的可口可乐仍是世界名牌中的名牌,是世界上最具魅力、最畅销的饮料,其 704 亿美元的品牌价值是百事可乐 117 亿美元的 6 倍,可口可乐仍是可乐业乃至全球各行业的超级强势品牌。

(3) 寻找消费者大脑里的"购买按钮"

我们知道,所有企业都梦想在其产品和消费者之间建立起某种即时的、直觉的关联。现在凭借 FMRI 技术,公司可以确切地了解这种宝贵的联系是否已经建立并稳固存在。随着公司对大脑功能的了解不断深入,它们会想办法激活大脑中涉及个人喜好、购买决定乃至个人志向的区域。

所有这些努力都围绕一个目标,即发现消费者大脑里面的"购买按钮",并将它用于产品测试、包装及广告制作上,看看做出来的东西是否能够激活这个按钮。到目前为止,研究人员已经发现大脑某些状态是有助于识别和挑选产品的,它们与对权力、性和食物等的本能需求有关。而记忆和情绪在培养品牌忠诚度上起到相当大的作用。

记忆在人选择产品时起到至关重要的作用。最近的一个有关购物的研究表明,把顾客放在一个类似杂货店的环境中并让他们在一些常见而且相近的商品中作选择,顾客脑中有关记忆的那些区域就会亮得像焰火齐放的夜空。我们观察神经系统的活动就会发现,当顾客选中他们非常喜欢的品牌时,他们是根据以往的经验作了一个感性的选择。

有些公司,包括高露洁棕榄公司、卡夫食品公司以及联合利华集团等,正在尝试"情景营销法"。通过将公司产品样品分发给度假者们,人们心理上就会将这些产品和玩得开心联系起来。

越来越多的公司,其中包括家乐氏和宝洁,都对探索消费者的情感世界表现出了前所未有的兴趣。利用 FMRI 技术,戴姆勒-克莱斯勒公司位于乌尔姆的研究中心正在研究人与汽车互动时大脑的活动情况,其中部分工作是设计导航和报警装置从而使汽车更安全。另一部分工作则纯粹是为市场营销服务,他们想知道,对特定的汽车图像人脑会做出怎样的反应。

2003年夏天,位于亚特兰大的思维科学研究学会的布莱特豪斯(BrightHouse)正式开张。作为首个神经科学营销顾问公司,他们声称其顾客中有《财富》500强的企业(基于商业原则,客户的身份保密)。布莱特豪斯将对该公司潜在消费者的代表样本进行大脑扫描,评估其对公司产品及其广告的反应,然后再根据扫描和研究结果对宣传策略做出相应调整,力求使企业和产品形象与之调和。

如果公司能够掌握消费者喜好随时间的变化,将有利于它们建立更持久的品牌忠诚度。这些可以客观地测量出来,并且可以利用其中的差异来指导公司的市场策划。现在对人的决策过程及情感活动进行探索和利用的时机已经成熟了,拿前额叶皮层来说,这个区域在人做出冷静的决策和树立长期目标的过程中起到关键的作用。通过了解前额叶皮层的发育过程,公司就能用不同的方法向市场推出产品。它们也许可以用某些广告词的组合对扁桃体及前额叶皮层产生正面的刺激,或者,如果它们知道某个电视节目观众的年龄段,它们便可以针对不同年龄的观众设计不同的广告。

3. 问题讨论

2003年度的诺贝尔医学奖获得者罗特博教授和英国物理学教授曼斯菲德可以说是磁共振之父。不过在当初,这两位科学家也许并没有意识到,他们做出重要贡献的这项技术有一天会成为市场研究人员的"办公设备"。

FMRI是重大的科学发明,而其应用范围之广大,更深入每一个人的生活中,两位得奖科学家的贡献与成就不言而喻。脑电波在美国市场营销界正在转化为一门"神经营销学"。不过,对FMRI技术在市场研究中的应用表示质疑的科学家也大有人在,主要有以下几种观点:

(1) 批评者指出,大脑对于我们来说还是一个谜,光看到神经元在闪亮并不说明我们了解它实际上在做什么。即使取得了大脑研究上的一系列突破,神经科学家们仍未找到一张大家都有共识的大脑版图。

(2) 纽约大学的心理学教授伊丽莎白·费尔普斯(Elizabeth Phelps)说:"你可以给消费者展示一双GUCCI鞋子,然后看到他们大脑里产生的活动和反应,但这跟找到消费者大脑里的那个'鞋子中心'并非一回事。""人脑是世间最复杂的东西,"达特茅斯学院(Dartmouth College)心理学和脑科学研究副教授范洪(John Van Horn)指出,"如果我们敢说将一个人塞到仪器里便能知晓一切,那就有点不知天高地厚了。"

(3) 采用脑技术来进行市场研究,以销售更多的产品,也引起许多争议。二战后许多美国人对广告的影响感到不安,1957年凡斯派克的《隐藏的说客》一书揭示了潜意识广告不可思议的神秘力量,人们对潜意识广告操纵的恐惧由来已久。现在,反对者害怕一旦人们大脑中的"购买按钮"被启动,一些不道德的公司会利用这种手段来驱使我们购买一些对我们健康有害的产品。他们指出,肥胖症、糖尿病、酗酒、肺病、赌博都间接受到这些侵略性营销的影响。还有些人反对将医疗设备用于商业活动,《纽约时报》上的一篇文章还指出人们害怕这种技术会被用于操纵性的政治广告当中。

对于批评者的质疑,布莱特豪斯的克尔斯计划在权威学刊上刊发他们的研究成果作为回应。他们强调他们是忠于科学的,是"以科学方法搞商业,而非以商业方法搞科学"。是的,当通过FMRI看到那些奇妙的三维影像,我们是有史以来第一次这样清楚地直视自己的大脑——这个复杂微妙、充满神秘的世界,而好奇心将驱动我们不断向前。

FMRI的研究者认为不应当仅仅因为这项技术可能会被滥用就应该被全面禁止。毕竟,FMRI技术只是忠实地记录大脑的活动,它并不能改变大脑的活动,也不能让人出去买东西。这种技术能帮科学家更好地了解大脑的活动。

从广告史上看,广告业一直在试图寻找更多的科学方法来验证其广告效果。通过人口统计学,可以从年龄、种族及相邻社区的分析中描述消费者的轮廓,电话随机访问则可以帮助了解大范围内消费者对某一产品的看法。从1950年开始,确认人们会喜欢某种广告的最佳工具被认为是消费者座谈会(focus group)。问题在于这种工具并不可靠,很大原因是由于被试研究的社会情境阻碍了人们口吐真言。一些被试想迎合座谈会的主持者,所以揣测主持者所期望的意思来回答;另一些则企图主导整个座谈会,有些有想法的人可能被迫跟着他们走。

以电视商业广告为例,罗迪史等(Lodish等,1995)证实,大约只有接近一半的电视广告对销售产生了积极的影响。为什么一些电视广告会比另外一些电视广告更有效?原因仍不清楚。现在电视广告的效果测量都是通过让消费者采用口头自我报告的方式,然而,人类95%的认知活动都是在无意识的状态下发生的,而且自我报告很容易受到当时社会情境的影响。既然这种调查显性态度的方法有这么多的缺陷,广告研究人员就开始引入心理学中一些内隐测试(如反应时技术)、生理测量(如眼动仪)和行为反应的方法。但是每种技术都有缺陷。

现在,运用这种强大的FMRI技术,销售者能够对受众的整个广告信息处理过程进行更多的了解。FMRI技术通过记录脑部活动,客观忠实地测量被试的反应,通过直接观测认知本源——脑部区域的活动,我们可以获得更多的信息,尽管这些信息仍然是有局限的。

脑成像的费用非常昂贵,在亚特兰大,一台移动的FMRI机器租金是每小时1 000美金,一个简单的实验也需要12名被试,花费至少在5万美元以上。不过,相对于去年美国1 170亿美元的广告费总额来说这还是微不足道的,美国公司花在消费者座谈会、意见调查和营销追踪等方面的费用也高达68亿美元。

此外,每年在2.2万个新包装的消费品上还有一笔数目不详的开销。

在今天的认知神经科学研究领域中,FMRI 的身影已经无处不在。这项技术的应用也越来越新锐,它变得更加复杂、更加微妙,而它最终为商业世界所利用也是一种不可避免的趋势。

本 章 小 结

通过介绍上述的一些研究案例,读者可以了解到实验法在消费者行为研究各个领域(包括促销、定价、渠道和产品)中的广泛应用。这些学院派的研究,讲求研究的理论价值(theoretical implication),以及理论的推广性(generalizability),即可用于解释许多消费现象的能力。尽管这些发现很有趣,然而,要将之直接应用于某个企业的具体营销决策,仍然太过简单。以前面的有奖销售方案为例,不同的企业面临的市场环境很不相同,因此企业的具体有奖销售设计需要考虑更多、更复杂的因素。这并不意味着实验法只是学界把玩的工具,实际上从健身俱乐部收费和神经营销实验,读者会发现实验法可以服务于企业的具体营销决策。

参 考 文 献

1. 丁丁(2009),《健身俱乐部与顾客的价格心理战》,http://blog.sohu.com/people/!ZjIxODg2NzcyQGZvY3VzLmNu/130257647.html,2009 年 8 月 23 日。

2. John Gourville, Dilip Soman(2002),"促进销售,更要促进消费",《哈佛商业评论》中文版第 11 期。

3. 林升栋、柯学、陶秋菊(2008),"不同的有奖销售刺激对消费者购买意图的影响",《营销科学学报》,第 4 卷第 2 辑。

4. Carno W. D., Gorenflo D. W., & Shackelford S. L. (1988), Overjustification, assumed consensus, and attitude change: Further investigation of the incentive-aroused ambivalence hypothesis, *Journal of Personality and Social Psychology*, 55(1): 12—22.

5. Hsee C. K., Loewenstein G. F., Blounts S., et al. (1999), Preference reversals between joint and seperate evaluations of options: A review and theoretical analysis, *Psychological Bulletin*, 125(5): 576—590.

6. Kahneman D., Tversky A. (1979), Prospect theory: An analysis of decision under risk, *Econometrica*, 47(March): 263—291.

7. Kahneman D., Tversky A. (1984), Choices, values, and frames, *American Psychologist*, 39(4): 341—350.

8. Lodish L. M., Abraham M. M., Kalmenson S., Livesberger J., Lubetkin B., Richardson B., & Stevens M. E. (1995), How T. V. advertising works: A meta-analysis of 389 real world split cable T. V. advertising experiments, *Journal of Marketing Research*, 32(2): 125—139.

9. Scott C. A. (1976), The effects of trial and incentives on repeat purchase behavior, *Journal of Marketing Research*, Vol. XIII (8): 263—269.

10. Smith K., Dickhaut J., Mccbae K., et al. (2002), Neuronal substrates for choice under ambiguity, risk, gains, and losses, *Management Science*, 48(June): 711—718.

11. Taylor S. E., Jennifer C., Fiske S. T., Sprinzen M., Winkler J. D. (1979), The generalizability of salience effects, *Journal of Personality and Social Psychology*, 37(3): 357—368.

12. Thompson C. (2003), There's a sucker born in every medial prefrontal cortex, *New York Times*, Oct. 26.

13. Tietje B. C. (2002), When do rewards have enhancement effects? An availability valence approach, *Journal of Consumer Psychology*, 12(4):363—373.

14. Wahlberg D. (2004), Advertisers probe brains, raise fears, *The Atlanta Journal-Constitution* (c), Feb. 1.

15. Witchalls C. (2004), Pushing the Buy, *Newsweek International*, March 22.

第二章

运用实验法为具体营销决策服务

在第一章中,读者了解到了实验法在消费者行为学术研究的各个领域(包括促销、定价、渠道和产品)中的广泛应用,本章则旨在阐述运用实验法为营销决策服务背后的思想、实验设计的三种方式、实验法的局限性及弥补方法、以人为实验对象带来的问题等。

第一节 市场实验看似冷门实则有用

1. 实验法是一种"冷门"的市场研究方法

问卷调查、消费者座谈会是目前市场研究中普遍采用的方法,实验法的应用则比较少见。这从出版物的数量中可见一斑,自从李奥贝纳(Leo Burnett)广告公司副总裁 Symour Banks 在 1965 年写成《实验法在营销中的应用》(Experimentation in Marketing)一书,其后的相关著述屈指可数,现在可以在亚马逊网上书店搜索到的只有以下 5 本(仅给出书名与作者):

①《实验在营销决策中的应用》(Experimentation for Marketing Decisions),作者:Keith Kohn Cox;

②《营销实验法简介》(Intro to Marketing Experimentation),作者:Venkatesan;

③《营销实验法简介:方法、应用与问题》(An Introduction to Marketing Experimentation: Methods, Applications, and Problems),作者:Venkatesan;

④《消费者研究中的投射技巧:一个理论的案例报告及市场中成功的实验》(Consumer Research with Projective Techniques: A Case Report of Theory and Successful Experimentations in Market and Marketing Research),作者:Dietz L. Leonhard;

⑤《营销艺术和实践:一系列的实验》(The Art and Practice of Marketing: A Decade of Experimentation),作者:Aubrey Wilson。

2. 实验法缘何"冷门"？

至于实验法在营销当中为何不常运用，McDaniel 和 Gates 总结出三点原因：

（1）成本高，费时费力。在很多情境下，管理者没有太多时间来做一个实验以帮助自己作决策，而且做一个实验的成本常常超过该信息本身的价值。比如你要比较三套广告运动方案的优劣，你首先必须找到三个条件相似的城市，购买当地的广告时段或版面，对事前、事中、事后的销量进行统计，对实验过程中其他可能的影响变量进行测量，对结果进行解释等，而当所有的工作完成之后，你可能发现整个市场的情况已经发生变化，原先方案的商业价值可能已经降低了。

（2）安全问题。一个现场实验常常要将营销计划中的关键部分暴露在真实的市场当中，这无疑会让竞争对手知晓并事先做出防范措施。许多有创意的方案本来是要给对手一个出其不意的打击，现在这个"惊奇"（surprise）已经消失了，而且更糟糕的是，有些竞争对手在你忙于测试时已经将你的"创意"改头换面窃取了。

（3）执行问题。在执行过程中，要取得公司内部或零售商的配合，但一个地区营销经理或零售商可能并不太愿意自己的营销地区或店铺成为一个测试市场，这可能会影响到他的业绩。实验污染也会造成销售假象，比如你在一个地区测试价格，结果测试区域外的消费者也会跑来购买。另一个技术上的问题是，尽管营销专家试图从各个方面来匹配所测试的市场，以保证测试单元本身的相似性（equivalency），但在现实中很难找到完全匹配的市场。而且在有些情况下，你甚至无法找到一个地理区域或人群作为控制组，在工业品市场中，购买者数量很少，他们常常集中在某一个地理区域，他们彼此之间的信息也很灵通，你要在他们之间测试一种新产品几乎是不可能的事。

3. 为何还需要这一"冷门"方法？

尽管如此，营销人员还是希望了解自己的营销努力或方案当中哪一个是有效的。百货业巨子约翰·沃纳马克曾说过，他知道他的广告支出有一半是浪费的，只是他不知道是哪一半。实际上，营销支出也是一样，一位在外资奶粉公司里工作的员工曾向笔者抱怨说，营销人员每月总是要想出各种点子来刺激销售以完成任务，但是在完成任务之后连自己也不能确定究竟是哪一种促销支出在起作用。这就像我们吃感冒药一样，A 药不灵，换 B 药，然后换 C 药，直到吃 D 药时症状消失了，那么，这其中究竟是哪一种药在起作用呢？

从"接近"原则来讲，多数人会说是 D 药，因为吃过 D 药之后症状就消失了。但是，我们又怎么能排除前面三种药的影响？这就像广告支出会有一个累积和滞后的效应，营销者并不能奢望消费者在看到广告之后马上跑到商场里购买产品。甚或没有一种药起作用，只是病人自身的免疫系统在发挥作用。这就像饮料企业在 4 月份策划了一次活动，结果发现销售业绩迅速提升，真的是这次活动在起作用吗？可能是因为4月前是冬季,大家少喝饮料,4月后进入炎炎夏季,饮料的消费自然会上升。

实验法的好处就是让营销者能够确定哪一种"药"是真正有效的。在确定这种因果关系的过程中,要用到三个原则：

（1）共变原则(concomitant variation)。X(自变量)变化时,Y(因变量)也随之变化。比如,投放了电视广告之后,公司产品的销售也随之上升。

（2）时间先后顺序(appropriate time order of occurrence)。原因在前,结果在后。

（3）排除其他可能的影响变量(elimination of other possible causal factors)。就像吃感冒药一样,A、B、C、D以及自身免疫力,究竟谁在起作用？需要逐个排除。

除了事后的评估,实验法还能在事前帮助营销经理在可供选择的方案中做出最佳的决策。Banks指出实验法可测量的单元包括人、商店和地区,目前常用在口味、包装、广告吸引力、记忆度、价格、陈列、促销活动的测试当中。由于市场研究中变量的多样化与复杂性,以及现场实验执行的难度(有时只能找到有限数量的测试单元),心理学家通过随机化、变量匹配、实验设计、统计分析等多种手段来有效地控制其他因素的影响。

第二节 市场实验解决的问题及其背后的思想

说到实验法,人们往往会联想到实验室,实验室的研究往往要隔离很多外界因素,在"真空"当中去观察几个变量之间的关系。而市场的情况错综复杂,瞬息万变,影响销售的因素很多,而且难以控制,因而常常会让人感到实验法在市场研究中无用武之地。然而,在美国市场,实验法在市场研究领域中的应用已经有相当历史。

在市场上做实验,其实道理跟在农田里做实验差不多。影响农作物成长、收成的因素也是千千万万,农业实验者跟市场研究人员面临同样的困境,你不可能让每一粒种子放在同样的土壤当中,享受同样的风雨阳光,有同一只昆虫光顾,自然界的每一处都是独一无二的,并且不以人的意志为转移。对于这些不可控因素,一个最好的办法就是"随机化",把田地分成许多小块,同时也随机播种,让实验的每种谷物所享受的自然条件尽量相似,然后才能"无偏见"地比较它们各自的产量。农业实验中的产量就相当于市场研究中的销量或者其他一些沟通指标,如知名度、偏好度等。

实验法常常被用来相对地比较各种方案的优劣,而不是去确定一个绝对值。在农业上,人们采用实验法来比较哪一种培育方案能够有最高的产量；在医药领域,人们用之比较各种药物减轻感冒的相对疗效；在市场研究中,人们想知道产品定价在 5 块钱好,还是 10 块钱好。当然,评估各种方案之间的相对效果并不意味着我们就不能去预测销售绝对值。如果一种罐头食品采用旧包装销售量为 20 万罐,采用新包装后销售增长 10%,我们也能计算出采用新包装后的销量。

所有实验法的数据分析原理都很简单。举一个简单的例子,我们想研究玉米种子质量对其产量的影响,A 种子质量较高,B 种子质量较差,但是影响产量的还有其他因素,如 U(阳光)、V(土壤)、W(雨水)、Y(虫害)、Z(施肥),按照前面讲的随机化程序将这些其他可能的影响因素尽可能排除,我们就会得到以下计算公式,其中 A_i 代表 A 种子的产量,B_i 代表 B 种子的产量,这两者相减即是种子质量差异对产量造成的影响:

$$A_i = A + U + V + W - Y + Z$$
$$B_i = B + U + V + W - Y + Z$$
$$A_i - B_i = A - B + 0 + 0 + 0 + 0 = A - B$$

做实验通常会涉及以下基本术语:① 实验处理,也就是要测量的结果变量,以及要比较的不同自变量水平,比如不同包装方式或不同广告主题对销售的影响;② 测试单位,市场研究的测试对象可以是消费者(人)、店铺或销售区域;③ 外部因素,其他可能会影响到测试单位(对象)对实验处理反应的因素或条件,包括有些企业可控的,比如市场大小、商铺类型或地理区域;有些不可控的,要靠随机化来淡化其影响的,比如天气、竞争对手的行动、地区商业条件、时尚等;④ 实验处理后的变异,也就是在尽可能控制无关因素的影响后,测试对象行为或表现的变化,它通常来自于自变量水平的变化,也可能是因为还有其他外部的、没有发现的变量影响,或是测量过程产生的误差;⑤ 实验设计,用来将测试单位划分成较同质群组的程序,目的是要尽量控制其他无关变量的影响,尽可能保证实验处理产生的变异来自自变量水平的变化。

人们常将实验法与市场测试(test)混为一谈,比如某公司以前都是在报纸上投放广告,现在他们正在考虑是否要换一种媒介,在电视上做广告。如果要做市场测试的话,只要在一两个地区播放电视广告,然后根据事后的态度调查或销售数据,来判断这样做的效果是否达到满意的水平即可。这种处理方法虽然省钱,但是如果他们选的那一两个地区没有"代表性",就有可能让他们决策失误。而实验法则不然,它要在报纸媒介与电视媒介之间作比较,这又回到前面,它只要能相对地比较出继续用报纸好,还是改用新的电视,帮助营销者做出这个决策就可以了。实验处理时,就不仅仅只选一两个地区了,在某几个地区投入报纸广告,在另外几个地区投入电视广告,这两组地区的选择要尽可能通过一些匹配变量(如经济水平、居民收入、人口数量等)随机化。

总之,应当客观地看待实验法在市场研究中的应用,它并不像座谈会那样,能够产生许多颠覆传统实践或者导致立竿见影的营销效果的点子,它应当被看成是比较新旧点子优劣时所采用的一种科学方法。问题决定方法,而非方法决定问题,现在高校里专门训练出各种很"专业"的人士,他们觉得学会了 SPSS,或者能用结构方程模型,懂得问卷调查,所有的问题就都能用这些技术与方法来解决,这样做只会让问题屈就技术,实在是一种削足适履的做法。实验法与现实世界的销售记录、调查法应当是互补的,对销售记录或问卷结果的分析,通常是假定它们之间存在因果关系,只有在实验法当中,这种关系才能得到检验。研究者决定采用实验法来做市场研究时,并不是一头就扎进去,最好要先对现有销售数据作回归分析,看看哪些自变量可能会对因变量产生影响,要不然你会茫然不知所措,因为影响销售的因素实在是太多了。

一方面并不是所有问题都必须通过实验法来解决,另一方面即使有些问题可以通过实验法来解决,由于其花费较高,营销者也必须在研究花费与研究信息所能带来的利益之间权衡。Banks(1965)因此建议采用统计决策理论,先估算出企业做研究前的收益可能或损失风险,通过研究所提供的信息能够提升收益或降低风险的程度,这中间的缺口即是实验法研究费用的最大限度,超过这个限度,即便实验结果可以帮助你做出"完美"决策,但你已经得不偿失了,因为做企业并不是高校做研究,或者只是纯粹为了获得好玩的信息。比如某公司要做一个新产品的大范围推广,推广的费用很高,一旦失败后果不堪设想,这种高风险决策的例子常常需要营销者先花点"小钱"做做实验研究,然后才开始大面积推广。除了成本上的考量外,另一个标准是"有用"。只有在实验提供的信息能够减少与决策相关的不确定性,也就是说对决策"有用"的情况下才使用实验法。

如表 2.1 所示,当企业依据市场实验的结果做出决策时,与真实市场的总体反应可能是吻合的(正确决策),也可能是不吻合的(错误决策)。最需要提防的决策错误是 II 类错误。举个例子来说,某企业决定在三种促销方式(邮寄折价券、门对门派发样品、商场销售展示)中选择一种最佳的方式来推广新产品。虚无假设 $H0$ 为"这三种促销方式在新产品推广上没有显著的差异"。

表 2.1 基于实验结果的决策与实际市场的总体情况之间的关系

决策	实际的总体情况	
	$H0$ 是真的	$H0$ 是假的
接受 $H0$	正确决策	II 类错误
拒绝 $H0$	I 类错误	正确决策

假设实际市场的总体情况也是三种促销方式对销售的影响无差异,即 $H0$ 是真的:① 如果市场实验的结果接受 $H0$,企业做出正确决策,即选择哪种促销方式都行;② 如果市场实验的结果拒绝 $H0$,企业做了错误的决策(I 类错误),从中选择了某种"最佳"的促销方式,但是由于这三种促销方式是无差异的,因此即使选择了实验结果所推荐的最佳促销方式,犯了 I 类错误也没有太大

关系。

假设实际市场的总体情况也是三种促销方式对销售的影响有差异,即 $H0$ 是假的:① 如果市场实验的结果拒绝 $H0$,企业做出正确决策,即选择了某种最佳的促销方式(这里面临的问题还有,虽然市场实验结果拒绝 $H0$,但可能最佳的促销方式并不符合实际市场的总体情况);② 如果市场实验的结果接受 $H0$,企业从三种促销方式中随机选了一种,就有 2/3 的机会做出错误的决策(犯Ⅱ类错误),犯Ⅱ类错误成本很高。因此Ⅱ类错误的显著性水平在 0.01 或 0.05 是远远不够的,应该扩大到 0.10 或 0.25 以下。

第三节 实验设计的三种类型

下面在介绍实验设计的三种类型时,会涉及上面所提到的一些常用术语以及它们所对应的符号,本节对这些术语与符号作以下说明,便于后文的阅读。实验法是由坎贝尔(Donald T. Campbell)提出的。他是一位心理学家,他的工作正是基于以人为测试对象的实验。实验法很有意思,是因为它能帮助阐明实验中由因到果的基本推理过程。并且,坎贝尔还提出了准实验设计,这种设计可以运用于研究者对实验情形无法全然掌控的情况,将实验的应用拓展到更大范围。由于市场实验都是直接或间接以消费者为测试对象,下面的章节中我们会用到以下的符号系统:

X——实验处理,或自变量,是由实验者掌控、操纵的变量。代表测试组受到实验中变量或事件的影响,其变化和效果将被测量。

O——对行为的观测,指对实验组或个体进行观察和测量的过程。

R——指将实验单位或小组划分开的随机安排。

X_s 和 O_s 从左到右的数字变化表示按时间进行的一系列事件。同一横排的 X_s 和 O_s 表示它们是施加在同一实验组或个体上;不同行间相互垂直的 X_s 和 O_s 则被认为是同时发生的。

此外,行间的虚线表示没有经过随机化使组间等价,行间没有虚线表示比较组间是对等的。

坎贝尔在探讨实验设计时,主要集中于两个领域:内部效度和外部效度。通过对效度的研究来讨论实验结果的有效性。

内部效度(internal validity)是指所发生的变化是否完全由"处理"(treatment)引起。换言之,也就是在实验中实验者操纵的因素(自变量)与所观察到的结果(因变量)之间因果关系的明确程度。在考虑影响实验内部效度的因素时,我们应试图寻找在实验处理之外,是否有其他符合逻辑的、似乎合理的原因可解释测量到的结果。只有明确没有任何其他可能的解释,我们才能接受实验处理是引起变化的原因。也就是说,在实验中对无关变量做出有效控制,就会提高实验变量的内部效度。而提高实验内部效度的基本途径,便是控制无关变量与实验期间的特殊情境。

外部效度(external validity)则是指实验研究的结果能够推论到实验情境条件以外的程度,即实验结果的普遍代表性和适用性。也就是研究结果能否被正确地应用到其他非实验情境、其他变量条件,以及其他时间、地点、总体中去的程度。为使结果能有效地推广到更大范围的总体,则需辨识它可推广的总体(称为接近总体),以及欲推广的更大范围的总体(称为目标总体)。若两者的重要特征类似,其结果也可有步骤地推广至目标总体。

这两种效度都是极其重要的,在实验中它们都必须被估测。事实上,对内、外效度的追求很难达到两全其美的境界。实验室实验通常对无关因素的控制更好,即内部效度较高,但实验条件越人为化,离现实情境越远,就越会限制推广到真实世界的可能性,即降低了外部效度。反之,只注重外部效度的提高,可能大大影响内部效度的充分程度,甚至导致因果关系不明、无法测量内部效度。市场实验研究者的目的便是设计一个方案,使得特定问题在两种效度上都表现出较高水平。

下面我们将讨论三种形式的实验设计:前实验设计,真实验设计和准实验设计,同时也探讨一下影响实验效度的因素,这对阐述和评价准实验设计大有裨益。

1. 前实验设计(preexperimental research designs)

(1) 单组后测设计(the one-shot case study)

在单组后测实验设计中,只有一个实验组,对实验组只给予一次实验处理,然后通过测量得到后测结果。设计的基本模式如下:

$$X \qquad O$$

实验(1)

X 是研究者操纵某种未知因素(自变量)的处理,O 是紧接着测量或观察到的结果(后测结果)。注意仅有一个实验组,并且只有一次实验刺激,在无对照组的情况下直接测量结果,也无事前测量。并且,在 XO 前没有 R 的过程,即实验组的人并没有经过随机分配,这意味着被试可能是由研究者精心挑选的,不具代表性。这种实验设计对可能产生的错误太缺乏控制,因此不具有基本科学价值。

(2) 单组前测后测设计(the one-group pretest-posttest design)

单组前测后测设计是对单组后测设计的改进,它增加了在实验处理前的测量,但仍只有一个实验组,进行一次实验刺激。

设计的基本模式:

$$O_1 \qquad X \qquad O_2$$

实验(2)

例如，某肥皂厂想要验证一下改进包装是否真能提升销量，于是将原先的黑色包装换成彩色包装，我们便可以对比在一段时间内该地区旧包装的销售量与新包装销售量的差额，得出结果。

所谓的实验结果当然是 $O_2 - O_1$。然而，在我们接受这个假设，即是实验处理 X，且仅由 X 导致了 $O_2 - O_1$ 这一测量出的变化之前，我们必须说服自己无论在整体还是局部上，都没有其他合理因素可能导致这种变化。这些因素通常包括：

① 历史

"历史"（history）是指不受研究人员控制，在实验过程中与实验变量同时发生，并对实验结果产生影响的任何变量或事件。也就是说，实验以外的目前事件的变化仍对实验结果有影响，可表现为人的意识变化，对某一事物的反应变化等。例如，实验过程中发生的新闻可能使被试对实验处理 X（也是我们将要测量的）变得敏感，或是增加了理解 X 的维度，而我们并不知道。在市场营销和广告领域，竞争性广告宣传和促销活动会强烈影响历史因素。O_1 与 O_2 之间的时间间隔越长，将会有越多的"历史"带来更多假设解释测量出的变化。

② 成熟

与历史相似的另一干扰变量是"成熟"（maturation）。成熟是指人作为研究对象随时间流逝在生理或心理方面的变化，结果人们对实验过程中变量的处理和反应可能改变。这一变化与外部特定事件无关，是人自身的变化。例如，在两次观察之间，人已经长大，也可能变得更饥饿、疲劳、无聊等。成熟因素对于结果的影响可能超过实验处理本身，在特殊实验中成熟因素是否是一个严重问题取决于实验长度。

③ 测试

第三个可能影响因素是测试（testing），研究者为了取得实验前被试的初始状态，对被试实施前测，而这种测试可能会积极或消极地影响实验处理实施后进行的测验。我们都知道在进行智力测试时，第二次做的人会比初次做的人成绩要好。人们被问及特定的广告宣传活动时会对其变得敏感，而当再次见到该广告时便会做出特殊反应。这种很可能存在的经由测试带来的反应是我们想要尽力避免的。也就是说，研究者须尽一切办法设定测试的过程，使测试只是对行为的被动记录，而非使测试对象变得敏感的刺激本身。这种被动式的反应也是对研究者才智的挑战。他必须始终保持警惕，保证测验本身并不会使实验处理的结果产生偏差。

④ 仪器使用

观察者对仪器的使用（instrumentation）也可能在两次测量结果间产生误差。实验过程中使用仪器不当或仪器失灵、测验材料出现问题，或观察者的身心发生变化，如感到无趣、疲倦等，都可能影响实验处理的效果。例如，假设一个实验情境是在一个被试小组中记录回应,由访谈者对录下来的讨论进行编码,那么对第一盘磁带编码的经验将会对后续磁带的整理产生很大影响。因此这种误差和偏向也应对实验结果负部分责任。一个简单的走出这一困境的方法,是将编码者分成两组,分别对两组讨论都进行编码,只是以相反的顺序呈现。这种方法也更接近真实验设计原则。

⑤ 统计回归

第五种干扰变量是统计回归(statistical regression),也叫"向平均回归",这经常在有匹配过程的实验中出现。由于在实验处理前选择了某一特征方面具有极端倾向的被试,要记住的是这些极端小组里的很多人是出于偶然才在那里的——他们只是恰好买了两盒产品,或是刚好在填写问卷时心情闷闷不乐。也就是说,大多极端倾向都含有较大的偶然因素,而随后的重复测验则表明其结果有回归到平均数的趋向。

(3) 不等同比较组后测设计(the static group comparison)

不等同比较组后测设计,即有一组经过实验处理 X,其结果与没有经过 X 处理的组进行比较。注意这两个对照组并没有经过随机选择,故只能看做比较组,非控制组,很难说明因果关系。

设计的基本模式:

$$X \quad\quad O_1$$
$$\cdots\cdots\cdots\cdots\cdots\cdots\cdots\cdots\longrightarrow$$
$$O_2$$

实验(3)

> 虚线表示处理组和对照组不是随机分组,因此两组被试在实验前是不对等的

举例来说,这种实验设计可以比较已使用了一种新产品的人和没有使用该产品的人,或是对比收看了某电视节目或特定广告的人和没有收看的人之间的差别。这种静态的比较组实验设计和真实验之间最基本的差别在于,前者没有采用随机化的方法来选择被试和分配被试,无法证明对照的两组是均等的。

在此便可引出影响内部效度的另一干扰变量——选样。如果 O_1 和 O_2 的结果不同,这差异也可能来源于被试组里实验对象的选择。换句话说,即使没有实验处理 X,这些小组也是不同的,也应对产生的结果负责。另一种情况是被试的自我选择,也就是挑选实验组的人(即进行实验设计上半部分的人)时,那些自我推荐进入实验组的测试对象往往与沉默的人差别很大,因此在两组间也造成偏向,对实验结果有影响。而随机化的抽样则可排除这种自我选择。

我们探讨后两种前实验设计引出了几种可能减损内部效度的干扰变量,因此我们不可能说是实验处理 X,且只是 X 引起了测量出来的变化。显然,研究者只有解决了内部效度的问题,才能进一步考虑外部效度。也就是说,当已经可以推断是实验处理产生测量结果的变化,下一个要考虑的问题就是将实验发现的规律从实验情境推广到真实世界。

2. 真实验设计（true experimental designs）

你可能已经注意到,上面提到的三种前实验设计都没有另外的相似组进行对照,而那个相似组得到与实验组完全相同的对待,所不同的只是没有接受实验处理 X。在不等同比较组后测设计中,虽然有两个小组对比,但我们无从知晓在实验开始前,两组情况是否均等。

如果可以随机安排调查对象,我们就进入真实验设计的范围了。随机选择是使得真实验设计得到的数据比前实验设计的数据更有效的重要因素,并且,统计的显著性检验也以随机化为前提。

（1）随机前测后测控制组实验设计（the pretest-posttest control-group design）

这种设计相当于在实验（2）单组前测后测设计的基础上增加了一个控制组和对实验对象选择的随机化过程。

设计的基本模式：

$$R \quad O_1 \quad X_1 \quad O_2$$
$$R \quad O_3 \quad X_2 \quad O_4$$

实验（4）

这里,X_2 指有别于 X_1 的处理,或不施加 X_1 处理。

举例来说,依然是某肥皂厂想要验证改进包装是否能提升销量,我们先从样本中随机抽取实验组和控制组,之后的实验步骤如下所示：

实验组:引进新包装前的销量 O_1→引进新包装 X_1→引进新包装后的销量 O_2;

控制组:引进新包装前的销量 O_3→不引进新包装 X_2→旧包装的销量 O_4。

通过比较 $O_2 - O_1$ 与 $O_4 - O_3$ 的差别,得出实验结果。

随机前测后测控制组实验设计控制了绝大多数影响内部效度的干扰变量。通过随机选择和设置控制组,我们控制了成熟、选样、回归和测试偏差等因素的影响。实验两组的前、后测分别同时进行,发生在前后测之间的事件对实验组和控制组的影响基本相同,便控制了历史因素的干扰。但这种做法可能产生操作误差,因为实验要求利用访谈者收集数据,他们却无法同时访问两组人。而如果要求同一批访谈者访问两组实验对象,我们就陷入另一困境——两组观测便无法同时进行。

这种操作误差可以参考"双盲技术"（double-blind technique）解决。在医学实验中,病人和医生都不知道病人注射的是药物还是安慰剂,以检验操作结果。采用双盲实验是为了要减少观察者的偏见（prejudices）和无意识的暗示（unintentional physical cues）对实验结果的影响。将被试者随机分配到控制组或者实验组是双盲实验中至关重要的一步,同时需确认哪些受试者属于哪些组的信息交由第三方保管,并且在研究结束之前不能告知研究者。这在后面将详细讨论。

下面我们讨论外部效度。我们实验是为了将实验结果从样本推广到总体甚至全世界,因此外部效度非常重要。我们不能理所当然地由实验情境推测真实世界,是因为其结果受到实验处理 X 和其他一些特殊条件的交互影响。交互作用(interaction)是指某因素的作用受另一因素某水平的影响,与外部效度直接相关。

在真实验设计中,有许多方法可以使实验在外部上更有效。对于实验处理 X 与测试过程的交互作用,我们经常避免前测,因为在真实世界中,人们通常是直接对刺激做出回应,而没有人为的前测的过程。在广告和营销领域,研究者进行的访谈和对被试态度的测试都是异于真实生活的过程,因此,考量测试和实验处理的交互作用很有必要,这源于"前测和重复测量在现实世界中是否正常"这个问题。

与此类似,对于实验处理 X 与选样过程(selection)的交互作用,最重要的是实验外人群的推广性。愿意参与实验的人更像是唯唯诺诺的肯定者(yea-sayers),而非爱唱反调的否定者(nay-sayers),因此这部分人相较于一般人群更容易被说服、更积极乐观也更易操作。研究者也需知道,实验对被试的要求越高,所需花费的时间和精力越多,那么愿意合作的被试非典型(也就是这些愿意配合的人是一个特殊的人群,不能代表总体)的可能性越大,也越不易将实验结果推广到一般人群。

在这种情况下,Towers、Goodman 和 Zeisel 提出一种有效的方法,在现场研究中建立严格的实验控制。他们在一个城市的人口中随机抽取若干家庭作为样本,并对其二次抽样分成两组,一组作为实验组,另一组作为控制组,来检测电视内容的影响力。实验组即正常收视的家庭,但是对于控制组来说,要让这些家庭在实验期间不收看电视,这可是个难题。为严格限制控制组不接触到实验处理,Towers 等人在实验期间,要么转移这部分人的注意力(鼓励他们做别的事),要么采取硬性禁止(干扰电视信号使他们的电视在实验期间无法收到特定频道)。这种做法并未涉及人的选择(让被试同意在实验期间不去接触实验处理),而是从外部予以干预,对内部效度和外部效度的控制均较好。

(2)所罗门四组实验设计(the Solomon four-group design)

随机抽取四组实验对象,两组作为实验组,两组作为控制组。其中一个实验组和控制组做事后设计实验,另一个实验组和控制组做事前事后设计实验,这样的实验设计模式被称为所罗门四组实验设计。通过前、后测,单一处理以及零处理的比较可估计处理与测试过程的交互作用的大致可能,以此便可以评估外部效度。所罗门四组设计是第一个考虑外部效度估算的正式实验设计。

设计的基本模式:

$$R \quad O_1 \quad X \quad O_2$$
$$R \quad O_3 \quad \quad O_4$$
$$R \quad \quad X \quad O_5$$
$$R \quad \quad \quad O_6$$

实验(5)

这种实验设计相当于在实验(4)的基础上增加了两个组,一组接受实验处理,另一组作为控制组无实验处理,两组均无前测。这样,测试的效果以及测试与处理 X 的交互作用便展现出来。

举例来说,依然是某肥皂厂想要验证改进包装是否能提升销量,按照所罗门四组设计进行实验。随机抽取四组实验对象,分别标记为 A、B、C、D 组,随后的实验步骤如下:

A 组:引进新包装前的销量 O_1→引进新包装 X→引进新包装后的销量 O_2;
B 组:引进新包装前的销量 O_3→不引进新包装→旧包装的销量 O_4;
C 组:不经过前测→引进新包装 X→引进新包装后的销量 O_5;
D 组:不经过前测→不引进新包装→旧包装的销量 O_6。

可以看出,这种实验设计可从四个不同角度测试实验处理的效应,即 $O_2 - O_1$,$O_2 - O_4$,$O_5 - O_6$,$O_5 - O_3$。

与此相似,我们也可以估算历史和成熟的联合作用,即 $O_6 - O_1$,或 $O_6 - O_3$。

不考虑前测的分数,我们可以将后测的结果放入一个 2×2 的表格中(见表 2.2):

表 2.2

	有处理	无处理
有前测	O_2	O_4
无前测	O_5	O_6

从横向列间差异来看,我们可以估算出处理 X 的效应;从纵向行间差异来看,我们可以估算前测的效应;从单元格间交叉数值的差异来看,可以估算处理 X 与前测的交互作用。

如果在实验中使用两种实验处理作为对照,其他步骤与实验(5)一样,这就是改良版的所罗门实验设计,基本模式如下所示:

$$R \quad O_1 \quad X_1 \quad O_2$$
$$R \quad O_3 \quad X_2 \quad O_4$$
$$R \quad O_5 \quad \quad O_6$$
$$R \quad \quad X_1 \quad O_7$$
$$R \quad \quad X_2 \quad O_8$$
$$R \quad \quad \quad O_9$$

这个实验设计提供了许多检验各种因素效果的途径。例如，X_1的效果可由O_2-O_1，O_2-O_6，O_7-O_5，O_7-O_9来测量；X_2的效果可由O_4-O_3，O_4-O_6，O_8-O_5，O_8-O_9来测量。前测的效应也有多种测量方式，如O_7-O_2，O_4-O_8，O_6-O_9。

结果的统计学分析如表2.3所示：

表 2.3

	无处理	处理X_1	处理X_2
有前测	O_6	O_2	O_4
无前测	O_9	O_7	O_8

从横向列间差异来看，我们可以比较X_1、X_2以及无处理的三种情况的效果；从纵向行间差异来看，我们可以估算前测的效应；从各单元格间差异，可以比较前测分别与有处理、无处理两种情况的交互作用。

(3) 仅后测控制组设计(the posttest-only control-group design)

前测的概念通常深植于社会科学研究者的思想中，但实际上对真实实验来说，前测并非不可或缺。接下来的实验设计，尽管没有前测，也属于真实验设计的范畴。它比较像是所罗门四组实验设计的后两组，排除了前测的影响；但它与实验(5)不同，无法做出多种测量和估算，然而这种实验设计对检验处理X是否有效仍然是可行的。

设计的基本模式如下：

R	X	O_1
R		O_2

实验(6)

相似地，我们可以对比两种实验处理，设计如下所示：

R	X_1	O_1
R	X_2	O_2
R		O_3

要注意的是，实验(6)与实验(3)的唯一区别在于前者的被试多了随机分配的过程。

3. 准实验设计(quasi-experimental design)

所谓准实验设计，是相对于真实验设计而言的，是指那种既不能直接操纵自变量又不能对额外变量作比较严格控制的研究。该实验无须随机安排被试，通常使用原始群体，在较为自然的情况下进行实验处理。

准实验设计一般也要比较不同的组或条件，但研究通常用不可操纵的变量来确定要比较的组或条件。这种不可操纵的变量通常是被试变量(如自然形成的性别、年龄、种族等变量)或时间变量(如处理前和处理后)。这意味着研究者只能选择那些已经具有某种不同程度特征的被试,而不能从总体中随机选取被试。它和真实验的本质区别也在于这种非随机选择和分配。

一般而言,我们不能从准实验研究结果中做出因果关系的结论,其主要原因是在研究的变量上缺乏严格控制,因而其内部效度较低。但准实验研究更加灵活、方便,可使数据收集更加高效,有其独特的优点。当真实验研究行不通时,准实验研究是重要的替代方法。

(1) 时间序列设计(time series experiment)

时间序列实验设计涉及实验处理前后对效果的重复测量,即对某个被试组或被试个体进行周期性的一系列测量,并在这一时间序列中的某一点上呈现实验处理变量,然后观察施加实验处理之后的一系列测量是否发生了变化,从而推断实验处理是否产生效果。

设计的基本模式如下:

$$O_1 \quad O_2 \quad O_3 \quad O_4 \quad X \quad O_5 \quad O_6 \quad O_7 \quad O_8$$

实验(7)

实验过程是,先进行一系列的观测,接着引入一种处理或者加入其他事件,然后再进行第二个系列的观测。通过比较处理前和处理后的观测值来评估实验处理的影响。

从这个模式可以看出,时间序列设计是只有一个实验组的单组设计,也是经过重复测量的一种前测后测设计。研究者根据研究内容和目的的不同来确定实验处理前、后的观测次数,并且前后的观测次数也可以不同。但总的来说,观测的次数越多越好。

该实验设计最大的弱点是无法控制历史因素的影响,但却因进行了连续的前后测量从而对可能的外来变量提供更多的控制,因此比一组前后测量设计有更强的解释能力。它主要适用于当测验不太显著和实验对象对多种测试没有反应时,如以在校学生为对象的教育方面的研究、商店内市场数据收集等。

(2) 相等时间样本设计(equivalent time sample)

真实验设计最常使用相等的人作为样本,也就是将随机选择的实验组和控制组进行对比,以更好地观察实验处理的效果。相对地,我们也可以使用相等的时间序列作为样本,在一个时间样本内引入实验变量,另一个则没有。这样的实验设计便是相等时间样本设计。

具体来说,相等时间样本设计就是指连续抽取多个相等的时间样本,对单一被试组在其中的一个时间样本中实施实验处理,而在后续的另一个时间样本中不实施实验处理,并通过对两种时间样本的观测结果之间的差异来比较实验处理效果。设计的基本模式如下:

$$X_1O_1 \quad X_0O_2 \quad X_1O_3 \quad X_0O_4 \quad X_1O_5 \quad X_0O_6$$

或者，

$$X_0O_1 \quad X_1O_2 \quad X_0O_3 \quad X_1O_4 \quad X_0O_5 \quad X_1O_6$$

实验(8)

X_1 代表接受实验处理，X_0 代表不经过实验处理。实验(8)分上、下两图，在上图的模式中，同一个被试组接受时间间距相等的六次测量，其中第一、三、五次是在接受实验处理后进行的测量；第二、四、六次是在未接受实验处理的常规条件下进行的测量，两种条件下进行测量的时间样本一致。下图是安排顺序相反的情况。

显然，这种实验设计最适用于那些已预知实验变量的效果是短期的或者是可逆的实验。举例来说，比如某品牌的洗衣粉在超市里做促销(X_1)，有时也不促销(X_0)，就可通过 $O\ X_1\ O\ X_0\ O\ X_1\ O\ X_0\ O$ 的方式来看促销对销量的影响。

该实验设计的弱点和难点在于实验情境本身带来的反应，真实情境与我们刻意假设的理想的实验情境是不同的。此外，实验采用单组设计，实验处理后再重复进行做过的测验可能会增加或降低被试的敏感度，产生一系列效应；对同一组被试进行不同程度的实验处理也可能损害实验的外部效应，有很多方面需仔细斟酌。

(3) 相等材料样本设计(equivalent materials design)

与相等时间样本设计相似，相等材料设计是将相等(但不同)的材料样本应用到同一实验组上，适用于对不同实验处理呈现不同效果，且效果具有持久性的实验。

基本设计模式如下：

(O) 　材料样本 A 　X_1 　O 　(O) 　材料样本 B 　X_2 　O

实验(9)

(O) 表示前测可以做，也可以不做。

这种实验设计已经被运用到消费行为研究的实验中了。例如，Wroe Alderson 调查商品种类对消费者选择商店偏好的作用，他设计了三座商城，每座包含了9家店铺。实际上每座"商城"只是一纸邮购目录，里面夹着16种商品的详细描述。实验研究了三个变量——商品数量，商品种类的丰富度和价格的交互作用。伴随着店铺的变化，61个被试对象玩了这个游戏三次——第一次三座商城的名称相同，第二次以三个数字指代样本，第三次以三个无意义的字母指代样本。

实验(9)与实验(8)相似，各方面的内部效度都较好。它们共同的问题是其被试只能是愿意接受重复测试的人，因此外部效度不高。

(4) 非等控制组前测后测设计(nonequivalent control design)

在非等控制组前测后测设计中包括一个实验组和一个对照组，两组都给予前测和后测,但两组不是按随机化原则选择的对等组,而是自然形成的,如住在同一栋楼里的居民、某俱乐部的会员或是某节目的观众等。

设计的基本模式如下:

$$O_1 \quad\quad X \quad\quad O_2$$
$$\text{...} \longrightarrow$$
$$O_3 \quad\quad\quad\quad O_4$$

实验(10)

> 虚线表示处理组和对照组不是随机分组,因此两组被试在实验前可能是不对等的

两组被试在处理前都接受测量(前测),然后只对一组施加处理,施加处理后再同时测量两个组(后测)。前测是有必要的,借助前测结果取得两个相等或存在某种差异的指标,以提供两个组最初的资料,作为两组间进行比较的基础。

与实验(4)不同,该实验仍然是一个准实验设计,因其没有经过随机分配的过程。但通过引进一个对照组,它极大地帮助解决了实验(2)单组前测后测实验的问题。

值得注意的是,该实验设计不适用于一种情况,即被试对象已经准备好接受实验变量的处理,已明确地经过了自我选择,此时研究者很难为其找到对照组。两组被试对象越相似,他们在前测中的得分便越靠近,实验也越有效。因此,前测分数是解释实验结果的关键因素。如果两组被试在前测中差异非常大,两组明显是不对等的。而如果两组被试在前测中分数非常相似、意见十分相配,两组就是对等的,而后测分数有明显差别,便可确信实验处理的效果,实验的内部效度非常高。

此外,相比于人工分配的被试组,这种自然形成的组合构成的实验情境比较不易产生反作用,因为对前者来说,被试对象知道自己由于某些原因被划分出去,可能在处理、前测、后测时均受到影响。

(5) 分离样本前测后测设计(separate-sample pretest-posttest design)

对人口很多的情况,如在军队、工厂、城市里,我们很难随机选择人群接受多种不同的实验处理,但我们依然可以通过控制"何时"和"对谁",采取准实验方法进行观察和研究。换句话说,如果研究者预先知道某个事件会对一大群人产生影响,他便可以用准实验的方法评估该事件的效果。他得先在实验对象中选取两个随机样本,一个研究事件前的情况,另一个则观察事件后的状态。这种设计的基本模式如下:

$$R \quad O_1 \quad\quad (X)$$
$$R \quad\quad\quad X \quad\quad O_2$$
$$\quad\quad\quad\quad (X)$$
$$\quad\quad\quad\quad (X)$$

实验(11)

只有一个 X 不在括号内,表示我们将感兴趣的实验变量应用到不同实验小

组,但只对其中一组进行了后测。该实验本质上并不是一个很强的实验设计,但是经常用到也受到推崇,因为它可以在不同设定下重复实验多次,并且控制了测试的效应以及测试与处理 X 的交互作用。实验的弱点在于无法控制历史因素的影响,因此建议做实验时在不同设定、不同时间重复实验多次,以纠正此干扰。

举例来说,如果研究者想要测试某广告主题对一新产品发布的影响,但该新产品不能等到研究结束后才推出。若产品是按城市逐个推广下去,而不是全国统一发布的,那么就可以评估其在某一城市的宣传效果。我们可以先在该城市的市场中随机抽取多个实验样本,在产品推出前后对其进行访谈收集数据,并像实验(11)中那样重复系列实验,得出最后结果。

(6) 分离样本控制组前测后测设计(separate-sample pretest-posttest design)

如果在实验(11)的基础上加上与其不对等,但可比较的控制组,同时不施加处理 X 的影响,就是我们现在讨论的实验(12)——分离样本控制组前测后测设计。其基本设计模式如下:

$$
\begin{array}{lll}
R & O_1 & (X) \\
R & & X & O_3 \\
\hdashline
R & O_2 & \\
R & & & O_4
\end{array}
$$

实验(12)

实验(12)与实验(10)非常相似,但是多了重复访谈和重复测试的过程,避免了测试与处理 X 的交互作用。实验(12)亦无法控制历史因素的影响。

(7) 多时间序列设计(multiple time series design)

在实验(7)的单组时间序列设计的基础上,增加一个可能不对等,但可比的小组,并对其不施加实验处理 X 的影响作为控制组,就是多时间序列设计。

设计的基本模式如下:

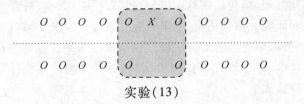

实验(13)

该设计包含了一个非等控制组前测后测设计(即实验(10),如方框内所示)。由于经过多组多次重复测试,对实验效果的解释更肯定。引入对照组的设计,使得实验的内部效度较高,但外部效度较低。我们建议最好只在不会产生反作用的情境下进行该实验。

第四节 市场实验的局限性与弥补方法

实验法被批评得最猛烈的地方在于它的"还原主义"(reductionism),当事物不断地被分解,分解到最简单的元素,虽然研究者可以排除其他影响变量的干扰,从而确定自变量与因变量之间是否存在因果关系,但问题也就在这里,这些最简单的元素之和仍然是原来那个整体吗?换言之,整体就是个体的简单相加吗?在学术研究中,研究者往往追求这种"最干净"的解释,但也往往只能得到最通用的理论,这些理论对于一个具体行业或企业来说,其商业决策价值并不高。

针对纯实验法的这种缺陷以及商业社会现实操作的要求,准实验法(quasi-experiment)更多地被运用。准实验允许研究者在现实多变量的环境中加入一个实验刺激,然后观测该实验刺激对销售结果的影响。然而,准实验的这种排除影响变量的方法实际上是假定加入的这个实验刺激不会与原先现实环境中的任何变量发生交互作用。举个例子来说,某企业在 A、B 两个匹配的城市做实验,A 城市采用广告、商场促销刺激,发现销售平平;B 城市采用广告、商场促销再加人员推销三位一体的营销策略,结果销量大增。我们能否断定广告与商场促销无效,而人员推销才有效的结论?这个结论看起来很合理,一些中国企业经理人就常会犯这种思维错误,中山市某企业负责人在繁华商业闹市区竖起一块广告牌宣传其某项新业务,这块广告牌支出不少,该企业半年后做了一次调查,结果发现多数消费者都声称并不是受到广告的影响,而是受到现场推销人员的影响才购买这项新业务,于是该企业决定把这个广告牌撤下来。再举个生活中的例子,我们就能看到这种逻辑推理的荒谬之处。今天你煮汤,下了很多料,尝了一口,太淡了,吃不下去,于是你就加了一勺盐,结果味道无比鲜美。盐确实让原先难喝的汤变得好喝,但我们并不因此日后都去啃盐巴。

实验方法的另一个重要局限是最多只能分析到三个变量间的关系,再多下去可能研究者自己也搞不清楚怎样来作数据分析,而现实世界的影响变量常常太多。依笔者的看法,解决方法有二:

(1)由经验丰富的营销经理挑出可能的影响因素,这当然带有一定的主观性,或者通过回归分析对先前的市场数据进行分析,比较客观地找出一些影响因素,并尽量精简至三个变量进行研究;

(2)测量变量并不一定要还原到不可细分的元素,几个元素也可以组合成一个综合的测量变量,这样就可以大大减少变量数。

实验的目的是从总体当中抽取一部分个体来先看看结果,然后研究者希望这个结果能推广到总体上。这一推理是基于归纳逻辑的。实验依其实施场地通常分为实验室实验与现场实验两种。传统实验室实验建立在严格的随机化程序基础上,虽易控制,但在实际实施过程中,常常无法实现随机取样。并且由于传统的实验室实验情境的人为性、需求特征(demand characteristic,被试易猜出实验目的并迎合它)以及其他因素的影响,使它很难准确、充分地反映现实情境。因此实验室实验通常具有很高的内部效度,但外部效度较低。然而,具体企业的市场实验对外部效度更为看重,即要求实验结果能够推广到现实复杂多变的市场情境。一般来说,现场实验有助于增加外部效度,但对内部效度来说却是一个挑战。这就要求实验设计者发挥聪明才智,提出的研究设计要在内部效度与外部效度之间取得恰当的平衡。

除了还原主义的批评外,以人为实验对象带来的另一个严重问题是被试容易去"迎合"实验者的需求或目的。在自然科学中,实验者常常通过引进无菌实验室、使用更精密的仪器等来改善实验条件,然而,社会科学却不是这种真空环境,研究者期望着能减少操作失误、节省实验花费、降低实验环境的影响等,以获得精确的数据。在重复测验时,被试往往会去猜测实验研究的目的,并自觉或不自觉地做出配合这种目的的反应。

在医学实验中,有一种安慰剂效应。安慰剂是一种不含药力的小药片,可被用于鉴定被试的敏感度。医学中也常用一种"双盲技术",也就是病人和医生都不知道某种药的特征,观察者只是如实地记录特征数据。采用"双盲技术"是因为人们意识到,即使是资深医生也可能掉入"只发现他们想要发现的"怪圈。

Jellinek(1946)曾经做过一个实验,用三种头痛药与一种安慰剂对200名深受头痛困扰的被试进行治疗处理,四种药片在颜色、形状、大小、味道上完全相同。被试接连服用这四种药物——第一种药物用两周,然后换第二种,以此类推,但病人服用药的顺序是随机的,不同病人间可能不同。在两周结束的时候,病人向医生汇报此次治疗期间头痛的次数,以及对药效的满意程度。结果发现,60%的被试称在安慰剂治疗的期间疼痛缓解了,并且不是一次而是持续的效果。余下的40%的被试则认为安慰剂无效。对此,Jellinek说,对疼痛的治疗可能仅限于那些可被镇痛剂探到的地方,病人想象的疼痛,即心理上的头痛,会使病人很不舒服,但却无法由药物治疗解决,由此带来混淆。

这种安慰剂效应体现在实验上,也就是被试认为某种无效刺激具有某种功能,从而有意无意地按照这种功能的结果来行动或者是表现出刺激有效的反应。它是人强烈意念的能动性的表现,是一种自我暗示,由此对实验结果造成干扰。要减少这种干扰,在实验设计上要尽量避免让被试猜出实验的目的。

本 章 小 结

目前在国内市场研究中,实验法是一种比较冷门的研究方法。由于其可确定营销刺激与销售效果或传播效果之间的因果关系,实际上是一种很有用的方法。在市场上做实验,其实道理跟在农田里做实验差不多。

实验法常常被用来相对地比较各种方案的优劣,而不是去确定一个绝对值。由于其花费较高,营销者也必须在研究花费与研究信息所能带来的利益之间权衡。

实验法依其内外效度的高低程度可分为三种形式:前实验设计,真实验设计和准实验设计,并不是效度越高的实验设计就越好,应以要解决的决策问题以及实验的费用作为考量。

实验法的局限性在于它的还原主义以及以人作为实验对象带来的迎合效应,通过精巧的实验设计可解决这些问题或至少降低其影响。

参 考 文 献

1. 黄蔚(2007),《市场实验设计》,北京:北京大学出版社。
2. 林升栋(2006),"实验法在市场研究中的应用",《市场研究》,第3期。
3. Banks S. (1965), *Experimentation in Marketing*, New York:McGraw-Hill, pp.1—22.
4. Jellinek E. M. (1946), Clinical tests on comparative effectiveness of analgesic drugs, *Biometrics Bulletin*, 2(5):87—91.
5. McDaniel C., Gates R. (1998), *Contemporary Marketing Research* (Third Edition), West Publishing Company, pp. 299—333.

第三章

市场实验程序

第一节 市场实验问题的提出

1. 市场实验问题的定义

市场实验问题即决策问题,即帮助企业进行市场决策。企业提出问题,并存在几个备择方案,通过实验来挑选备择方案中相对最优的方案进行推广和实施。实验只是为了比较企业提出的几个方案中哪一个是相对最优的、最具有经济效益的方案。

2. 市场实验问题的来源

市场实验问题来源于营销实践,由市场营销部门提出、需要通过实验研究来解决的问题,通常是源于企业正在进行的业务出现的问题,或者企业要规划新行动,抑或是企业为了识别新的市场机会。这些问题是市场实验问题的主要来源。企业要发现并识别以上三种问题来源的最好办法就是通过企业内部会计部门、销售机构、产品研发中心以及担负着市场调研职能的其他部门的各种报告,对企业的运营进行实时监测。

3. 选择市场实验问题的标准

市场实验研究的问题无论其来源于何处,都必须经过选择。选择市场实验问题时注意应遵循如下几个标准:

① 应用性与前瞻性:既要能解决企业当前实际的问题,又要能反映行业市场营销发展的新趋势,实现未来趋势与企业现实相统一;

② 可操作性:一定要界定清楚,要探索哪些变量间的关系、准备操作何种变量、要达到什么效果等问题都要明确具体;

③ 经济性:要达到较高的经济效益,为企业实施市场策略及其营销活动降低风险、减少投入、增加收益,市场实验的成本不可高过其带来的收益。

4. 市场实验问题的特征

与其标准相对应,一个好的市场实验问题应具备以下特征:

① 有明确的定义。企业必须清楚明了地界定市场实验问题,这是进行市场实验的前提。

② 有明确的自变量水平。具体的市场备择决策方案、路径是进行市场实验的基础。

③ 提供的信息有一定的应用价值、决策价值和经济价值,这是企业进行市场实验的根本目的。

第二节 市场实验设计的程序

1. 实验设计的任务和意义

首先,应确定自变量与因变量以及如何进行操作。其次,设计实验时应使操作尽可能贴近真实生活的情境,才能得出有实际参考价值(生态效度)的实验结果,更好地为企业决策提供依据。

市场实验的意义在于可以通过操纵与控制自变量,在自变量水平变化的情况下观察和比较因变量的变化,进而推断出市场策略措施和效果间的因果关系,并判断哪一种市场策略是相对最优的,最终帮助企业进行科学的决策。

2. 市场实验设计的主要内容

① 确定实验所要操纵的自变量及其操纵原则和呈现方式;

② 确定因变量及其测量指标和测定方法;

③ 辨明需要在实验过程中加以控制的干扰变量;

④ 确定测试组的选择原则、方法和实施程序;

⑤ 安排实验的具体步骤,以及定义上述内容为核心的实验保障措施、管理方案和执行细节。

3. 市场实验设计的步骤

(1) 分析市场实验的研究变量和要素

① 市场实验中的研究变量

A. 自变量:实验中凡对实验结果可能产生影响的原因变量,即自变量。如以销售量为实验结果,那么实验的自变量就是企业提出的实验问题中欲探查的会影响销售量的原因,例如,某果汁企业想要通过实验了解新包装和旧包装哪一种更能帮助提高果汁的销售量,这里的产品包装就是实验的自变量。

B. 因变量:自变量变化引起的在销售效果或者传播效果上的变化,是实验者力图测量、记录的指标,是市场实验用于衡量效果的指标。如某童装企业欲推出新产品,想要测试哪一种媒体上投放广告,能最快提升目标消费者的识别度,这里市场实验的因变量就是消费者对于广告的识别度。

C. 干扰变量:在对因变量可能产生影响的有关变量中,研究者不打算研究的变量,又称额外变量。这类变量包括研究者可以加以控制的各个实验对象之间的差别,如市场容量、商店类型、商场规模、地理位置等,还包括研究者难以控制,但可通过随机化处理,使其对各组的作用均等的变量,如气候、季节、商业状况、竞争对手策略和行动等变量。干扰变量的干扰会使实验无法得出准确的排他性的结论,即因变量是自变量引起的还是其他干扰变量引起的,或是由两者共同引起的。在一个实验中存在干扰变量就会使实验结果失去效度。因此在进行实验设计时,研究者要仔细检查和控制一切可能的干扰变量。

D. 无关变量:对因变量没有产生影响的变量,需要在实验前测试出并剔除,以防混淆自变量对因变量产生的影响,干扰研究者的判断。

研究者除了定义变量,还要考虑变量的取值范围。取值范围如果过小将无法正确预测该范围以外的数据,同时可能导致难以得出统计显著性。

② 市场实验中的要素

A. 研究者:指市场实验的组织者;

B. 测试组:指市场实验中受变量作用的个体或组织,如消费者、商店、销售区域;

C. 实验环境:实验过程中测试组所处的市场条件的总和;

D. 实验误差:干扰变量对测试组造成的影响,它可能源自内部因素,可能源自外部不确定因素,也可能源自实验测量中产生的随机误差;

E. 实验处理:指改变实验对象所处的市场环境,即被操作的可观测的独立变量(自变量),如各种包装样式、定价策略、推销方式、分销途径、广告形式等;

F. 实验设计:把实验对象分成同质的组,然后用不同的实验处理施加影响;

G. 实验结果:指实验处理后发生在实验对象上的效果,如保健品厂商想要研究在卖场配置电视解说保健品的营养功能能否提高销售量,卖场配置电视解说后引起的销售量变化即为实验结果。

(2) 备择实验方案的提出

在此,我们用营销4P的框架来探讨在市场环境下,营销管理中企业需要做哪些决策,即营销管理人员需考虑哪些市场问题,以及提出哪些备择方案。

美国市场营销学家杰罗姆·麦卡锡将营销归结为四个主要方面的组合,即产品(product)、价格(price)、地点(place)和促销(promotion),企业的营销策略就是围绕这四方面展开的。企业营销管理人员可以根据4P框架中的各种具体策略来分析市场上可能会出现的问题,并提出解决问题的备择方案。

① 产品和品牌策略

产品策略主要是营销管理者对与产品有关的品种、规格、式样、质量、包装、特色、商标、品牌以及各种服务措施等可控因素的组合和运用,以向目标市场提供各种适合消费者需求的有形和无形产品的方式来实现其营销目标。企业想推出新产品,就需要通过创意筛选、概念测试、产品开发阶段,然后进行市场实验,从实验结果来看新产品营销策略是否是最佳或可行的。

企业管理人员可以根据不同的市场目标采用不同的产品入市方式,这也为企业在针对新产品入市的市场实验提供了解决新产品进入市场问题的备择方案:

A. 企业要解决新产品以什么样的形象进入市场的问题,可以采用高位型或低位型策略。

高位型进入即产品以高质、高价、高品位的姿态进入市场,以期建立起高档产品的形象。在满足消费者对产品基本需求的同时,进一步满足其对声望及炫耀的需求。于是在市场进入策略上,其一是要注重产品的外观与包装,给人一种品位高雅的感觉;其二是产品的价位不能低于同类同质产品,可略高一些,以体现高档产品之身价;其三是在最初阶段销售渠道的选择上,应适当采用"惜售"的策略,不要把面铺得太开;其四是广告的设计在视觉和情调上也应当高雅脱俗,给人留下不同凡响的感觉。采取高位型策略应有两个基本前提:第一,产品的质量必须优质可靠,且在同类产品中居于领先地位;第二,确实存在着一定规模的消费层次较高的消费群体。

低位型进入即产品以大众化、实惠型、价廉物美的姿态进入市场,以适应大多数普通消费者的需求,以期迅速打开市场,扩大销售。低位型策略的实施,应当特别注意的是,不能使消费者将低位与低质的概念混为一谈,应主要强调其在效用上的适当性、实惠性;在产品设计上应突出其基本效用的稳定可靠,而尽量减少不必要的修饰与包装;在价格上不可过高,突出与其同类产品相比的相对低廉性;在销售渠道方面应通过分布广泛的销售网络使销售量得以迅速扩展。低位策略适用于使用面较广的日用消费品,在面临市场竞争相当激烈的情况下尤为有效。

B. 企业要解决产品进入市场时的宣传推广方式的问题,可以采用造势型策略和渐进型策略。

造势型即以大张旗鼓的宣传和推广活动,很快地提高产品在目标市场的知名度,以使消费者能够慕名购买,从而打开市场。当企业预计会在即将进入的目标市场中遇到激烈竞争时,企业可能会采用渐进型的市场进入策略。渐进型策略即在产品进入市场时,不是大张旗鼓地进行宣传,而是以优质的产品为基础,采取推入渠道的方法,进行人员推销和销售现场促销。让消费者在直接接触产品和推销人员的情况下,逐步增加对产品的了解,并通过口碑传播实现进一步的扩散。由于渐进型策略针对性强,效率高,因此对于某些类型的产品来说,效果甚至比造势型策略还好,不失为企业开发市场的有效策略。

C. 企业在考虑新产品是否采取品牌化策略以及采用何种品牌化战略时,有如下决策过程(见图3.1):

"品牌化决策"——品牌给企业、分销商和消费者都带来一定的效益,今时今日很少有产品不使用品牌。因此,企业对于"品牌化决策",通常会考虑"使用

图 3.1　品牌化决策过程

品牌"。

"品牌使用者决策"——企业在如何使用品牌方面有多种选择,包括:"制造商品牌"(manufacturer brand)(有时称为全国品牌)、"分销商品牌"(distributor brand)(中间商、零售商、商店、办公室或私人品牌)和"许可品牌名称"(license brand name)。除此之外,制造商还可能将某些产品标上自己的名称,而将某些产品标上再售商标签出售。

"品牌名称决策"包括四种(见表3.1):

表 3.1　品牌名称策略

单个的品牌名称策略	企业为每一个新产品寻找新的最佳名称,无论成败都不会影响到企业的声誉
共同的家族品牌名称策略	企业对所有的产品采用相同的家族品牌名称,降低将新产品引入市场的费用,利用家族品牌的良好声誉来扩大销路
不同类别的家族品牌名称策略	企业推出有别于原产品线的新产品或同产品线但不同质量产品,使用不同的家族品牌名称
企业名称和单个产品名称相结合策略	企业名称使产品正统化,而产品名称使产品个性化

"品牌战略决策"——包括"产品线扩展"(line extensions)(在现有品牌名中加上新规格、新风味等以扩大产品目录)、"品牌延伸"(brand extensions)(将原品牌名称扩展到新产品类别中)、"多品牌"(multibrands)(在同一产品类别中加入新品牌名称)、"新品牌"(new brands)(为新类别产品设计新品牌名)以及"合作品牌"(cobrands)(两个或多个知名品牌的组合)。

"品牌重新定位决策"——企业必须定期审查品牌的优势和劣势,若品牌不能适应消费者偏好的变化或新的市场竞争,则需要对品牌进行重新定位。

② 价格策略

价格策略指企业通过对基本价格、折扣价格、津贴、付款期限、商业信用以及各种定价方法和定价技巧等可控因素的组合和运用,按照市场规律制定价格和修订价格来实现营销目标。企业营销管理人员可以通过以下制定价格策略和修订价格策略来提供解决定价问题的方案,以便为市场实验提供备择方案。

A. 制定价格策略

主要有成本加成定价法、目标收益定价法、认知价值定价法、价值定价法、通行价格定价法、拍卖式定价法和集团定价法。

成本加成定价法——在产品的成本上加上一个标准的加成。季节性强的产品的加成往往较高(以弥补无法售罄的风险),特殊品、周转慢的产品、储存和搬运成本高的产品及需求弹性低的产品的加成也较高。

目标收益定价法——企业以正在追求的目标投资收益来确定产品定价。

认知价值定价法——把价格建立在消费者对产品的认知价值基础上。认知价值由多因素构成,包括消费者对于产品功用的预期、分销渠道、供应商声誉和可信度等。不同消费者对于各个因素的权重是不同的,有的看重价格,有的看重价值,有的则忠于品牌。针对上述三种顾客群,公司需要设计不同的战略。对那些看重价格的消费者,企业需要提供最精简的产品和服务;对于那些看重价值的消费者,企业必须保持不断创新并给予消费者积极的承诺;对于出于品牌忠诚而购买的消费者,企业必须致力于建立良好的顾客关系。

价值定价法——企业以低价出售高质量产品,从而赢得忠诚的消费者。价值定价的一个重要形式是"天天低价"(everyday low pricing)。

通行价格定价法——企业的价格主要基于竞争者价格。企业的价格可能与主要竞争者的价格相同,也可能高于竞争者或低于竞争者。在测算成本有困难或竞争者不确定时,通行价格法被认为反映了行业的集体智慧,能产生公平的报酬并做到不扰乱行业间的协调。

拍卖式定价法——随着互联网的兴起而日益流行。拍卖的一个作用就是处置积压商品或旧货。

集团定价法——买卖双方都可以加入一个集团从而获得更优惠价格,这得益于互联网的兴起。

以上定价方法的目的是缩小选定最终价格的范围。在决定最终价格时,企业必须考虑一些附加因素,包括心理定价法、收益—风险分享定价法和其他营销因素对价格的影响。

心理定价法——当消费者在选择某产品时,脑海中往往有一个参考价格,参考价格因目前市场价格、过去价格或购买环境而形成。标出制造商提出的高建议价、说明产品原来定价高,或者指出某竞争对手的高价等,也使消费者产生参考价格。许多消费者相信价格应有一个尾数,给人有打折或特价的味道。但如果产品追求高价位而非低价位的形象,切忌使用这种定价法。

收益—风险分享定价法——消费者可能因可认知的高风险而拒绝企业提供的产品。企业可以承诺消费者,若产品没有达到所承诺的质量,那么企业就会选择承担部分或全部风险。企业在定价时也要考虑需要承担的风险。

B. 修订价格策略

企业通常不是制定一种单一的价格,而要建立一种价格结构,它可以反映诸如地区需求和成本、市场细分要求、购买时机、订单水平、交货频率、保证、服务合同和其他因素的变化情况。价格修订策略主要包括地理定价、价格折扣和折让、促销定价、差别定价和产品组合定价。

地理定价（现金、对销贸易和易货贸易）——企业针对国内不同地方和不同国家之间的消费者采用相同或不同的产品的定价。对于各国之间的产品定价，涉及对销贸易（countertrade）。有些企业成立独立的对销贸易部门来开展对销贸易，有些企业依靠易货贸易公司和对销贸易专家来支持这种交易。

价格折扣和折让——为了能尽早结清账单、满足批量购买和淡季采购等，许多企业修改报价单，并作出一些折扣和折让（见表3.2）：

表3.2　价格折扣和折让定价策略

现金折扣	对及时付清账款的购买者的一种价格折扣
数量折扣	卖方因买方购买数量大而给予的一种折扣。数量折扣必须提供给全部消费者，它可以在每张订单或在一个规定的时期内订购数量的基础上提供折扣
功能折扣	由制造厂商向履行了某种功能，如推销、贮存和账务记载的贸易渠道成员所提供的一种折扣。制造厂商可以提供相同的功能折扣给各种渠道
季节折扣	卖方向那些购买非当季产品或服务的购买者提供的一种折扣
折让	根据价目表给消费者以价格折扣的另一种类型。旧货折价折让指当消费者购买了一件新产品时允许交换同类产品的旧货，在新货价格上给予折让。促销折让是卖方为了报答经销商参加广告和支持销售活动而支付的款项或给予的价格折让

促销定价——企业采用定价技术来刺激消费者购买，主要包括以下几种方法（见表3.3）：

表3.3　促销定价策略

牺牲品定价	超市或百货商店以某些著名品牌的产品作为牺牲品将其价格定低来吸引消费者，并刺激店内商品的额外销量
特别事件定价	根据某个时间段的特别事件来定价从而吸引更多消费者的购买
现金回扣	企业向在特定时间内进行购买的消费者提供现金回扣来刺激消费，回扣能帮助处理存货，且不必降价销售
低息贷款	车、房等大宗消费品厂商不用降价而是向消费者提供低息借款以促进消费
保证和服务合同	企业可以增加免费或低成本的保证或服务合同来促销
心理定价	企业故意给产品定个高价然后大幅度降价出售它

差别定价——企业以两种或两种以上不反映成本比例差异的价格来推销一种产品或提供一项服务，以适应在消费者、产品、地理位置等方面的差异。在一级差别定价中，卖方依据需求的大小而对每个消费者收取不同价格；在二级差别定价中，卖方对于大宗购买者提供更优惠的价格；在三级差别定价中，卖方对不同的顾客群收取不同的价格。差别定价有以下几种方法（见表3.4）：

表 3.4　差别定价策略

顾客细分定价	对同样的产品或服务,不同消费者支付不同的数额
产品式样定价	产品的式样不同,制定的价格也不同,这个价格对于它们各自的成本是不成比例的
形象定价	企业根据不同的形象,为同一种产品定出两个不同的价格
渠道定价法	针对不同级别的销售渠道给予不同的定价
地点定价	同一产品在不同地点可制定不同价格,即使在不同地点提供的成本是相同的
时间定价	价格按季节、日期甚至钟点而变动

企业实行差别定价必须具备一定条件。第一,市场必须能够细分,且这些细分市场要显示不同的需求程度;第二,低价细分市场的人员不得将产品转手或转销给高价细分市场;第三,在高价的细分市场中,竞争者无法以低于公司的价格出售;第四,细分的控制市场的费用不应超过差别定价所得的额外收入;第五,实践这种定价法不应引起消费者反感和敌意;第六,差别定价的特定形式不该是非法的。

产品组合定价——企业应寻找一组在整个产品组合方面能获得最大利润的共同价格。在产品组合定价中可区分出以下 6 种情况(见表 3.5):

表 3.5　产品组合定价策略

产品线定价法	企业对同一产品线上的不同产品采用能显示出产品级别的、众所周知的价格点,使消费者看到价格就能联想到产品的低质量、中等质量和高质量
选择特色定价法	企业根据产品特色进行定价,主要产品可采取低价来弥补制造成本,同时提高特色产品的价格来获得利润
附属产品定价法	企业将必须与其主要产品一起使用的附属产品列入生产销售范围,并用能获得高毛利的价格为其定价
两段定价法	服务性企业常采取两段定价法,收取固定费用,另加一笔依据消费者使用情况的可变使用费
副产品定价法	若企业生产过程中产生的副产品对于某些顾客群具有价值,必须根据其价值定价。副产品的收入多将使企业更易于为其主要产品制定较低价格,增加市场竞争力
产品捆绑定价法	包括完全捆绑和组合捆绑。完全捆绑是指企业仅仅把它的产品捆绑在一起,组合捆绑指出售方把个别的产品组合起来

③ 渠道策略

从渠道商方面来看,主要是指企业合理地选择分销渠道和组织产品流通来实现其营销目标,其中包括对渠道覆盖面、产品流转环节、中间商、网点设置以及储存运输等可控因素的组合和运用。

渠道对于企业来说十分重要,但由于它同时具有非常强大的惯性,不能轻易地被改变,因此企业非常有必要在建立渠道之初就尽量地做到尽善尽美。在建立渠道时,企业营销管理人员一般需要考虑渠道的长度、宽度和各种渠道的联合策略等,根据实际情况提出能解决渠道问题的方案。一个渠道选择方案包括渠道的长度策略和渠道的宽度策略。

A. 渠道的长度策略,指渠道的级数的数目是多少,用中介机构的级数来表示渠道的长度。每级中间商,只要在推动产品及其所有权向最终买主转移的过程中承担了若干工作,就是一个渠道级。由于生产者和最终消费者都担负了工作,他们也是渠道的组成部分。

一般而言,渠道选择会产生 2—3 种方案:技术性强的产品,需要较多的售前、售后服务水平,保鲜要求高的产品都需要较短的渠道;而单价低、标准化的日用品需要长渠道。从市场状况来看,顾客数量少,而且在地理上比较集中时,宜用短渠道;反之,则宜用长渠道。如果企业自身的规模较大,拥有一定的推销力量,则可以使用较短的渠道;反之,如果企业的规模较小,就有必要使用较多的中间商,则渠道就会较长。这些方案也受到诸如制造商的活动、市场的性质和规模、中间商的选择和其他因素的限制。

B. 渠道的宽度策略。营销管理人员设计渠道时,除了要对渠道的总的级数作出决定,还必须对每个渠道级上使用多少个中间商作出决定,这就是渠道的宽度策略。渠道的设计者有 3 种基本的策略可供选择:

独家分销。独家分销是指在一定地区,一定时间内只选择一家中间商经销或代理,授予对方独家经营权。这是最窄的一种分销渠道形式。生产和经营名牌、高档消费品和技术性强、价格较高的工业用品的企业多采用这一形式。这种做法的优点在于:中间商经营积极性高,责任心强。缺点是市场覆盖面相对较窄,而且有一定风险,若该中间商经营能力差或出现意外情况,将会影响到企业开拓该市场的整个计划。

选择性分销。选择性分销即在市场上选择部分中间商经营本企业产品。这是介于独家分销商和广泛分销商之间的一种中间形式。主要适用于消费品中的选购品,工业用品中的零部件和一些机器、设备等。当然经营其他产品的企业也可以参照这一做法。如果中间商选择得当,采用此种分销方式可以兼得前两种方式的优点。

广泛分销。广泛分销又称为密集性分销。即使用尽可能多的中间商从事产品的分销,使渠道尽可能加宽。价格低、购买频率高的日用消费品,工业用品中的标准件、通用小工具等,多采用此种分销方式。其优点是市场覆盖面广泛,潜在顾客有较多机会接触到产品。缺点是中间商的经营积极性较低,责任心差。

④ 促销策略

从促销方面来看,主要是指企业利用各种信息传播渠道和营销手段刺激消费者购买欲望,促进产品销售来实现其营销目标,包括对广告促销、销售促销、事件和体验促销、公共关系促销、人员推销、直复营销、互动营销和口碑营销等可控因素的组合和运用。

A. 广告促销

由企业、制造厂商以付费方式将它们的观念、产品、服务,经由各种传播媒介传给社会大众。主要形式有:平面广告、广播、产品外包装广告、产品内部附笺、产品目录、电影画面、宣传小册子、海报与传单、工商名录、布告牌、销售点陈列、视听材料、企业商标及象征、电视、网页等。

B. 销售促销

经由短期的提供诱因以鼓励消费者购买本公司的产品或服务。主要有:竞赛、大额奖金、彩券、奖品、赠送样品、展示、操作示范、优待券、折扣、销售点作秀、低利贷款、博览会及商展、旧品低价、赠券等。

C. 事件和体验促销

由企业策划与产品相关的运动、娱乐活动、节日庆典、艺术行为、工厂参观、公司展览馆、街区活动等方式来使消费者感知和感受产品。

D. 公共关系促销

主要方式有报社发稿、演讲、研究会、年度报告、资助慈善事业、捐献、社区关系、游说、公司杂志等公共关系运动。

E. 人员推销

指由销售人员向一个或更多的潜在顾客作产品说明,以鼓励其购买,促成交易。可采用销售展示、销售推介会、激励活动、样品、集市和展销会、销售发表会、销售员会议等方式。

F. 直复营销

主要通过目录、邮寄、电话营销、电子购物、电视购物、传真、电子邮件、语音邮件、博客、微博等直达消费者的方式来开展促销活动。

G. 互动营销

主要指企业能够有更多的机会通过设计良好的网站以及网络广告和推广活动进行互动和个性化的促销活动。主要采用投放网络广告和在线促销两种方式,可以采用网站、微型网站、搜索广告、横栏广告、弹出式广告、特殊网站的广告和视频流媒体广告、赞助活动、联盟、网上社区、电子邮件继而移动(手机)营销等方式。

H. 口碑营销

指企业通过消费者的主动传播来造成促销活动,主要有蜂鸣营销、病毒营销、意见领袖、博客、微博等方式。

(3) 进行实验控制

① 自变量的控制

自变量是研究者操纵的、能引起实验对象的状态和反应发生变化的变量。

不是任何条件或因素都能成为自变量的,自变量需具有可变化性、直接控制性以及其效果能在因变量上体现的特征。

对自变量的控制,需要根据可观察、可测量、可操作的特征来界定变量的含义,即从具体的行为、特征上对变量的操作进行描述,将抽象的问题转换成可观测、可检验的项目。然后需要确定自变量的各个操作水平。在一个市场实验中,研究者有意选择处理变量的一些数值并把它们施于实验对象,通过操纵或改变一个或多个变量来估计其对因变量的影响。自变量的水平数至少为2。如"产品包装"作为自变量,则可以根据实验需要分为"沿用旧包装"和"启用新包装"两种处理。在具体的市场实验中,实验处理所取的各种数值或所处的各种状态称为自变量处理水平,通常用下标1,2,3,…表示。例如,变量 C 有3个水平,则分别记为 C_1、C_2、C_3。

② 干扰变量的控制

对于干扰变量的控制,是实验方法优于其他研究方法的一大优点。它为研究者提供了分离和操纵自变量的机会,并能确定自变量在行为反映上的效果,从而增加了实验结果的内部效度。

控制干扰变量的方法主要有以下三种:

A. 随机化:随机地选择实验对象,并随机分配接受实验处理。对于取样,当实验对象是消费者群体,由于数量众多、个体间差异较大,研究者对消费者情况了解较少,因此适合用随机抽样的方法,但样本的容量应大于或等于30,即大样本;当实验对象的数量较少、研究者对其总体特征较为了解时,可以采用主观抽样的方法,即研究者根据实验目的和对调查对象总体情况的了解,有意识地挑选那些有代表性的实验对象进行实验。如城市、商店就属于这种情况。将实验对象随机分配到实验组和控制组或其他形式的实验小组,对处理调节也随机分配到各组,可以使各组中外部变量的情况相同,即各组在实验前的条件是相等的,避免了因人为分组可能造成的偏差。

B. 匹配法:把条件相等或相近的实验对象对等地分配到实验组和控制组。匹配法是干扰变量的有效控制方法,可以选择背景特征基本一致的实验对象进行实验分配。如 A 和 B 在特征上相近,C 和 D 在特征上相近,那么把 A 和 C 分配到实验组,把 B 和 D 分配到控制组,保持两组内的构成是相近的,即两组间是同质化的。

C. 统计控制:协方差分析、相关分析等统计方法通过对每个实验处理条件下的因变量值进行统计上的调整,能用来调整干扰变量对因变量的影响。如通过控制收入的方法,考察女性服装、化妆品消费量与年龄之间的关系。还有一些更高级的统计方法,如多元回归分析,可以近似地将各个变量分开,同时,在满足一定条件的情况下,还可以定量地比较各个自变量对因变量的影响。

（4）选择实验设计模型

用于各种情况的优良设计模型已由统计学家研究出来：如果实验的精度要求不高，则可选择非正式实验设计模型；如果实验的精度要求很高，则可选择正式实验设计模型。

对于正式实验设计模型，如果对实验对象的抽样比较均匀，可以使用完全随机化设计；如果对实验对象抽样不够均匀或实验环境受到限制，则可选择随机区组设计、拉丁方设计；如果需要精细考察若干变量及其交互作用对因变量的影响，可选择多因素设计；如果希望少做些实验，则可选择正交设计。

（5）形成实验计划

实验计划是在实验设计基础上，对整个实验研究过程的全面规划，以及对各项主要工作的合理安排。实验计划的形成，标志着实验研究的构思、设计阶段的基本完成。实验计划应明确地解决以下问题：

① 市场实验为企业决策解决什么问题
② 如何设计实验，自变量、因变量如何操作
③ 实验任务如何细化、实验细节如何安排
④ 研究人员的组织、确定以及分工
⑤ 研究预算的确定

第三节 市场实验模型的建立

模型作为一种逻辑工具，根据模型可以得到明确的信息。建立模型是指将不同因素组织到一个概念结构中，进行系统性的研究，这样做出来的研究最有效。建立模型可以帮助研究者透过现象，从本质上认识不同变量之间的关系。建立模型并不是探索问题的全新方式，通过模型研究者尝试去发现和理解在现有条件下，各个变量将会如何相互作用。

按照数学和统计学的观点，完整的模型能够决定在市场实验中需采取何种统计方法，使实验过程中不会出现内在矛盾，并且实验结果在数据上是具有实际推广价值的。当然，所建立的模型还必须能帮助决策者去理解和解释具体的实验结果最终被应用到市场中时所产生的市场反应和效果。

市场实验中，研究者无法同时关注很多"点"，只能通过操作个别"点"来建立模型，在这个"点"的模型上寻找最佳点。比如，某饮料制造厂商想推出新口味饮料，"加入蜂蜜"是实验选择要操作的"点"，具体实验中要测试加入各种分量的蜂蜜后，消费者尝试后对于饮料的反应和评价，如加入3%、5%、8%等。通过消费者的反馈可以建立一个"蜂蜜分量—消费者满意度"模型，从而选择最佳的一个"点"，即一瓶饮料加入多少分量的蜂蜜，能使消费者的满意度相对最高，给企业带来最好的市场效果。这种"相对"最高，并不是数值反应中的绝对最

高,而是与"投入—产出"相关联的。例如,加入10%以后,消费者满意度的增长就很缓慢,趋于平稳了,那么,虽然10%以后的满意度是比10%高的,但是10%却是这个模型的最佳点,即最具经济性。

第四节 寻找实验的原因变量

实验是从诸多要因中有意识地选出若干因素作为实验的原因变量,来研究原因变量对结果的影响,如企业在产品研发中为了提高产品研发的成功率、改善产品质量而进行的改变原材料配比和产品生产条件的对比实验。实验中哪些因素可以作为原因变量呢?可以通过要因分析图来寻找实验的原因变量以及回归分析来筛寻原因变量。

1. 借助要因分析图来寻找原因变量

要因分析图是把所有认为可以直接影响实验结果的原因进行分类,继而对各分类原因再进行进一步追查原因并依次记下,然后用箭头把它们连接起来所形成的图。要因分析图的框架如图3.2所示:

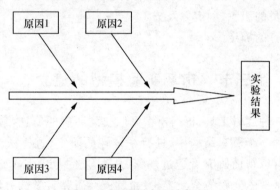

图3.2 要因分析图主框架

要因分析图酷似鱼骨,连接各类要因与实验结果的箭头符号可以称为"脊骨",从各类要因指向"脊骨"的箭头称为"大骨",向外依次称为"中骨"、"小骨"、"细骨"。制作要因分析图涉及与问题相关的专业知识和从事相关工作人员的实际经验。在原因变量的捕捉方法中,有"大骨展开法"和"小骨扩张法"。

大骨展开法是指把所有认为对结果有影响的要因分成3—6个类别分别画出大骨图,并对每一条大骨上的中骨、小骨、细骨依次进行研究,在研究中反复提出"原因在哪里?""原因是什么?""更进一步的原因又是什么?"这样的一些疑问,一直追查到问题能得到解决为止,如图3.3所示。

小骨扩张法是与大骨展开法互逆的方法,即思考所有对结果有影响的原因并记录下来,然后按市场因素的各关键环节展开,将相互有关系的部分联系起来,进行小分类,再进行中分类,最后进行大分类。

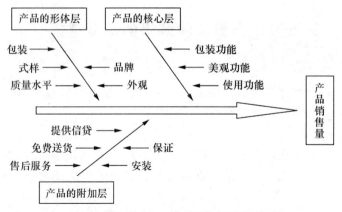

图 3.3　产品销售量要因分析图

2. 借助回归分析筛寻原因变量

回归分析是研究不同变量间的数量关系的研究方法。某自变量的回归系数表示当其他变量的值保持不变时,该自变量对因变量影响的权重(见下面的公式):

$$Y = b_1X_1 + b_2X_2 + b_3X_3 + \varepsilon$$

假设 Y 为销售量,则 X_1 为销售部提出的"折扣不够高",X_2 为研发部提出的"研发投入不够高",X_3 为广告部提出的"广告费用不够高",那么企业可以借助回归分析,以历年企业的销售情况为数据基础,分析这些因素对于企业销售量的贡献比重,即与销售量变化之间的相关性和显著性,然后根据实验任务来决定哪些因子作为实验的原因变量。

回归分析的主要内容为:

A. 从一组数据出发确定某些变量之间的定量关系式,即建立数学模型并估计其中的未知参数。

B. 在许多自变量共同影响着一个因变量的关系中,判断哪个(或哪些)自变量的影响是显著的,哪些自变量的影响是不显著的,将影响显著的自变量选入模型中,而剔除影响不显著的变量。

回归分析的一个优点是可以分析一些重要的外部因素,如商店覆盖率、价格和优惠等。问卷对这些变量的测量通常不那么有效,人们很少考虑这些外部因素。

在市场实验中,回归分析不是实验的替代品,它测量的仅仅是共变量,不是因果变量。它的作用是判断哪些变量对因变量的影响是显著的,从而筛去对因变量影响不大的变量,特别是无关变量,而不是决定因果关系。真实情况中的研究通过销售记录或问卷收集数据,借由回归分析事先预测可能的因果结构。最终由实验确定正式的因果关系。

第五节　衡量实验效果的标准选择

实验研究还有一个重要问题——选择适当的标准以测量实验处理的有效性。标准的选择往往和实验目的紧密联系，在市场研究实验中，这一标准往往介于销售标准和传播标准之间。

1. 销售标准

影响销售的因素众多——价格、产品、包装、广告支出、媒介策略等，还包括竞争对手的作用。竞争对手的因素可能导致研究者夸大或缩小变量效果的显著性。

由于零售商、供货渠道往往代表了不同利益体，因此企业往往难以从零售商处得知真实的市场信息，即使企业是通过专门供货渠道和特定零售商获得了销售数据，所获得的信息也是没有多少实用意义。因此，数据的收集需要特殊的、难度很大并且花费不菲的实验、调查方法。研究者必须明白，实验要关注的是不同营销刺激引发的相对销售水平。复杂的市场环境不会妨碍实验结果的有效性。以广告主题为例，在不同区域的市场实施某一个广告主题，造成的销售效果（绝对值）会有一定的差异性。由于实验事先控制了测试不同广告主题的市场环境，因此研究者认为即使在不同的市场环境下，各种不同广告主题的相对优劣顺序是一样的。举个农业试验的例子来说，在一块肥沃程度中等的土壤上对A、B、C三种种子的产量进行试验，结果发现B的产量显著高于A和C。那么，农业试验者有理由相信，在比较贫瘠和更肥沃的土壤当中，B的产量仍高于A和C（除非有证据显示土壤肥沃程度与种子类型之间存在交互作用）。

2. 传播标准

市场研究实验的"合适数据"不一定是销售数据。有学者质疑销售情况是否能作为衡量广告效果的标准，因为广告目标与市场目标是不一样的。广告是一种传播手段，需要用独立于市场因素的传播任务来测评，即广告是否很好地完成企业所设定的传播任务，如通过广告消费者对品牌或企业名称的认知度是否发生改变、对产品优点的认识和态度是否发生变化等。

房地产企业都明白买房的人不可能看了一两次广告就会去购买这么大宗的物件。一般他们会在周四、周五的报纸上做广告，然后以周六日打电话来询问楼盘情况或者来楼盘访问的人数作为广告效果评估的指标。

基于销售数据的实验对细微的变化并不敏感，因为其往往存在较大的实验误差。而相同情况下传播数据更为敏感。但是，当测量不同的成本水平或支出水平产生的相对的经济效果时，还是应该回到销售数据上。

第六节 测试组的选择

市场实验研究的测试组有三种类型,包括人、店铺和市场区域。

1. 测试组的第一个类型:人

所有的市场行为,即便是对店铺和市场区域的实验,归根到底都还是来自于人的行动。测试产品口味、包装,广告的吸引力、记忆度等,都是基于人来抽样的实验研究。由于人的数量是庞大的,因此基于人的实验通常都相对复杂,包含了多个水平的实验处理。以人为研究对象的市场实验要求研究者进行更高精度的调查过程和实验控制。例如,从观看距离、照明度、市场暴露度及双眼对立(两个不同的广告同时暴露,一眼对应一个广告)这四个方面来研究消费者对平面广告的感知。为了达到实验目的,每个方面都可以用各种各样的实验器材来有效地控制实验条件。

但是,在进行以人为对象的市场实验时,测试组难以被控制,其自身主观意识、认识、经验等可能会导致反效果,使测试组在实验环境中做出的反应有别于在真实环境下的反应,从而影响实验设计的有效性。

2. 测试组的第二个类型:店铺

以店铺为测试组的实验研究变量可包括店内外的一切细节,包括价钱、包装、宣传、装潢、陈列等,一个研究可以在不同地区或市场环境下对多个店铺进行实验,但要注意地区性差异。与以人为测试组的实验相比,以店铺为测试组的好处在于测试组较容易被控制,不会产生主观意识上的反效果。消费者和进行往常的购物行为一样,他们不会发现诸如价格、商店方位等,已经成为"隐身"的研究者正在进行实验的变量。以店铺为测试组的实验取样丰富,便于进行较精细、复杂的实验设计,例如,研究者可以同时测量同一地区的不同店铺,或不同地区的店铺的实验变量对销售产生的影响。

3. 测试组的第三个类型:市场区域

例如,以市场为基础,研究哪种方案最具广告效力,哪种方案的宣传效果最佳。实验数据通常来自于实验市场区域内所取样的店铺的销售结果,有时候数据还需要通过调研或小组访谈,从消费者对于购买和使用的口头报告中获得。以市场区域为测试组的研究困难之处在于可选的样本总体相对较小,且异质。

第七节 不同实验设计方案评价标准

通用的实验设计方案评价标准是适用性、控制和效度:

1. 适用性

适用性是指市场实验设计应适用于市场实验目标的实现。因此研究者应选择能起到作用并能客观地安排实验条件以满足研究要求的设计。

2．控制

市场实验的精髓在于控制。实验的重要目的在于弄清楚因变量的变化是否由自变量影响所致，以及在多大程度上受到了自变量的影响。这就要求实验设计首先要精密地考虑自变量如何操纵，因变量的变化如何得到准确的观察与测量。但是在这种自变量影响因变量变化的实验过程中，不可避免地会有其他一些对因变量的变化有影响的因素，这些因素不能完全归因于自变量的作用，从而降低了实验的效度。因此必须强调对实验条件的控制，即通过各种不同的办法尽可能排除干扰变量对因变量的影响，同时强化自变量的作用，使因变量的变化能较为可靠地归因于自变量的影响。

实验控制有一个基本原则，这就是最大最小控制原则，即使自变量产生最大变化，使其他干扰的变量与误差产生最小的影响。这个原则在英文上称为 maximincon principle，前一词是由 maximize、minimize、control 三个词缩写组合而成。这个原则包括三层意思：

① 控制实验变量，要使实验变量有系统的变化而且尽量使前后的变化显出差异。

② 控制干扰变量，要控制自变量之外一切可能影响结果的其他变量，使其保持不变或达到最小变化甚至使其排除在实验情境之外，切勿影响自变量与因变量之间的因果关系。

③ 控制实验条件或实验环境，务使误差降低到最低限度。

3．效度

实验中通过对效度的研究来讨论实验效果的有效性。实验设计要以研究的效度为前提，并作为评价研究设计与结果的基本标准。效度只是程度上的问题，是高与低的问题。效度不会全有或全无。市场实验的效度分为内部效度和外部效度。在第二章中我们已有提及，此处依据市场实验的情境做归纳与总结。

① 内部效度

内部效度是实验研究设计的基本要求，是外部效度的先决条件。内部效度是指因变量的变化，确实由自变量引起，是操作自变量的直接结果，而非其他未加控制的变量所致。内部效度表明的是因变量 Y 的变化在多大程度上取决于自变量 X，即有效性。内部效度的目的在于排除另类的解释，使研究变量关系纯化、凸显。因而，研究变量之间的关系是确定的和真实的，意味着一项研究的内部效度高。

② 外部效度

市场实验的外部效度要求实验结果要有可推广性，但是这种可推广性比心理学实验的外部效度范围更小。市场实验结果的"可推广性"指实验结果能够推广到企业的市场策略运用中去,即企业根据实验结果数据做出决策,在几个备择方案里决定选择某个方案作为解决问题的方式推广到市场实际运用中去,这个方案是能够实现企业的市场目标的。对于市场实验来说,实验的外部效度比内部效度更为重要,因为企业最根本的想要获得的是能够解决市场问题、能够真正推广到实际市场上的实验结果。对外部效度的威胁主要来自三个方面:抽样、人工环境和重复研究过程,因此在进行市场实验时对这三方面要有严格和精密的控制(见表 3.6)。

表 3.6 市场实验/调查中部分影响效度的因素

	影响因素	内容	例子
内部效度	历史	两次测量间由于外部事件等变化带来的影响	P&G 的某次调查中发现,顾客对飘柔洗发水的态度突然有了很大的变化,认为可能是近期的促销策略带来的结果。深入调查后发现,原来是调查期间,飘柔洗发水采用新一期的广告,导致人们更注意飘柔系列的产品
	成熟	两次测量间由于内部生理等变化带来的影响	麦当劳定期向固定消费者调查态度,有段时间突然发现,一些年轻女性对麦当劳的态度比她们以前下降了很多,深入讨论发现,由于年龄的增长,这些女性比以前更注意保养,而对一些不营养的快餐更反感
	测试效应	第一次测验对第二次测验带来的影响	KFC 做了跟上述麦当劳相似的调查,却发现人们对 KFC 的喜爱程度有所增加,在振奋之余,才有人指出由于之前已经被问及 KFC 的态度,于是在后测之前,消费者可能对 KFC 更敏感,更多去关注,导致态度的变化
	测试装备	测量工具或测试人员的改变带来的影响	NOKIA 调查人员在这天里已经上门调查了 50 人次,由于已经非常疲劳,而导致接下来的调查过程里,受试表现出不积极,甚至烦躁的态度。受试为此对 NOKIA 表示非常大的不满
	统计回归	受测者产生回归效果	百佳某分店发现,这一天屈臣氏矿泉水销售量非常高,比平时高出 3 倍多,考虑是否要增加货存。销售部门将销售数据导出后才发现,原来是附近一中学正举行运动会,于是这天的销售非常高。第 2 天,屈臣氏矿泉水销售量又恢复到正常水平
	选择	由于没有以随机的方式选择被试而产生的误差	TOYOTA 即将在广州推出一款新车,想借广告提高人们购买此车的倾向。广告推出后,公司收集了前来参加车展的顾客的数据,并以此推断广州市的可能销售量。推出一年后,实际销售量远远低于预期量,因为收集的顾客数据无法代表广州市人口构成比例

（续表）

影响因素		内容	例子
外部效度	前测和处理的交互作用	前测使被试对处理敏感程度改变	DOVE即将推出新一季广告,研究者在给被试者看广告之前,先让其品尝DOVE巧克力并填写问卷,看完广告后再填写对该品牌喜好程度的量表。数据显示人们对DOVE巧克力的喜爱程度显著高于看广告前。深入访谈发现,人们在品尝了DOVE巧克力后,产生了一种愉悦的心情,且更关注广告里面的产品信息,增强了广告的作用
	选择和处理的交互作用	抽样的样本与实际总体不同	安利为新推出的营养品的推广计划制定了一个系列广告,为了排除一些干扰因素,需要被试在较长一段时间内持续关注这些广告,且定期接受调查。最初的1 000个被试,到最后研究结束时只剩700个,且这些被试的反应是这些广告提升了他们购买欲望。但该公司发现,广告实际投放后,能持续收看广告的人并不多

外部效度与内部效度在某种程度上呈现出负相关关系。实验研究中,对内、外效度的追求很难达到两全其美的境界。要求得到较高的内部效度势必加强实验控制,而实验条件越人为化,离现实情境越远,就越会限制推广的可能性,即降低了外部效度。反过来,如果只注重外部效度的提高,则将使实验成为一般的市场实践,虽取得良好的市场效益,但因果关系不明、内部效度较低,其成果只是推广价值有限的一般经验,仍然未能有效地提高实验的外部效度。

进行实验设计时,研究者应该先确定实验研究的内部效度,在确保研究最基本的内部效度的基础上,考虑研究的外部效度,即在保证研究科学性的前提下,考虑研究结果在实际的市场操作中的可推广性。

第八节 最终确定是否实施市场实验

1. 决定市场研究经费的一个模型——成本收益评估模型

在市场经济条件下,任何一个经济主体在进行经济活动时,都要考虑具体经济行为在经济价值上的得失,以便对投入与产出关系有一个尽可能科学的估计。成本收益评估模型追求效用的最大化。从事经济活动的主体,从追求利润最大化出发,总要力图用最小的成本获取最大的收益。因此,按照成本收益评估理论,所有的市场实验设计也应该是经济的,即从市场实验得到的边际报酬(marginal return)应该等于或超过它的成本开支。边际报酬是每增加一单位产品成本带来的报酬,如果一个小企业,只有一条生产线,效益很好,一年能赚10万元,那么这时,增加一条生产线,一年就能赚20万元,这就是边际报酬。但是当增加的生产线已经超过企业和市场所能接受的最大限度,那再增加一条生产线就不能带来10万元的收入了,这就是边际报酬递减。

根据成本收益评估模型来决定何时实施销售实验。例如,某企业用较便宜的人工合成口味代替自然口味,首先需要在消费者中进行口味测试。这样的测试要比销售实验更快更简单。如果消费者对于两种口味的区分达不到统计上的显著性,或者他们对口味的偏好没有明显的分化,那么没有明显偏好的结果是可以接受的。就不需要进行进一步的、花费更高的实验了,因为成本与收益是不符合成本收益评估模型的。但是,当面对可能产生重大经济后果的市场问题,比如新产品的导入推广,大幅度调整价格策略或供销渠道等,就需要用到成本较高的销售实验了。

统计决策理论可以帮助企业决定该在市场研究上投入多少经费。它的价值就在于迫使决策者在还没有开始研究的情况下对事情做出评价,然后在研究结果出来之前对结果做出预测并确定这些结果与其所要做出的决策之间的关系。一个市场实验研究要具有经济价值,就必须做到实验研究结果应有助于企业制定决策,并且根据实验研究结果做出的决策对于增加市场收益或减少风险的贡献,至少应与实验研究的开支相当。在决策的结果不确定的情况下,最适宜的规则就是:选择一种有最高的期望利润或最低的期望风险的行为。

运用成本收益评估模型来决定是否实施市场实验,就要对市场做出预测,预估实验结果对决策带来的收益是否超过实验成本。对于市场的预测,经常有赖于大量重复实验所掌握的有关事件的大量数据,由频率得出客观概率来帮助预测市场情况。但是由于市场环境一直处于不断变化中,因此对市场的预测很多时候是无法基于过往事件的频率数据的,甚至存在着许多无法用频率数据来解释的概率。例如一个新产品要投入市场,决策者需要知道未来市场的需求情况。但是新产品问世以前,尚没有类似的产品在市场上销售过,因而没有历史上的重复实验结果可以借鉴。此时,决策者就需要主观概率来帮助决策。主观概率即根据市场趋势分析者的主观判断而确定的事件的可能性的大小,反映个人对某件事的信念程度,是主观的,但又是根据经验、各方面知识、对客观情况的了解进行分析、推理、综合判断后设定的,与主观臆测不同。市场趋势分析者的经验和其他信息是市场客观情况的具体反映,因此不能把主观概率看成为纯主观的东西。借助主观概率,企业可以对市场进行预测,评估收益与风险,从而决定投入实验研究的费用水平。

例如,假设一家公司开发了一个新产品,做完一些初步的消费者研究后,销售总监和市场研究经理对利润和代价做出如表 3.7 所示的估算:

表 3.7

可能获得的市场份额	贴现利润(百万元)	概率
$\theta_1 = 10\%$	10	0.7
$\theta_2 = 3\%$	1	0.1
$\theta_3 = 1\%$	-5	0.2

引进产品的期望值 $= 0.7 \times 10 + 0.1 \times 1 + 0.2 \times (-5) = 6.1$（百万元）

不引进 $= 0$

决策：引进

2. 完全信息期望值

完全信息要解决这样一个问题——在做出最终决策之前，企业是否值得花钱去收集市场研究信息？

完全信息是指在对某一市场问题进行决策时，对于所有可能出现的状态都可以提供完全确切的情报和信息。完全信息的价值，可以由掌握完全信息前后，所采取的不同行动方案的收益值的差额来表示。当然，现实市场环境中，由于受到各种客观条件的影响，企业是不可能获得百分之百的信息的，即完全信息是一种理想状态。企业能做的是获得尽量完全的信息，使决策行动趋近于获得完全信息后做出的最佳行动。完全信息的价值通过收益值差额的期望值反映。完全信息期望值是指缺少完全信息的期望值和拥有完全信息并采取了最佳行动后所获得的收益之间的差额。获取完全信息有利于采取最佳行动（避免悲观）。

在信息完全确定情况下的期望利润是指多次重复这个决策过程，每一次都能够非常确定地预测在引进新产品后可以获得的市场份额，这种情况下做出决策带来的期望利润。在上例中，若上述表格中的概率是基于相对频率而不是一次两次的猜测，信息完全肯定情况下最佳行动的平均期望值 $= 0.7 \times 10 + 0.1 \times 1 + 0.2 \times 0 = 7.1$（百万元）。

引进产品的期望值 $= 0.7 \times 10 + 0.1 \times 1 + 0.2 \times (-5) = 6.1$（百万元）。

因此，完全信息的期望值 $= 1$（百万元）。企业通过对比完全信息期望值以及结合成本收益评估模型，来决策最终是否实施市场实验。

第九节　市场实验规模的确定

市场实验规模的确定主要受两个因素的影响，一是样本量和实验处理水平，二是企业用于市场实验的资金限制。

（1）样本量和实验处理水平

样本量和实验处理水平因不同实验方法而有所差异，如拉丁方设计要求测试组和实验处理水平的数量一致，并且4—7个最为合适；随机区组设计要求测试组的样本量要等于区组数或者是区组数的整数倍；双重遗留设计对于测试组的样本量没有限制，但是要求实验处理水平最好控制在3—5个。因此应根据不同的实验方法来对实验测试组的样本量以及实验处理水平进行设计。

（2）企业用于市场实验的资金

任何实验总需要投入一定的人力、财力和时间，这些构成实验的费用或成本。因此,实验规模还受到企业用于市场实验的资金的限制。实验费用和样本量的关系类似于总成本曲线或单位平均成本曲线,如图3.4所示,当样本规模增加,实验的总费用会不断上升,但当达到某个点时,总费用上升速度会变得缓慢。如图3.5所示,实验单位的平均成本在一开始会随着样本规模的增加而下降,但到达一定规模时,实验单位成本又会逐渐增加。因此企业应该在实验预算的范围内考虑到实验规模与实验费用和单位成本的关系,做到收益最大化。

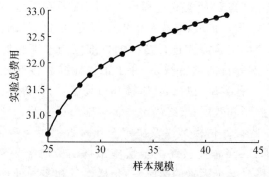

图3.4 试验费用与样本规模的关系

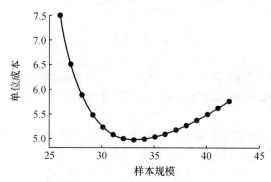

图3.5 单位成本与样本规模的关系

本 章 小 结

市场实验问题即决策问题。企业根据现行的市场业务,要规划新行动,或为了识别新的市场机会而提出问题,并提出几个备择方案,通过实验来挑选备择方案中相对最优的方案进行推广和实施。实验只是为了比较企业提出的几个方案哪一个是相对最优的、最具有经济效益的方案。

进行市场实验设计前,企业必须明确实验设计的任务和意义,并确定市场实验设计的主要内容。设计市场实验有如下五个步骤:第一,分析市场实验的研究变量(自变量、因变量、干扰变量、无关变量)和要素(研究者、测试组、实验环境、实验误差、实验设计、实验处理、实验结果)。第二,提出备择方案。运用营销4P理论框架,即产品和品牌策略、价格策略、渠道策略以及促销策略,可以用来探讨市场环境中,企业营销管理人员需要做哪些决策,即营销管理人员必须考虑哪些市场问题,以及提出哪些备择方案。第三,进行实验控制(自变量、干扰变量)。第四,选择实验设计模型。第五,形成实验计划。

设计市场实验时,研究者必须关注有助于市场实验设计和实施的一些要点。市场实验模型能够决定在市场实验中需采取何种统计方法来帮助企业找到最具有经济效益的"点",使实验过程中不会出现内在矛盾,并且使实验结果在数据上是具有实际推广价值;寻找和确定原因变量可以借助要因分析图和回归分析法的筛寻;市场实验需要选择适当的标准以测量实验处理的有效性,而标准的选择往往和实验目的紧密联系,介于销售标准和传播标准之间;市场实验研究的测试组有三种类型,包括人、店铺和市场区域;评价不同实验设计方案的标准是适用性、控制和效度;最终确定是否实施市场实验,必须考虑到决定市场研究经费的成本收益评估模型以及决定企业是否值得花钱去收集市场研究信息的完全信息理论;当企业最终决定实施市场实验时需要考量市场实验规模,而市场实验规模受两个因素的影响,一是样本量和实验处理水平,二是企业用于市场实验的资金限制。

参 考 文 献

1. 晁钢令(2009),《市场营销学》(第三版),上海:上海财经出版社,pp.222—311。
2. 菲利普·科特勒,梅清豪译(2003),《营销管理》(第11版),上海:上海人民出版社,pp.473—559。
3. 菲利普·科特勒、凯文·莱恩·凯勒、卢泰宏,卢泰宏、高辉译(2009),《营销管理》(第13版中国版),北京:中国人民大学出版社。
4. 耿修林(2009),"抽样规模确定的目标及影响因素",《江苏大学学报(社会科学版)》,7(4),pp.84—87。
5. 郭秀艳(2004),《实验心理学》,北京:人民教育出版社,pp.43—56,75—80。
6. 黄蔚(2007),《市场实验设计》,北京:北京大学出版社,pp.75—82,130—134。
7. 梁永平、张奎明(2008),《教育研究方法》,济南:山东人民出版社。
8. 王黎明、陈颖、杨楠(2008),《应用回归分析》,上海:复旦大学出版社,pp.1—11。

第四章

完全随机设计

第一节 完全随机设计思想

1. 完全随机设计概述

（1）概念

如果被试是被随机选取又被随机分成若干个组,每个组分别接受一种实验处理,则设计中有几种实验处理,被试就必须随机分成几组,每个实验组的被试数量可以相等,也可以不相等。这样的实验设计被称为完全随机设计（complete randomalized design）。完全随机分组后,各实验组的被试之间是相互独立的,因而这种设计又称"独立组设计"或"被试间设计"。

（2）适用场合

完全随机设计是最基本的设计模型。由于采用此种设计的被试是被随机选取又被随机分组的,因此可以认为各组在接受实验处理前各方面条件均相同,若实验结果中组与组之间有显著差异,则说明这种差异是由不同的实验处理造成的。这是完全随机设计的主要特点,也是其被广泛运用在物理及生物科学中的原因。

但是,完全随机设计在市场实验中并不多见,这是由于完全随机设计所假设的各实验单元在接受处理前等质性仅仅是在理论上成立,在错综复杂的市场现实中并不具备说服力。市场实验相当现实,它重视的是为企业的决策服务而非止步于纯理论环境上的成立,所以面对这样的要求,完全随机设计就显得太过疏于控制了。一般来说,只有在其主要干扰因素已明确被排除,完全随机在事实上的确实现了各组在接受实验处理前等质（即找到相同的市场）,或者在出于条件限制不能考虑太多因素时,完全随机设计才适用。

尽管如此,完全随机设计作为最基本的设计模型,是市场实验中其他设计模型构造的基础,我们有必要从它开始,进入对市场实验领域的介绍。

完全随机设计又分为单因素完全随机设计和多因素完全随机设计,本章主要介绍单因素完全随机设计。

2. 单因素完全随机设计方法

(1) 问题——企业主的方案

【例 4.1】 某茶叶经销商想要提高茶叶销售量,计划给茶叶进行包装之后再拿到商店去卖,他有两种备选方案,分别为用塑料袋包装和用纸袋包装。但是,经销商并不能确定这种给茶叶进行包装的方法是否真的能提高销售量,并且不知道哪种包装方案更好。于是,企业主希望通过市场试验,比较出茶叶包装是否对销售量产生影响,并为日后茶叶的大批量包装处理决策提出最优方案。

(2) 从问题到实验设计

针对这一问题,该企业在地理位置相似、经营规模相仿的茶店中随机地选择了 20 家作为试验单元,并用随机抽样方法(采用抽签法或随机数字表)分配 3 种方案的茶叶包装,实验期为一个月。

我们采用一个简单、通用的图示来表示这种设计(见图 4.1):

$$R \quad X_1 \quad O_1$$
$$R \quad X_2 \quad O_2$$
$$R \quad X_3 \quad O_3$$

图 4.1

说明:R——Random,随机选择被试(即实验单元),分配处理;X——实验处理,X_1 代表因素 X 的第一个水平,余类推;O——Observation,观测,在 X 之后指实验处理完的因变量测量(即销量测量)。

从图 4.1 中直观可见:

① 实验只考虑 1 个对结果有影响的因素,并且这个因素有 3 个水平;
② 实验针对 3 个水平分别有一种处理,共 3 种处理;
③ 随机选择被试,随机分配处理。

这种设计是典型的单因素完全随机设计。以上三点对应单因素完全随机设计的三个基本特点:

① 适用条件:研究中有一个因素(自变量),因素有两个或两个以上水平;
② 基本方法:把被试随机分配给因素的各个水平,每个被试只接受一个水平的处理;
③ 误差控制:随机化法,假设被试之间的变异在各水平之间是随机分布的,在统计上无差异。

单因素完全随机设计分配实验单元的模型如表 4.1 所示。

表 4.1　单因素完全随机设计中分配实验单元图解

因素水平	A1	A2	A3
实验单元	S1	S6	S16
		S7	
	S2	S8	S17
		S9	
	S3	S10	S18
		S11	
	S4	S12	S19
		S13	
	S5	S14	S20
		S15	

说明：S1 表示编号为 1 的商店，余类推。同一个实验组的商店只接受一个实验处理，也就是说一个商店要么采用塑料袋装，要么采用纸袋装销售，要么就是像原来那样散装销售，不会出现一个商店同时用塑料袋装和纸袋装的情况。

（3）从实验到数据

在确定并实施实验以后，得到该茶叶在 20 家超市一个月的销售情况数据，如表 4.2 所示：

表 4.2　该茶叶在 20 家茶店一个月的销售量统计表（单位：斤）

袋装		散装
塑料袋装	牛皮纸袋装	
49	29	12
36	26	16
47	30	23
23	39	28
40	45	16
	13	
	32	
	18	
	38	
	40	

接下来便可以对数据进行统计分析，比较出茶叶包装是否对销售量产生影响，以为企业主决策提出最优方案。单因素完全随机设计的统计分析过程可采用一元方差分析，这将会在本章第二、三节重点介绍。

第二节　一元方差分析

1. 常用术语

方差分析中的常用术语有：

① 因素(factor)：因素是可能对因变量有影响的自变量。一般来说，因素会有不止一个水平，而分析的目的就是考察或比较各个水平对因变量的影响是否相同。如例4.1中，影响茶叶销售量的考察因素是包装。在方差分析中，因素的取值范围不能无限，只能有若干个水平，即应当为分类变量。

② 水平(level)：因素的不同取值等级称为水平，需要注意的是有时候水平是人为划分出来的，如例4.1中包装这一因素被分为塑料袋装、牛皮纸袋装与散装三种不用的水平。

③ 固定因素(fixed factor)与随机因素(random factor)：两者都是因素的不同种类，固定因素指的是该因素在样本中所有可能的水平都出现了，换言之，该因素的所有可能水平仅此几种(比如性别只有男女两种水平)，针对该因素而言，从样本的分析结果中就可以得知所有水平的状况，无须进行外推。另外，有些人为设定的因素，比如例4.1中包装这一因素被分为塑料袋装、纸袋装与散装三种不同的水平，如果我们所做的检验就是想弄清楚这三个水平对因变量有无影响，不需要外推到其他水平(如布袋)，则它也可以被认为是固定因素。

和固定因素相对应的是随机因素，它指的是该因素所有可能的取值在样本中没有全部出现，或不可能出现。如例4.1中的超市，实际总体中当然不可能只有这20个超市，它们只是所有超市的代表而已。因此要用样本中20个超市对因变量的影响结论来推断总体中全体超市的销量变化情况，就不可避免地存在误差(即随机效应)，需要顾及该误差的大小，因此被称为随机因素。

④ 零假设(null hypothesis)与备择假设(alternative hypothesis)：做统计检验时的一类假设。零假设的内容一般是希望成为正确的假设或者是需要着重考虑的假设。比如说，在相关性检验中，一般会取"两者之间有关联"作为零假设，而在独立性检验中，一般会取"两者之间没有关联"作为零假设。与零假设相对的是备择假设(对立假设)，即不希望看到的另一种可能。如例4.1中，零假设($H0$)为各包装对茶叶销售量没有影响，备择假设($H1$)为各包装对茶叶销售量有影响。

⑤ 显著性差异(significance level)：统计学上对数据差异性的评价。当数据之间具有了显著性差异，就说明参与比对的数据不是来自于同一总体(population)，而是来自于具有差异的两个不同总体。通常情况下，实验结果达到0.05水平或0.01水平，才可以说数据之间具备了显著性差异。当数据之间具备了显著性差异，实验的虚无假设就可被推翻，对立假设得到支持。

2. 采用一元方差分析的原因及其基本原理

① 一元方差分析概念

方差分析(analysis of variance，ANOVA)，即变量分析，是对多个样本平均数差异显著性检验的方法。一元方差分析(One-Way ANONA)所解决的是一个因素之下多个不同水平之间的关系问题。一般来说，这个因素应该是名义尺度的

(nominal scaled),在进行统计学处理时,应该用一个名义变量(nominal variable)来对应所研究的因素,并用该变量的不同取值(如1、2、3)来表示该因素的不同水平。

② 采用一元方差分析的原因

单因素完全随机设计所涉及的问题其实就是在单一处理因素下,多个不同水平之间的连续性观察(测)值的比较,目的是通过对多个样本的研究,来判断这些样本是否来自于同一总体。所谓连续性观察值,比如学生的考分、商品的销量均属于连续分数。而性别(男/女)、包装(塑料装/纸装)就属于名义型变量。如果假设检验拒绝了多个样本来自于同一总体的 $H0$ 假设,研究者会继续关心这几个样本到底可能来自于几个不同的总体。而这一切,并不能用传统的 t 检验[①]得以实现。

那么,能否使用两两 t 检验,例如做三组比较,则分别进行三次 t 检验来解决此问题?这样做在统计上是不妥的,因为统计学的结论都是概率性的,存在犯错误的可能。如例 4.1 中,如果要用 3 次 t 检验来考察 3 种包装的茶叶销售量是否相同,对于某一次比较,其犯 I 类错误的概率是 α,那么连续 3 次比较,其犯 I 类错误的概率就是 $1-(1-\alpha)^3$。也就是说,如果检验水准取 0.05,那么在连续 3 次 t 检验中,犯 I 类错误的概率将上升为 0.1855,这是一个令人震惊的数字。就好像考试及格线原本是 60 分,现在被降到了 20 分,因而考试的权威性大打折扣一样。所以,三个以上的组别比较不宜采用 t 检验分别作两两比较。

而方差分析则能解决上述问题。其理论基础是:将总变异分解为由研究因素所造成的部分和由抽样误差所造成的部分,通过比较来自于不同部分的变异,借助 F 分布做出统计推断。

③ 一元方差分析基本原理

在一个多处理试验中,可以得到一系列不同的观测值。造成观测值不同的原因是多方面的,有的是由不同处理引起,即处理效应;有的是由试验过程中偶然性因素干扰和测量误差造成,即误差效应。方差分析的基本原理就是将测量数据的总变异按变异原因不同分解为处理效应和随机误差,并做出其数量估计。要正确认识观测值的变异是由处理效应还是误差效应引起的,我们可以计算出处理效应的均方和误差效应的均方,在一定意义下进行比较,从而检验处理间的差异显著性。

方差分析的原假设和备择假设分别为:

$H0: \mu_1 = \mu_2 = \cdots = \mu_k$

$H1: k$ 个总体均值不同或者不完全相同

一元方差分析的假设验证如下:

[①] t 检验(t-test):针对连续变量的统计推断方法中最基本的检验方法。最初是由 W. S. Gosset 在 1908 年以笔名"Student"发表的一篇关于 t 分布的论文中提出,从此开小样本计量资料进行统计推断的先河。t 检验适用于两组间的比较。

① 判断原假设是否成立，就是判断组间方差与组内方差是否有差异；

② 若原假设成立，组间均方与组内均方的数值就应该很接近，它们的比值就应该接近 1；

③ 若原假设不成立，组间均方会大于组内均方，它们之间的比值就会大于 1；

④ 当这个比值大到某种程度时，就可以说不同水平之间存在着显著差异，即不同水平对因变量有影响。

一元方差分析的基本原理也可用图 4.2 表示：

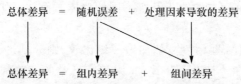

组内差异：由于同一组被试内部彼此之间的差异或者实验者本身的差异造成（也称实验误差）d

组间差异：由于不同的实验处理造成，即处理效应 D

判断处理的差异有效性：组间差异 > 组内差异（$D > d$）

图 4.2　一元方差分析基本原理图

3. 一元方差分析的应用条件

（1）基本应用条件

统计学中的方法也许成千上万，但没有哪种方法是适合任何情况的，自然这里的方差分析也不例外。一般而言，方差分析的数据应当满足以下几个条件，或者说以下的假设应当成立。

① 独立性：所研究因素的各个水平之下的观测对象来自于独立随机抽样（independence）；

② 正态性：各个水平下的因变量应当服从正态分布（normality）；

③ 方差齐性：各水平下的总体具有相同的方差（homoscedascity）。

（2）应用条件的检查与变量变换

以上使用条件可以使用统计描述进行观察，绘制相应的统计图形，也可以使用相应的检验方法。

在实际应用中，数据独立性对结果影响较大，但检验数据独立性的方法比较复杂，一般是根据数据的性质来加以判断。如果从专业背景上可以肯定数据不存在这些问题，则一般独立性条件就得到满足。

对正态性的考察可以通过直方图等工具进行，当数据量较少时甚至可以进行数据的直接观察，但要注意应当分组考虑正态性，而不是合并进行。

三个或三个以上样本的方差齐性检验方法简要介绍如下几种：

① Barlett 法：其基本思想是比较各组方差的加权算术平均数与几何平均数，若两者差异过大，可以认为各组间的方差不齐。当各组样本含量均大于 5

时,其检验统计量近似服从自由度为 $k-1$ 的 x^2 分布。

② Harley 法:统计量 $H = \max(S_i^2)/\min(S_i^2)$,当各组样本含量相同时可以使用此法。

③ Cochran 法:统计量 $C = \max(S_i^2)/\sum_{i=1}^{k} S_i^2$,同样用于各组样本量相同时。

以上三种方法都需要保证所检验的样本来自于正态总体。而在 SPSS 中所使用的方法是 Levene's 检验方法,这种方法对正态性假设是稳健的。其基本思想是将各组变量值中心化后,利用 F 检验来检验各组间的差别。

有时候原始资料并不满足方差分析的要求,这时候除了求助于非参数检验方法之外,也可以考虑变量变换(transformation):通过对原始数据的数学变换,使其满足或者近似满足方差分析的要求。一般认为,通过变量变换若达到方差齐性要求的资料,其正态性问题也会有所改善。常用的变量变换及各自适用条件如下:

① 对数转换(logarithmic transformation):可用于服从对数正态分布的资料,部分正偏态资料、等比资料,特别是各组的 S 与 x(平均数)的比值相差不大的资料。

② 平方根转换(square root transformation):可用于服从 Poisson 分布①的资料、轻度偏态资料、样本的方差与均数成正相关的资料以及观察变量单位为"率"(%),取值在 0—20% 或 80%—100% 的资料。

③ 平方根反正弦转换(arcsine transformation):可用于原始数据单位为"率"(%),且取值广泛的资料。

④ 平方变换(square transformation):常用于方差与均数成反比时或资料呈左偏时。

⑤ 倒数变换(reciprocal transformation):常用于方差与均数成正比时,并且往往要求资料中没有接近或小于 0 的数据。

⑥ Box-Cox 变换:有时候并不能很容易地找到一种合适的变换方式,Box 和 Cox 于 1064 年提出一类变换:$f(y) = \begin{cases} y^\lambda & \lambda \neq 0 \\ \ln(y) & \lambda = 0 \end{cases}$,研究者需要根据原始资料来尝试不同的 λ 值。实际上 λ 分别为 $-1, 0, 0.5, 2$ 时,Box-Cox 变换分别等价于倒数变换、对数变换、平方根变换和平方变换。

此外,当观察指标单位为"率"(%),且取值在 30%—70% 之间时,一般不考虑变量变换。

(3)应用条件得不到满足对方差分析结果的影响

① 独立性:独立性得不到满足时原始数据存在着信息重叠,方差分析结果往往会受到相当大的影响,因此在实验设计阶段就应当保证随机化真正得到实

---

① Poisson 分布:一种单参数离散型分布,参数为 μ,更多专用于单位时间/人群/空间内,某罕见事件发生次数。

现。本章涉及的完全随机设计可以保证各实验组的被试之间是相互独立的。

② 正态性:Box 和 Anderson 等人的研究表明,正态性得不到满足时,方差分析的结论并不会受到太大影响。也就是说,方差分析对于正态性的要求是稳健的。

③ 方差齐性:在各组间样本含量相差不太大时,方差轻微不齐仅会对方差分析的结论有少许影响。一般而言,只要最大/最小方差之比小于3,分析结果都是稳定的。

应当注意的是,在方差分析中,各组在样本数量上的均衡性将会为分析计算提供极大的便利,也能在一定程度上弥补正态性或方差齐性得不到满足时对检验效能所产生的影响(这一点在多因素时体现尤为明显)。因此,在实验设计时就应当注意到各组样本均衡性的问题。

在接下来的第三节里,将通过对第一节中例 4.1 的数据分析,介绍利用统计分析软件 SPSS 对一元方差分析的实现过程。

第三节 一元方差分析的 SPSS 实现过程

SPSS 可实现一般的单因素方差分析,其中纳入了多个选择项以提供丰富多样的功能,如两两比较、趋势检验等。下面回到前文茶叶包装对销售量的影响案例,用它来演示如何在 SPSS 中实现方差分析。

1. 建立假设

方差分析的第一步是建立假设,针对我们关心的问题提出原假设和备择假设。检验茶叶的包装对销售量是否有影响,即检验三种包装方案的茶叶平均销售量是否相同,设 μ_1 为塑料袋装茶叶的平均销售量,μ_2 为纸袋装茶叶的平均销售量,μ_3 为散装茶叶的平均销售量,检验如下假设:

$H0: \mu_1 = \mu_2 = \mu_3$ ………………………………………… 包装对销售量没有影响;

$H1: \mu_1, \mu_2, \mu_3$ 不全相等 ……………………………………… 包装对销售量有影响。

注意:拒绝原假设,只表明至少有两个总体的均值不相等,并不意味着所有的均值都不相等。

检验上述假设所采用的方法就是方差分析。

2. 数据录入

数据是统计研究的基础,如果没有数据,分析也就无从谈起。SPSS 所使用的数据录入格式遵循的基本要求如下:

① 不同的观察对象的数据不能在同一条记录中出现,即同一观测数据应当独占一行;

② 每一个测量指标或影响因素只能占据一列的位置,即同一个指标的测量值数据都应当录入到同一个变量中去。

数据录入就是把每个指标值录入到软件中,在录入数据时,大致可归纳为

"数据录入三部曲":

① 定义变量名:即给每个指标起个名字。例 4.1 中,涉及的两个变量分别为"销售量"和"包装"。

② 指定每个变量的各种属性:对每个指标的一些统计特性做出指定,如变量类型(数值型/字符型/日期型)和测量尺度(定类/定序/定距/定比尺度),又如标签(Label)项用于定义变量名标签,对变量名的含义进行进一步解释说明,该标签会在结果中输出以方便阅读,增强变量名的可视性和统计分析结果的可读性。另外,变量值标签(Values 项)也是一个重要选项,是对变量取值含义的解释说明信息。例 4.1 中,对于包装数据,假设 1 表示塑料袋装,2 表示纸袋装,3 表示散装,如果在数据录入时没有设定变量标签值,其他人就很难弄清楚各数字表示哪种包装。因此,变量值标签对定序变量和定类变量来说是必不可少的。

③ 录入数据:即把每个样本的各指标录入为电子格式。

例 4.1 的 SPSS 数据录入如图 4.3、图 4.4 所示。

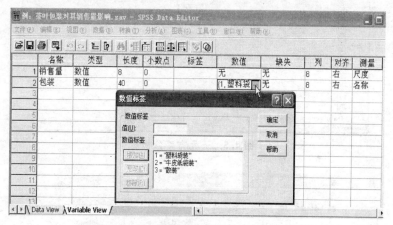

图 4.3　定义变量名及指定变量各种属性

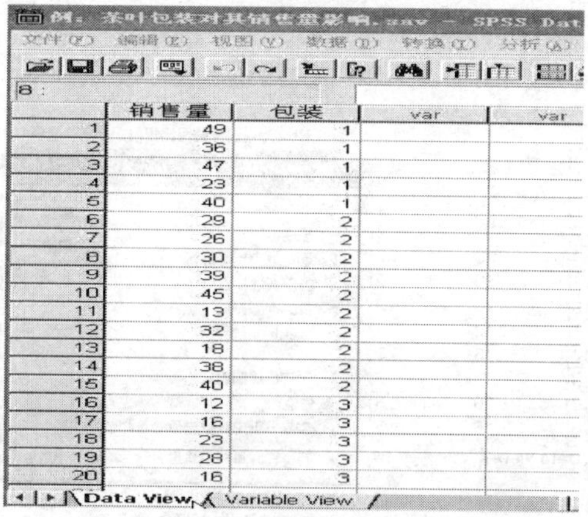

图 4.4　录入数据

3. 一元方差分析具体操作与结果阐释

(1) 具体操作

下面开始进行一元方差分析,如图 4.5 所示,操作 SPSS 中"分析(Analyze)→均值比较(Compare Means)→一元方差分析(One-Way ANOVA)",得到对话框,并如图 4.6 操作,选择"选项(Options)"中的"方差齐性检验(Homogeneity-of-variance)"及"平均值绘图(Means Plots)",确定分析之后得到结果如图 4.7 所示。

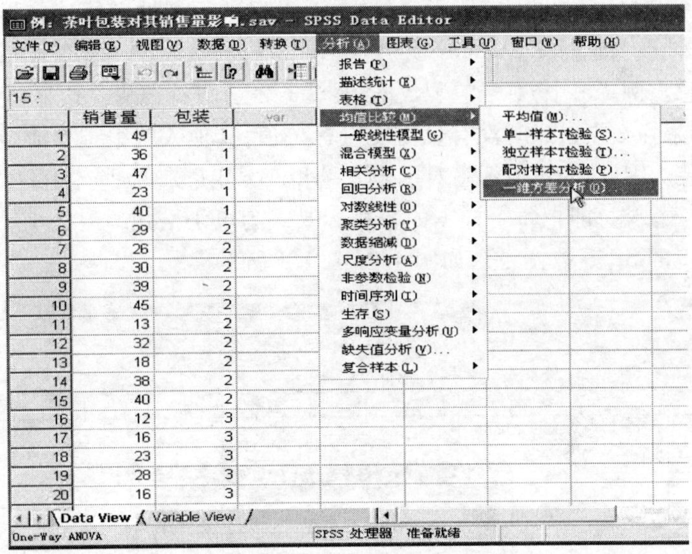

图 4.5 一元方差分析

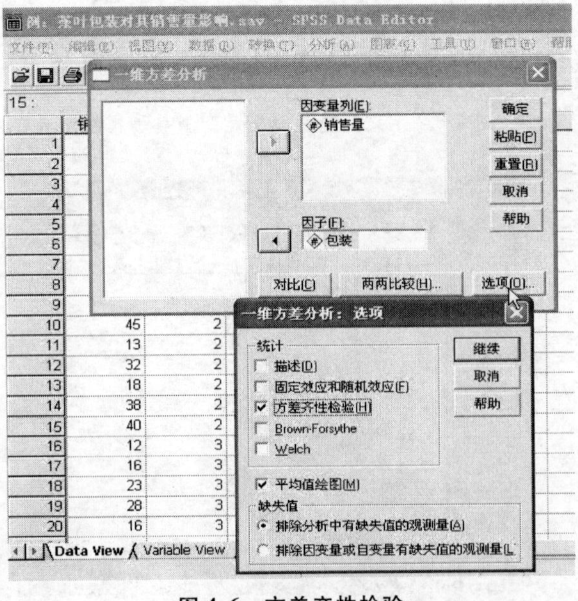

图 4.6 方差齐性检验

➡ **Oneway**

Test of Homogeneity of Variances

销售量

Levene Statistic	df1	df2	Sig.
.433	2	17	.656

ANOVA

销售量

	Sum of Squares	df	Mean Square	F	Sig.
Between Groups	1020.000	2	510.000	5.749	.012
Within Groups	1508.000	17	88.706		
Total	2528.000	19			

图 4.7　方差齐性检验结果与方差分析表

（2）结果阐释

① 方差齐性检验结果

Levene's 检验的实质是将两组数据的方差进行比较,其中分子为较大的方差。如果两组方差的比值较大,其所对应的 P 值小于设定的检验水准($P=0.05$),则按照小概率反证法原则拒绝 $H0$,认为两组所在总体的方差不齐。

图 4.7 给出的方差齐性检验结果,Levene's 方法检验统计量为 0.433,在当前自由度下对应的 P 值为 0.656,大于设定的检验水准($P=0.05$),可认为样本所来自的总体满足方差齐性要求。

② 一元方差分析结果

图 4.7 的方差分析表中,第一列为变异来源,Between Group 表示组间变异,Within Group 表示组内变异,Total 表示总变异,第 2、3、4 列分别表示离均差平方和、自由度、均方,检验统计量 F 为 5.749,大于自由度为 2 和 17 的 F 界值表(或通过 $P=0.012<$ 检测水准 $P=0.05$ 来判断),由此可认为各包装对茶叶销售量的影响是不同的。

③ 平均值绘图结果

图 4.8 的平均值折线图虽然并不能说明多个均数间差异是否显著,但是直观地展现了各包装与相应茶叶销售量之间的关系,而且本图中,茶叶销售量体现出顺序的趋势,这时绘制这种折线图可以提示我们选择正确的趋势分析模型。

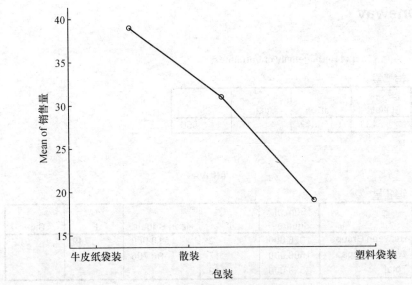

图 4.8 平均值折线图结果

4. 均数间的多重比较

上面数据分析拒绝了 $H0$,但实际上一元方差分析并不如此简单:在解决实际问题时,往往仍需要回答多个均数间究竟是哪些存在差异。虽然结论提示不同包装的茶叶销售量不同,但研究者并不知道到底是三者之间均有差别,还是某一组与其他两组有差别,这些就应当通过多重比较(multiple comparison)进行分析。

一般而言,可以把多重比较分为两种类型:计划好的和非计划好的。所谓计划好的多重比较(planned comparisons),即在收集数据之前便决定了要通过多重比较来考察多个组与某个特定组的差别或者某几个特定组间彼此的差别;而非计划的多重比较(unplanned comparisons, post-hoc comparisons)只有在方差分析得到由统计学意义的 F 值后才有必要进行,是一种探索性的分析。运用 SPSS 进行均数间多重比较时,前者需要通过"对比(Contrast)"对话框的有关内容来进行,而后者则要借助于"两两比较(Post Hoc)"对话框的相关内容。

通过茶叶销售量和包装的例子,我们首先介绍一元方差分析后的多重比较(post-hoc comparisons),然后介绍计划好的多重比较。

(1) 非计划的多重比较(post-hoc comparisons)

我们要进行单因素方差分析后的多重比较,需要在一元方差分析对话框里单击"两两比较(Post Hoc)",出现如图 4.9 所示的对话框。

图 4.9 Post Hoc 的选择对话框

在"假定相等方差(Equal Variances Assumed)"框体里有 14 种两两比较的方法,对于非计划的多重比较,各种方法有其不同的侧重点,方法的选择要根据研究目的、应用条件和样本的性质。以下简要介绍常用的几种多重比较方法:

① LSD 法:即最小显著差法(least-significance-difference method),是最简单的比较方法之一。它其实只是 t 检验的一个简单变形,并未对检验水准做出任何校正,只是在标准误差[①]的计算上充分利用了样本信息,为所有组的均数统一估计出了一个更为稳健的标准误,因此它一般用于计划好的多重比较。由于单次比较的检验水准仍为 α,因此可以认为 LSD 法是最灵敏的。

② Scheffe 法:与一般的多重比较不同,Scheffe 法的实质是对多组均数间的线性组合是否为 0 进行假设检验(即所谓的 contrast)。多用于进行比较的两组样本含量不等时。

③ Turkey 法:即 Turkey's Honestly Significant Difference 法,应用这种方法要求各组样本含量相同。它是利用 Studentized Range 分布来进行各组均数间的比较,及控制所有比较中最大的一类错误的概率,即 MEER 不超过 α。

剩下一些方法并不常用,本节不再阐述。此外,在各组方差不齐时,SPSS 也给出 4 种方法,但从方法的接受程度和结果的稳健性来看,尽量不要在方差不齐时进行方差分析甚至两两比较,求助于变量变换或者非参数检验往往更

---

① 标准误差(standard error):定义为各测量值误差的平方和的平均值的平方根。标准误差不是测量值的实际误差,也不是误差范围,它只是对一组测量数据可靠性的估计。标准误差小,测量的可靠性大一些,反之,测量就不大可靠。世界上多数国家的物理实验和正式的科学实验报告都是用标准误差评价数据的。

可靠。

图 4.9 所示的对话框的"显著性水平(significance level)"框中还可以定义多重比较的检验水准,一般而言默认的 0.05 足以满足要求。

回到引例,在此用 LSD 法进行非计划多重比较得到结果如图 4.10 所示。

Post Hoc Tests

Multiple Comparisons

Dependent Variable: 销售量
LSD

(I) 包装	(J) 包装	Mean Difference (I-J)	Std. Error	Sig.	95% Confidence Interval	
					Lower Bound	Upper Bound
塑料袋装	牛皮纸袋装	8.000	5.159	.139	-2.88	18.88
	散装	20.000*	5.957	.004	7.43	32.57
牛皮纸袋装	塑料袋装	-8.000	5.159	.139	-18.88	2.88
	散装	12.000*	5.159	.033	1.12	22.88
散装	塑料袋装	-20.000*	5.957	.004	-32.57	-7.43
	牛皮纸袋装	-12.000*	5.159	.033	-22.88	-1.12

*. The mean difference is significant at the .05 level.

图 4.10 非计划的多重比较结果

图 4.10 中,带星号的数据直观地表明两两之间在 0.05 检验水准上差异显著。另外,通过观察 P 值可以得到两两之间在 0.05、0.01 这两个检验水准上的差异是否显著:如果 P 值在 0.01 与 0.05 之间,则认为两两之间差异显著;如果 P 值小于 0.01,则认为两两之间差异极显著。

对图 4.10 的统计结论如下:

① 处理 3(散装)极显著于处理 1(塑料袋装),显著于处理 2(牛皮纸袋装);

② 处理 1(塑料袋装)与处理(牛皮纸袋装)差异不显著。

(2) 计划好的多重比较(planned comparisons)

在茶叶销售量与包装之间关系的案例中,假设一个市场调研人员在实验设计阶段就计划好了袋装与散装的比较,以及塑料袋装与牛皮纸袋装的比较。则若以 μ_1、μ_2、μ_3 分别表示塑料袋装、牛皮纸袋装、散装茶叶的销售量,Planned Comparisons 实质上是检验下列等式是否成立:

$$a_1\mu_1 + a_2\mu_2 + a_3\mu_3 = 0, \quad a_1 = 0.5, \quad a_2 = 0.5, \quad a_3 = -1$$
$$b_1\mu_1 + b_2\mu_2 + b_3\mu_3 = 0, \quad b_1 = 1, \quad b_2 = -1, \quad b_3 = 0$$

我们要进行计划好的多重比较,需要在一元方差分析对话框里单击"对比(Contrast)",出现如图 4.11 所示的对话框。在"系数(Coefficients)"后面的框中依次输入 0.5,0.5,-1,每次输入后均单击"增加(Add)"按钮。输入完毕后在对话框中间的列表中可以见到刚刚输入的三个数字,表示对于三组均数分别给予 0.5,0.5,-1 的系数,此时检验该线性组合是否为 0 就等价于比较袋装与散装的销售量。此时单击"下一个(Next)"按钮继续输入下一个要比较的组合,即 1,-1,0,最终结果如图 4.12 所示。

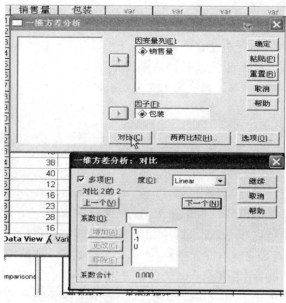

图 4.11 Contrast 对话框

Contrast Coefficients

Contrast	包装		
	塑料袋装	牛皮纸袋装	散装
1	.5	.5	-1
2	1	-1	0

Contrast Tests

		Contrast	Value of Contrast	Std. Error	t	df	Sig. (2-tailed)
销售量	Assume equal variances	1	16.00	4.939	3.239	17	.005
		2	8.00	5.159	1.551	17	.139
	Does not assume equal variances	1	16.00	4.014	3.986	10.492	.002
		2	8.00	5.626	1.422	7.889	.193

图 4.12 计划好的多重比较结果

图中,在 Contrast Tests 里分别针对相比较的两组间方差齐和不齐的情况给出了比较结果。其中 Contrast 列给出的是相互比较的对子,对子一是袋装与散装的比较,对子二是塑料袋装与牛皮纸袋装的比较。Value of Contrast 给出了所要检验的 Contrast 的实际值(这里就是相比较的两组间的均数之差),Std. Error 给出了均数之差的标准误,t、df、Sig 中分别列出了检验统计量值、自由度和双侧

P 值。本例中按照方差齐性时的比较结果,对子一(袋装与散装的比较)远小于 0.05,按 0.05 的检验水准拒绝了 $H0$,即袋装与散装对茶叶销售量的影响有显著差异;而对子二(塑料袋装与牛皮纸袋装的比较)的 P 值为 0.139,按 0.05 的检验水准证实了 $H0$,即塑料袋装与牛皮纸袋装对茶叶销售量的影响没有显著差异。

5. 决策结论

塑料袋装和牛皮纸袋装茶叶的销售量都同时显著于散装茶叶,实际中取塑料袋装或牛皮纸袋装,要看其成本是上升还是下降以及实施的可能性和方便性。

以上通过包装对茶叶销售量的影响的例子,详细说明了一元方差分析的 SPSS 实现过程,从而完善了通过采用完全随机设计的市场实验为企业主找到最优决策的全过程。

本章小结

完全随机设计又称"独立组设计"或"被试间设计",采用此种设计的被试是被随机选取又被随机分成若干个组,每个组分别接受一种实验处理,每个实验组的被试数量可以相等,也可以不相等,但相等时效率较高。本设计的优点是简单易行,缺点是在组内变异中,可能包含有被试的个体差异。

在统计分析时,单因素完全随机设计可以采用一元方差分析来进行。一元方差分析所针对的是多组间均数间的比较,它的基本思想是变异分解,即将总变异分解为组间变异和组内变异,再利用 F 分布做出有关的统计推断。一元方差分析要求资料满足独立性、正态性和方差齐性的要求。如果不满足这些条件,则应当进行变量变换以达到要求;若无法找到合适的变换方法,则应当采用非参数方法来检验。

如果分析结果显示该因素有统计学意义,并不足以说明各组之间的关系,需继续利用多重比较初步判断各组间的关系。多重比较可以分为事前计划好的比较和事后比较。前者往往借助于对比,后者有很多不同的方法,这些方法的核心问题都是如何控制总的一类错误的大小。

参考文献

1. 黄蔚(2007),《市场试验设计》,北京:北京大学出版社,pp. 237—238。
2. 张文彤(2002),《SPSS 11 统计分析教程(高级篇)》,北京:北京希望电子出版社,p. 15。
3. 张文彤、闫洁(2004),《SPSS 统计分析基础教程》,北京:高等教育出版社,pp. 257—270。

第五章

单因素随机区组设计

第一节 单因素随机区组设计的基本思想

1. 单因素随机区组设计概述

单因素随机区组设计(randomized blocks designs)又称配伍组设计,即先按照一定的特点属性(个体差异、实验环境等因素)将被试划分到不同的区组内,使每个区组内的被试尽量保持同质,再将各组内的被试随机分到不同的实验处理,这样每个"区组"都随机接受了所有的实验处理。

2. 单因素随机区组设计与完全随机设计的优缺点对比

(1) 单因素随机区组设计的主要优点:

① 设计与分析方法简单易行;

② 在对实验结果进行分析时,能将区组间的变异从实验误差中分离出来,有效地降低了实验误差,因而实验的精确性较高;

③ 把条件一致的被试分到同一区组,再将同一区组的被试随机分配到不同的实验处理,加大了实验处理之间的可比性。

(2) 单因素随机区组设计的主要缺点:

当处理数目过多,但各区组内的被试数目过少时,要使得同一区组内的被试随机分配到不同的实验处理,并保证每个实验处理组间的初始条件接近一致将有一定的难度,因而在单因素随机区组设计中,处理数不宜超过 20 个。

(3) 完全随机设计的主要优点:

① 设计容易,处理数与被试数都不受限制,适用于实验条件、环境、被试差异较小的实验;

② 统计分析简单,皆可采用方差分析或 t 检验进行统计分析。

(4) 完全随机设计的主要缺点:

在实验中,当实验环境或被试差异较大时,仅通过重复和随机化进行实验设计不能将实验环境或被试差异所引起的变异从实验误差中分离出来,因而实验误差较大,其精确性与检验的灵敏度较低。为解决这一问题,在此种情况下,可将整个实验环境或被试分成若干个区组,使得实验条件尽量同质,这被称为"局部控制原则"。由于完全随机设计未应用实验设计中的局部控制原则,非实验处理因素的影响也被归入实验误差,误差较大,实验的精确性较低,因此,在实验条件、环境、被试差异较大时,不宜采用此种设计方法。

3. 设计原则

(1)同一区组内的被试尽量"同质",不同区组之间允许有差异;

(2)区组内的被试个数要等于处理水平个数,或为它的整数倍,以保证每个区组都接受了全部的实验处理。

4. 设计方法

(1)从总体中随机抽取一部分被试;

(2)将这部分被试在无关变量(一定的特点属性)上进行分组,形成 $n(n \geq 2)$ 个相对同质的区组;

(3)处理(自变量)有 $p(p \geq 2)$ 个水平,将每个区组随机分为 $p(p \geq 2)$ 个小组,每个小组随机接受一个处理水平。

也就是将 pn 个实验单元按区组因素的 n 个水平分成 n 个区组;将每个区组的实验单元按随机化安排实验,使每个实验单元接受一个处理水平,如表5.1所示。

表5.1 单因素随机区组设计分配实验单元图解

处理水平 区组水平	A1	A2	A3	A4
区组1	S11	S12	S13	S14
区组2	S21	S22	S23	S24
区组3	S31	S32	S33	S34
区组4	S41	S42	S43	S44

5. 适用场合

在市场实验中,被试的个体差异是误差变异的重要来源,它常常会混淆实验处理效应。为了避免此类情况,可以采用单因素随机区组设计,这种设计依据"局部控制"原理,控制无关变量;使用区组方法减少误差变异,即用区组的方法分离由被试个体差异、实验环境等引起的变异,使它不出现在处理效应和误差变异中,从而减少了误差,提高了方差分析的灵敏度。

一般来说,单因素随机区组设计的适用条件为:研究中有一个处理,其水平数 $p \geq 2$;研究中还有一个无关变量,其水平数 $n \geq 2$;虽然无关变量也会对因变量产生影响,但它不是实验者想要研究的因素时,可以采用单因素随机区组设计。

但是由于实验中包含有许多处理水平,可能给形成同质区组、寻找同质实验单元带来困难,使用该设计模型安排实验比使用完全随机设计模型安排实验有更多的限制。尽管如此,随机区组实验设计仍可用于任何处理水平的实验中,且具有较强的灵活性。

第二节 二元方差分析

1. 二元方差分析的基本思想

(1) 基本概念

① 二元方差分析(Two-Way ANONA):从纵横两个方向进行分析,不仅分析处理因素的效应,还可根据不同设计分析区组及交互效应的数据分析方法。

② 主效应(main effect):各实验因素对因变量的单独影响。

③ 交互效应(interaction effect):当一个因素的效应明显地依赖于其他因素的水平时,称这些因素之间有交互效应。因素间的交互作用显著与否关系到主效应的利用价值,若交互作用不显著,则各因素的效应可以累加,各因素的最优水平组合起来,即为最优的处理组合。

④ S-N-K 法:又称 q 检验,属于多重极差检验,用于两两比较。它是一种有效划分相似性子集的方法,该方法适合于各水平观测值个数相等的情况时使用。

(2) 采用二元方差分析的原因

在对实际问题的研究中,实验结果往往受到两个或两个以上因素的影响,因此,要同时考虑两种因素以及这些因素共同作用的影响。例如要研究包装对于饮料销售量的影响,除了关心饮料的包装以外,销售地区也有可能影响销售量。把饮料的包装看做影响销售量的因素 A,饮料的销售地区则是影响因素 B。这种情况用一元方差分析就不适用。对因素 A 和因素 B 同时进行分析,就属于二元方差分析的范畴。

2. 二元方差分析的基本原理

(1) 二元方差分析的数学模型

二元方差分析的数学模型见图 5.1:

$$X_{ij} = \mu + a_i + b_j + e_{ij}$$

μ = 总体平均

a_i = 第 i 个处理效应,$\mu_i - \mu$

b_j = 第 j 个区组的效应,$\mu_j - \mu$

e_{ij} = 随机误差项,$X_{ij} - \mu_{ij}$

图 5.1 方差分析数学模型

(2) 二元方差分析的变异分解

变异来源从组内变异中分解出区组变异与误差变异。从组内变异中分离出区组变异,使随机误差项的变异大为净化(减少了误差均方),从而使处理组

间的 F 值更容易出现显著性,提高了统计检验的效能,也提高了实验效率。

因此,总变异组成:实验处理引起的变异+区组引起的变异(见图 5.2)

① 总变异:所有观察值之间的变异

② 处理间变异:处理因素+随机误差

③ 区组间变异:区组因素+随机误差

④ 误差变异:随机误差

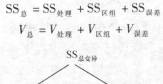

图 5.2 变异分解

(3) 二元方差分析的原假设和备择假设

① 对处理间 A 提出的假设为

$H0$:$m_1 = m_2 = \cdots = m_i = \cdots = m_a$($m_i$ 为第 i 个取值的均值)

$H1$:$m_i(i=1,2,\cdots,a)$ 即 a 个总体均值不同或者不完全相同

② 对区组间 B 提出的假设为

$H0$:$m_1 = m_2 = \cdots = m_j = \cdots = m_b$($m_j$ 为第 j 个取值的均值)

$H1$:$m_j(j=1,2,\cdots,b)$ 即 b 个总体均值不同或者不完全相同

(4) 假设满足的前提条件

① 独立性:被试必须从总体中随机抽取,因变量在各个单元内的取值相互独立。如果因变量取值不独立,方差分析的结果不可信。

② 连续变量:因变量为连续变量(尺度变量)。

需要注意的是方差分析通常还要满足正态分布和方差齐性的前提。由于对这两个条件的考察是以单元格为基本单位的,在随机区组设计中,每个单元格内只有一个元素,因此在这类设计中不需要考虑正态分布和方差齐性的前提。

第三节 二元方差分析的 SPSS 实现过程

根据第一、二节对于单因素随机区组设计及二元方差分析的介绍,下面以例 5.1、5.2、和 5.3 来操作 SPSS,演示二元方差分析的实际实现过程。

1. 二元方差分析实例5.1

(1) 问题

【例5.1】 现有18个商店：大型的连锁超市、大型的独立超市、小型的连锁超市、小型的一般商店、大型的一般连锁商店和小型的一般商店各3家。要测量这18个商店的三种不同摆放位置对果冻销量的影响。这三种不同摆放位置分别为：a：走廊尾端的陈列台；b：商品陈列台；c：付款台前的搁物架。选定实验时间为一周中的星期五和星期六。

(2) 实验设计

① 处理水平：果冻的三种摆放方式：a、b、c；

② 区组水平：以商店规模作为区组标志，18家商店可以划分为3个区组：大型、中型和小型，每个区组含6家商店(见表5.2)。

表5.2 具体区组分配情况

区组	大型		中型		小型	
类型	3个大型连锁超市	3个大型独立超市	3个小型连锁超市	3个大型一般商店	3个小型一般连锁商店	3个小型一般商店

(3) 实验数据

根据随机区组实验设计，在星期五和星期六进行实验得出商店在这两天的三种摆放方式的果冻销售量，如表5.3所示。

表5.3 三种不同摆放位置在星期五和星期六两天果冻的销量

实验处理	商店			总计	均值
	大型	中型	小型		
走廊尾端的陈列台	18	17	9	96	16
	21	20	11		
小计	39	37	20		
商品陈列台	35	21	12	141	23.5
	42	23	8		
小计	77	44	20		
付款台前的搁物架	19	17	10	100	16.7
	22	21	11		
小计	41	38	21		
总计	157	119	61	337	18.7
均值	26.2	19.8	10.2		

(4) 建立假设

方差分析的第一步是要根据研究问题提出研究假设。那么就例5.1而言，要研究商店的三种摆放位置对果冻销量的影响，即检验三种摆放位置的果冻销量是否相同，设μ_1为走廊尾端陈列台的果冻销量，μ_2为商品陈列台的果冻销量，μ_3为付款台前的搁物架的果冻销量，提出处理间的假设如下：

$H0: \mu_1 = \mu_2 = \mu_3$,即三种摆放位置的果冻销量的总体均值相等。

$H1$:三种不同摆放位置的果冻销量的总体均值不相等或不全相等($a = 0.05$)。

此外,在实验设计中也要考虑不同商店规模对于果冻销量的影响,因此,针对区组因素得出区组间的假设如下:

$H0$:三个区组的总体均值相等,即 $\mu_1 = \mu_2 = \mu_3$。

$H1$:三个区组的总体均值不相等或不全相等($a = 0.05$)。

(5) 数据录入

SPSS录入数据的基本要求第四章第三节已有说明,这里不再赘述。根据观测到的例5.1的实际数据进行录入。

① 定义变量名,此案例涉及的变量有三个:

因变量——果冻销量;

自变量——摆放位置;

无关变量——商店规模。

② 指定每个变量的各种属性(见图5.3);

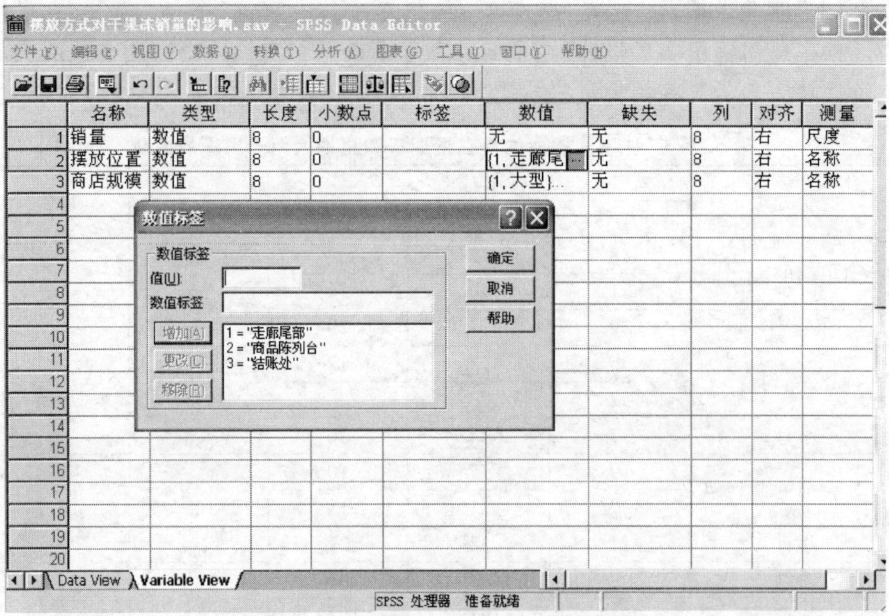

图5.3 定义变量名及指定每个变量各种属性

③ 录入数据:例5.1的SPSS数据录入见图5.4。

图 5.4 录入数据

(6) 具体操作

下面开始进行二元方差分析,如图 5.5、图 5.6、图 5.7 所示,具体步骤为:

图 5.5 二元方差分析

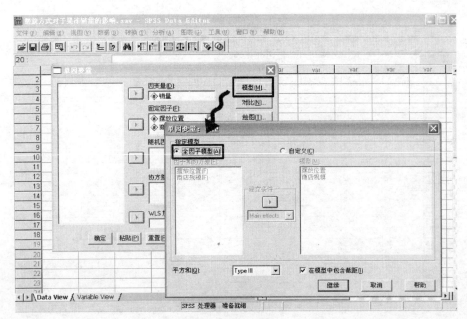

图 5.6 定义模型

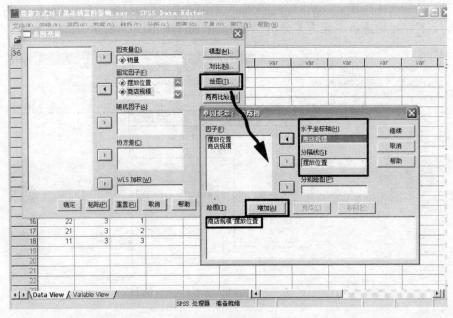

图 5.7 定义平均值显示图

① 选择主菜单。分析(Analyze)→一般线性模型(General Linear Model)→单因变量多因素方差分析(Univariate)。

② 定义变量。把"销量"选定为因变量,"摆放位置"和"商店规模"选定为

固定因素。

③ 定义模型。单击"模型(Model)"按钮打开子对话框,选中"全因子模型(Full-factorial)",单击"继续(Continuous)"回到主对话框。全因子模型将对所有因素的主效应及交互效应进行分析。

④ 定义平均值显示图。单击"绘图(Plot)",进入子对话框,选定"摆放位置"为横坐标,"商店规模"为分隔线。单击"增加(Add)"完成定义过程,单击"继续(Continuous)"回到主对话框(选定这两个因素作图,能够更加直观地观察实验结果)。

(7) 结果分析

图 5.8 显示了两个组间因素的水平数、变量值的标签、各试验单元的样本量。其中摆放位置有 3 个水平,每个水平的样本量为 6;商店规模有 3 个水平,每个水平的样本量为 6。

➡ Univariate Analysis of Variance

Between-Subjects Factors

		Value Label	N
摆放位置	1	走廊尾部	6
	2	商品陈列台	6
	3	结账处	6
商店规模	1	大型	6
	2	中型	6
	3	小型	6

图 5.8 组间因素

图 5.9 中的方差分析结果显示,商店规模的主效应极显著,p 值接近或等于 0,即商店规模对于果冻销量的影响极显著;摆放位置的主效应也极显著,$p = 0.001$,即摆放位置对于果冻销量的影响极为显著;商店规模与摆放位置的交互作用显著,$p = 0.02$,二者的交互作用对结果造成显著影响。

"均值显示图(Profile Plots)"(见图 5.10)中把不同摆放方式和商店规模的情况下的果冻销量的均值绘制成图,可以直观显示实验结果。

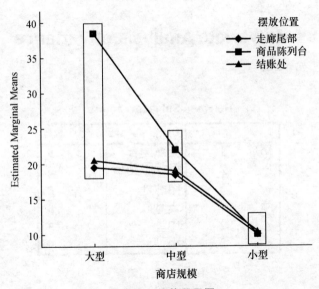

Tests of Between-Subjects Effects

Dependent Variable: 销量

Source	Type III Sum of Squares	df	Mean Square	F	Sig.
Corrected Model	1251.111[a]	8	156.389	24.060	.000
Intercept	6309.389	1	6309.389	970.675	.000
摆放位置	206.778	2	103.389	15.906	.001
商店规模	779.111	2	389.556	59.932	.000
摆放位置 * 商店规模	265.222	4	66.306	10.201	.002
Error	58.500	9	6.500		
Total	7619.000	18			
Corrected Total	1309.611	17			

a. R Squared = .955 (Adjusted R Squared = .916)

图 5.9 方差分析表

图 5.10 均值显示图

根据以上得出的数据,摆放位置($p = 0.001$)和商店规模(p 接近或等于 0)这两种因素的 p 值小于设定的检验水平($p = 0.05$),则拒绝对处理间和区组因素提出原假设 $H0$,接受备择假设 $H1$。也就是说,至少有两种不同的摆放位置在果冻销量上的总体均值不相等,以及至少两种不同的商店规模在果冻销量上的总体均值不相等,可认为摆放位置和商店规模都会影响商店的果冻销量,但还不能确定均值不相等的具体情况,需要进一步作两两比较的事后检验。

(8)事后检验

① 步骤(见图 5.11):选择主菜单→分析(Analyze)→一般线性模型(General-al Linear Model)→单因变量多因素方差分析(Univarate)→两两比较(Post-Hoc)→选定"摆放位置"和"商店规模",在方差齐性假设的前提下选定 S-N-K,单击

继续→回到主对话框,单击"确定"即可。

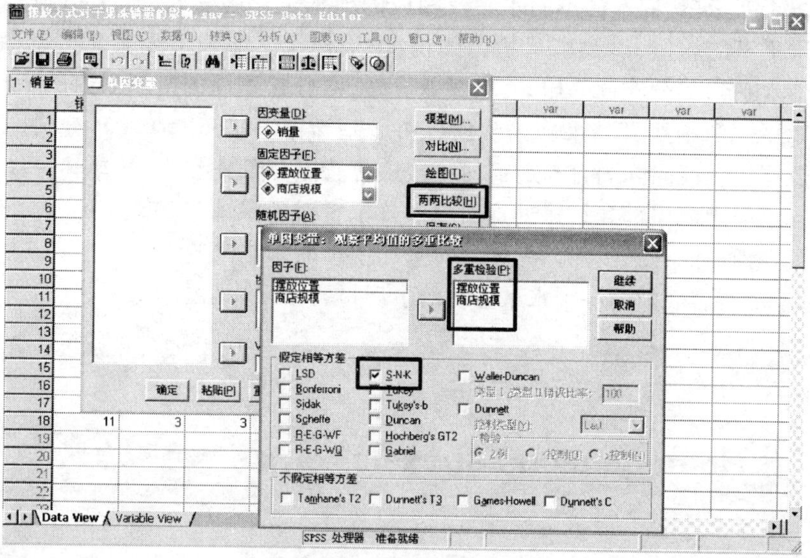

图 5.11 事后检验步骤图

② 事后检验的结果

A. 对摆放位置的各个水平进行的事后检验(见图 5.12)

Post Hoc Tests

摆放位置

Homogeneous Subsets

销量

Student-Newman-Keuls[a,b]

摆放位置	N	Subset 1	Subset 2
走廊尾部	6	16.00	
结账处	6	16.67	
商品陈列台	6		23.50
Sig.		.661	1.000

Means for groups in homogeneous subsets are displayed.
Based on Type III Sum of Squares
The error term is Mean Square(Error) = 6.500.
a. Uses Harmonic Mean Sample Size = 6.000.
b. Alpha = .05.

图 5.12 摆放位置事后检验结果

图 5.12 给出了对摆放位置的各个水平进行的事后检验的结果。表中前两列给出了变量名、变量的不同水平及相应的样本量。第三列(Subset)则给出了不同水平下的均值,以及事后检验的情况,当两个水平没有明显差异时(0.05 的置信水平),将分在同一组,有明显差异时,则分在不同的组。如图所示,摆放在走廊尾部和结账处的果冻销量没有明显差异,$p = 0.661 > 0.05$,分到同一个小组。摆放在商品陈列台与前面两种摆放位置差异都比较大,被单独分到了一组。这说明走廊尾部和结账处这两种摆放位置对于果冻销量影响的差异不大,而摆放在商品陈列台与前两者相比对果冻销量的影响比较大。

B. 对商店规模的各个水平进行的事后检验结果(见图 5.13)

商店规模

Homogeneous Subsets

销量

Student-Newman-Keuls[a,b]

商店规模	N	Subset 1	Subset 2	Subset 3
小型	6	10.17		
中型	6		19.83	
大型	6			26.17
Sig.		1.000	1.000	1.000

Means for groups in homogeneous subsets are displayed.
Based on Type III Sum of Squares
The error term is Mean Square(Error) = 24.902.
  a. Uses Harmonic Mean Sample Size = 6.000.
  b. Alpha = .05.

图 5.13 商店规模事后检验结果

从图 5.13 中可看出,三种商店规模差异明显,被分到了不同的三个组,也就是说三种商店规模对于果冻销量的影响差异较大。

(9) 结论

至少有两种摆放位置在果冻销量上的总体均值不相等,以及至少两种不同的商店规模在果冻销量上的总体均值不相等,可认为摆放位置和商店规模都会影响商店的果冻销量。

摆放位置和商店规模对于果冻销量都有影响,但我们主要研究摆放位置的主效应,因此,我们可以得出结论:在小型商店中,三种摆放方式没有实质性差异,可以采用任意一种摆放位置;在中型商店中,商品应该摆放在商品陈列台,这个位置的果冻销量优于走廊尾部和结账处;在大型商店中,结论和中型商店是一样的,应该把商品摆放在商品陈列台。

2. 二元方差分析实例5.2

(1) 问题

【例5.2】 某厂家开发了一种提高黄油营养价值的加工方法,现在厂家有两种选择,一种是使黄油保持原色,另一种是加深黄油的颜色。厂家关心两个问题:① 顾客是否会接受增添了营养物质的黄油;② 如果在广告中强调营养价值,那么是保留原色对产品的销量影响更好,还是加深颜色作为营养价值提高的证据的情况下产品的销量更好呢?

(2) 实验程序

选择两个有代表性的家庭组别,每个组别有48个家庭组成,总共96个家庭参加实验。一个组为控制组,一个组为实验组。

用于实验的黄油有三种:普通的、营养的、营养且颜色加深了的黄油。

为了测试营养诉求的作用,在控制组中,用来做实验的黄油是没有附加卡片宣传的,实验组是加了卡片宣传的。给实验组黄油的附加卡片有两种情况:普通的奶油附加的卡片强调优质面粉、质量高、食物价值等;而其他两种黄油的附加卡片除了提及这些信息以外,还强调了营养价值的增加以及这些营养价值对身体健康的重要性。

具体实验步骤如下:

① 实验的第一个阶段:给每个组的家庭定期供应三种黄油,让他们先逐步熟悉这三种黄油,这个阶段的长度不受限制;

② 正式实验阶段:当他们熟悉了这三种黄油之后,让所有的被试家庭自由选择和取食黄油,且每次取食量不受限制;

③ 计算在自由取食过程中三种黄油的消费量,进行统计分析。

实验的注意事项:为了避免被试家庭之间相互讨论有关黄油的话题,而影响实验结果,因此,此实验不选择邻居为实验对象,被试家庭中没有邻居。此外,实验者与被试家庭也为一对一的形式。

实验的局限性:因为此实验不限制黄油的取食量,有些被试家庭有可能拿取过多的黄油送人;此外,明显的实验感可能过度刺激了被试家庭取食黄油。

(3) 提出假设

要研究三种黄油类别对消费量的影响,设μ_1为普通黄油的消费量,设μ_2为营养黄油(原色)的消费量,μ_3为颜色加深后的营养黄油的消费量,处理间的假设如下:

$H0:\mu_1=\mu_2=\mu_3$,即三种黄油的消费量的总体均值相等。

$H1$:三种黄油的消费量的总体均值不相等或不全相等。($a=0.05$)

此外,在实验设计中也要考虑卡片广告宣传对于黄油消费量的影响,因此,针对区组因素得出区组间的假设如下：

$H0$：两个区组的总体均值相等，即 $\mu_1 = \mu_2$。

$H1$：两个区组的总体均值不相等或不全相等。（$a = 0.05$）

（4）数据及分析

① 控制组与实验组被试家庭对三种黄油的消费量数据如表5.4、表5.5。

表5.4 控制组对黄油的消费量数据

	控制组		
	普通黄油	营养黄油（原色）	营养黄油（深色）
1	4	1	4
2	0	3	2
3	6	6	6
4	1	10	4
5	9	13	5
6	12	4	4
7	11	8	2
8	3	9	7
9	3	10	5
10	8	14	3
11	11	5	2
12	9	3	2
13	8	8	10
14	5	10	6
15	8	6	4
16	6	8	7
17	7	5	9
18	8	8	1
19	6	7	1
20	5	7	7
21	5	5	5
22	7	6	3
23	5	6	3
24	5	5	5
25	11	13	1
26	6	3	3
27	12	8	0
28	13	11	5
29	9	9	5

(续表)

	控制组		
	普通黄油	营养黄油(原色)	营养黄油(深色)
30	8	12	11
31	8	12	5
32	9	9	12
33	17	15	8
34	11	8	4
35	9	4	1
36	15	17	5
37	6	3	2
38	3	9	6
39	7	14	5
40	3	6	5
41	5	7	2
42	14	6	1
43	0	7	4
44	7	5	8
45	9	9	4
46	7	0	3
47	11	14	5
48	9	9	6

表 5.5 实验组对黄油的消费量数据

	实验组		
	普通黄油	营养黄油(原色)	营养黄油(深色)
1	3	6	4
2	2	9	5
3	10	12	9
4	5	15	10
5	2	6	3
6	2	17	10
7	6	9	8
8	6	8	8
9	9	13	7
10	1	9	6
11	7	9	5
12	0	7	2

(续表)

	实验组		
	普通黄油	营养黄油(原色)	营养黄油(深色)
13	5	13	11
14	5	15	12
15	14	14	9
16	5	8	8
17	12	16	17
18	7	8	9
19	5	12	6
20	4	13	6
21	0	8	5
22	5	5	0
23	5	12	9
24	7	15	11
25	6	12	9
26	5	7	7
27	5	15	7
28	10	17	14
29	1	8	3
30	2	5	2
31	11	19	15
32	9	7	11
33	6	15	9
34	5	9	8
35	10	15	13
36	4	9	6
37	2	9	5
38	4	16	7
39	3	5	5
40	5	5	8
41	7	16	6
42	2	8	5
43	6	12	9
44	5	10	8
45	4	5	3
46	8	10	12
47	5	9	1
48	5	8	0

② 根据前面提到的二元方差分析的过程,把被试家庭黄油消费量作为因变量,黄油种类和组别作为固定因素,进行 SPSS 的实际操作。与例 5.1 不同的地方在于,此例子中区组有两个:控制组和实验组,进行对比时,不能进行事后检测,因为事后检测要求要有 3 个及 3 个以上水平。黄油类别可以使用事后检测。

具体步骤参照例 5.1,通过二元方差分析得到的结果如图 5.14 所示。

Tests of Between-Subjects Effects

Dependent Variable: 黄油的消费

Source	Type III Sum of Squares	df	Mean Square	F	Sig.
Corrected Model	1082.768a	5	216.554	17.743	.000
Intercept	14985.577	1	14985.577	1227.796	.000
黄油类别	611.009	2	305.504	25.031	.000
组别	91.549	1	91.549	7.501	.007
黄油类别 * 组别	381.218	2	190.609	15.617	.000
Error	3441.885	282	12.205		
Total	19518.000	288			
Corrected Total	4524.653	287			

a. R Squared = .239 (Adjusted R Squared = .226)

图 5.14　方差分析表

从图 5.14 中看出,黄油类别的 p 值接近或等于 0,黄油类别的主效应极显著,三种类别的具体差异情况要进行事后检验得知;组别的主效应也极显著,$p=0.007$,因为组别中只有控制组和实验组,它的主效应显著,也就可以得知这两个组的差异大,不用再进行事后检验;黄油类别和组别的交互效应也极显著,p 值接近或等于 0。处理间和区组间的原假设 $H0$ 被拒绝。

从图 5.15 中可以看到表示组别的线和表示黄油类别的线有交点,也就是

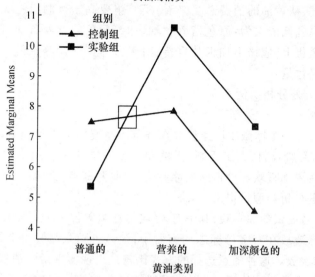

图 5.15　黄油销量均值显示图

说组别和黄油类别有交互效应;控制组黄油的消费量总体来说是高于实验组的;控制组和实验组对于三种黄油的消费是有明显差别的。对于普通的黄油来说,不加卡片宣传的黄油消费量要高于加卡片宣传的黄油消费量;对于原色的营养黄油和加深颜色的营养黄油来说,加了卡片宣传的效果要远优于不加卡片宣传。

在对黄油类别进行事后检验得出结果如图 5.16 所示。

Post Hoc Tests

黄油类别

Homogeneous Subsets

黄油的消费

Student-Newman-Keuls[a,b]

黄油类别	N	Subset 1	Subset 2
加深颜色的	96	5.97	
普通的	96	6.44	
营养的	96		9.24
Sig.		.353	1.000

图 5.16 黄油类别事后检验

在三种黄油类别中,加深颜色的营养黄油和普通的黄油差别小,被分到同一组,营养的原色黄油与加深颜色的营养黄油和普通的黄油差别大,被单独分到一组。

综上所述,从黄油的消费总量来看,实验组要高于控制组。顾客对黄油的喜好程度从高到低依次为:原色营养黄油、加深颜色的营养黄油、原色黄油;在普通黄油的销售上,应该不加卡片宣传;对于营养黄油营养价值的宣传有助于提高产品的销售量。

3. 二元方差分析实例 5.3

(1) 问题

【例 5.3】 一个冰激凌厂家想要在香草冰激凌中加香料提升口感,现有四种方案:添加天然香料、人工香料、天然和人工香料各一半、不添加香料。但是不确定消费者更加喜欢哪种口味的冰激凌,因此要做实验帮助决策。

(2) 问题分析与假设提出

共有 38 名被试参加实验,其中有 29 名男性和 9 名女性。采用的方式是:四种口味的冰激凌放在有字母标志的容器中,被试可随意品尝每个样品,不限制顺序、分量和次数。这种随意选择的方式比较接近现实生活中消费者对冰激凌的消费方式。在品尝完毕后,他们要对四种口味的偏好度进行等级评价,共分四个等级,1—4 表示从口感最差到口感最好,但不能四种口味评相同的等级。

这个实验中所研究的因变量是等级评价,影响等级评价的自变量为香料,有四个水平。区组因素为性别,有两个水平:男和女。要研究四种香料口味对于消费者偏好的影响,提出处理间的假设如下:

$H0$:对四种香料的偏好总体均值相等,即 $\mu_1 = \mu_2 = \mu_3 = \mu_4$。

$H1$:对四种香料的偏好总体均值不相等或不全相等。($a = 0.05$)

此外,在实验设计中也要考虑性别对于香料偏好的影响,因此,针对区组因素得出区组间的假设如下:

$H0$:两个区组的总体均值相等,即 $\mu_1 = \mu_2$。

$H1$:两个区组的总体均值不相等或不全相等。($a = 0.05$)

(3)数据及 SPSS 统计分析

① 香草冰激凌的四种口味偏好评价频数数据如表 5.6 所示。

表 5.6 香草冰激凌的四种口味偏好评价频数数据

香料	男性				女性			
	1	2	3	4	1	2	3	4
混合香料	15	7	2	5	6	0	1	2
天然香料	6	9	10	4	2	4	2	1
人工香料	3	6	4	16	0	3	5	1
不添加香料	5	7	13	4	1	2	1	5

② SPSS 统计结果分析(见图 5.17)

Tests of Between-Subjects Effects

Dependent Variable: 口味偏好

Source	Type III Sum of Squares	df	Mean Square	F	Sig.
Corrected Model	14.403[a]	7	2.058	4.055	.000
Intercept	.000	1	.000	.000	1.000
香料	9.204	3	3.068	6.047	.001
性别	.000	1	.000	.000	1.000
香料 * 性别	1.653	3	.551	1.086	.357
Error	73.066	144	.507		
Total	87.468	152			
Corrected Total	87.468	151			

a. R Squared = .165 (Adjusted R Squared = .124)

图 5.17 方差分析结果

运用 SPSS 分析得出方差分析图,香料的主效应极显著,$p = 0.001$,也就是说被试对四种香草冰激凌的等级评分有明显差异,拒绝处理间原假设 $H0$;性别的主效应不显著,$p = 1.00$,也就是说性别对于口感偏好(等级评分)基本没有影响,区组间原假设 $H0$ 成立;性别和香料的交互作用不显著。男女对于香草冰激凌的偏好比较一致。

从图 5.18 可看出,男女对香草冰激凌的等级评分整体差异不大。相对来说,人工香料的冰激凌最受男女被试喜爱。

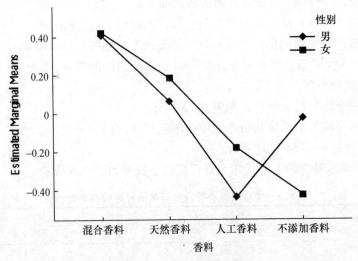

图 5.18　口味均值显示图

③ 对香料的事后检验

性别只有两个组别,不适用事后检验,可根据方差分析表直接分析出组别的主效应不显著,性别对于口感偏好(等级评分)基本没有影响。因此,只用对香料进行事后检验。因为香料的水平比较多,运用 LSD 方法进行检验更加直观。步骤第四章有介绍,最终结果如图 5.19 所示。

香料

Multiple Comparisons

Dependent Variable: 口味偏好
LSD

(I) 香料	(J) 香料	Mean Difference (I-J)	Std. Error	Sig.	95% Confidence Interval	
					Lower Bound	Upper Bound
混合香料	天然香料	.3218	.16342	.051	-.0012	.6448
	人工香料	.7905*	.16342	.000	.4675	1.1135
	不添加香料	.5318*	.16342	.001	.2088	.8548
天然香料	混合香料	-.3218	.16342	.051	-.6448	.0012
	人工香料	.4687*	.16342	.005	.1457	.7917
	不添加香料	.2100	.16342	.201	-.1130	.5330
人工香料	混合香料	-.7905*	.16342	.000	-1.1135	-.4675
	天然香料	-.4687*	.16342	.005	-.7917	-.1457
	不添加香料	-.2587	.16342	.116	-.5817	.0643
不添加香料	混合香料	-.5318*	.16342	.001	-.8548	-.2088
	天然香料	-.2100	.16342	.201	-.5330	.1130
	人工香料	.2587	.16342	.116	-.0643	.5817

图 5.19　事后检验结果

从图 5.19 中可以看出:混合香料与人工香料、不添加香料这两种口味差异极显著,而与天然香料口味差异不大;天然香料与人工香料口味差异显著,与另外两种口味的差异不大;人工香料与混合香料、天然香料的差异显著,与不添加香料的口味差异不大;不添加香料的口味与天然香料和人工香料的差异不大,与混合香料差异极显著。

④ 结论

被试对四种香草冰激凌口味的偏好有明显差别,人工和天然香料混合的冰激凌最受喜爱,添加天然香料的比添加人工香料的冰激凌更受欢迎;男女对香草冰激凌的偏好差异不大。

本 章 小 结

随机区组设计先按照一定的特点属性(个体差异、实验环境等因素)将被试划分到不同的区组内,使每个区组的被试尽量保持同质,再将各组内的被试随机分到不同的实验处理,这样每个"区组"都随机接受了所有的实验处理。

优点:每个区组内的被试有较好的同质性,因此组间均衡性也较好。与完全随机设计相比,减少了误差,因而更容易察觉处理组间的差别,提高了实验效率。

缺点:要求区组内被试数目与处理数目成整倍数关系,实验结果中若有数据缺失,统计分析较麻烦。

在随机区组设计中采用二元方差的方法来分析数据,这是一种从纵横两个方向分析,不仅分析处理因素的效应,还可根据不同设计分析区组及交互效应的数据分析方法。

参 考 文 献

1. 丁国盛、李涛(2006),《SPSS 统计教程——从研究设计到数据分析》,北京:机械工业出版社。
2. 舒心、张学民、韩在柱(2006),《实验心理学的理论、方法与技术》,北京:人民教育出版社,pp.80—92。
3. 田学红(2007),《实验心理学》,浙江:浙江教育出版社。
4. 章文波、陈红艳(2006),《使用数据统计分析及 SPSS 12.0 应用》,北京:人民邮电出版社。

第六章

拉丁方设计

第一节 拉丁方设计思想

1. 拉丁方设计概述

"拉丁方"的名字最初是由 R. A. Fisher 给出的。因为这样的方阵最早填充的是拉丁字母,故名为拉丁方。拉丁方设计(Latin square design)是从横行和直列两个方向进行双重局部控制,使得横行和直列两向皆成单位组的设计,它比随机区组设计多了一个单位组。它进一步扩展了随机区组设计的原则,解决两个无关变量对实验处理的影响问题,并且可以将其横行、直列二个单位组间的变异从实验误差中分离出来,从而进一步减小实验误差,因此拉丁方设计的目的是进一步隔离或消除误差。

拉丁方设计是一个含有行、列,把每个字母分配给方格的管理方案。拉丁方以表格的形式被概念化,其中行和列分别代表两个外部变量中的区组,然后将自变量的级别分配到表中各单元中,其中每个字母在每行中出现一次,在每列中出现一次。

具体来说,拉丁方是一种为减少实验顺序对实验的影响而采取的一种平衡实验顺序的技术。其特点是以拉丁方格做辅助(拉丁方格是由需要排序的几个变量构成的正方形矩阵,处理数等于行数也等于列数,且实行双重局部控制)。该设计将一个无关变量的水平在横行分配,另一个无关变量的水平在纵列分配,自变量的水平则分配给实验方格的每个单元。

拉丁方设计又叫平衡对抗设计(balanced design)、轮换设计。这三个名称分别从模式、作用和方法三个不同的角度说明了这种设计的意义。

所谓平衡对抗设计,是指在实验中提供对实验处理顺序的控制,使实验条件均衡,抵消由于实验处理的先后顺序的影响而产生的顺序误差,因而也可称之为抵消法设计。

所谓轮换设计,是指在实验中,最先实验的内容,被试容易记住(学习的首因效应);对于刚刚学过的内容,被试回忆的效果一般也较好(学习的近因效应)。因此在实验方法上,有必要使不同实验条件出现的先后顺序轮换,使情境条件以及先后顺序对各个实验组的机会均等,打破顺序界限。

所谓拉丁方设计,是指用平衡对抗设计的结构模式,犹如拉丁字母构成的方阵。它以 n 个拉丁字母 $A,B,C,\cdots$ 为元素,做一个 n 阶方阵,若这 n 个拉丁方字母在这 n 阶方阵的每一行、每一列都出现,且只出现一次,则称该 n 阶方阵为 $n \times n$ 阶拉丁方。

例如:2×2 阶、3×3 阶拉丁方。

第一行与第一列的拉丁字母按自然顺序排列的拉丁方,叫标准型拉丁方。3×3 阶标准型拉丁方只有上面介绍的 1 种,4×4 阶标准型拉丁方有 4 种,5×5 阶标准型拉丁方有 56 种。若变换标准型的行或列,可得到更多种的拉丁方。在进行拉丁方设计时,可从上述多种拉丁方中随机选择一种;或选择一种标准型,随机改变其行列顺序后再使用。

2. 拉丁方设计方法

设研究中有一个带有 $p(p \geqslant 2)$ 个水平的自变量,还有两个带有 $p(p \geqslant 2)$ 个水平的无关变量,一个无关变量的水平被分配给 p 行,另一个无关变量的水平被分配给 p 列。随机分配处理水平给 p^2 个方格,每个处理水平仅在每行、每列中出现一次。每个方格单元中分配一个或多个(n 个)实验单元接受处理,因此实验中总共需要的实验单元的数量为 $N = np^2(n \geqslant 1)$。事先假定处理水平与无关水平之间没有交互作用,如果这个假设不能满足,则对实验中的一个或多个效应的检验可能有偏差。实际中选用一个恰当的标准型拉丁方块,并将其随机化后再安排实验。常用的拉丁方块有 3×3、4×4、5×5、6×6、7×7 阶标准型拉丁方块。

单因素拉丁方实验设计的步骤如下:

设实验处理或因素 A 有 p 个水平,区组因素 B 有 p 个水平,区组因素 C 有 p 个水平,实验单元 i 有 n 个($i = 1,2,\cdots,n$)。

第一步,确定拉丁方的阶数。

第二步,在所定的阶数拉丁方格中,任取一个简单标准拉丁方并将其随机化。

第三步,将处理或因素的 p 个水平配给 p 个 B、C,并视行为区组 B,而视列为另一个区组 C。

单因素拉丁方实验设计中拉丁方标准块随机化过程见表6.1和表6.2。

表6.1 4×4阶拉丁方标准块随机化过程

标准块					直列随机					横行随机				
	$c1$	$c2$	$c3$	$c4$		$c1$	$c2$	$c3$	$c4$		$c3$	$c2$	$c1$	$c4$
$b1$	$a1$	$a2$	$a3$	$a4$	$b1$	$a1$	$a2$	$a3$	$a4$	$b1$	$a3$	$a2$	$a1$	$a4$
$b2$	$a2$	$a3$	$a4$	$a1$	$b4$	$a4$	$a1$	$a2$	$a3$	$b4$	$a4$	$a1$	$a2$	$a1$
$b3$	$a3$	$a4$	$a1$	$a2$	$b3$	$a3$	$a4$	$a1$	$a2$	$b3$	$a1$	$a4$	$a3$	$a2$
$b4$	$a4$	$a1$	$a2$	$a3$	$b2$	$a2$	$a3$	$a4$	$a1$	$b2$	$a2$	$a1$	$a4$	$a3$

表6.2 5×5阶拉丁方标准块随机化过程

标准块					直列随机					横行随机				
1	2	3	4	5	1	3	5	4	2					
A	B	C	D	E	1	A	C	E	D	B	4	A	C	E	D	B
B	C	D	E	A	2	B	D	A	E	C	1	D	A	C	B	E
C	D	E	A	B	3	C	E	B	A	D	5	C	E	B	A	D
D	E	A	B	C	4	D	A	C	B	E	2	B	D	A	E	C
E	A	B	C	D	5	E	B	D	C	A	3	E	B	D	C	A

3. 拉丁方设计适用场合

(1) 在拉丁方设计中,每一行或每一列都成为一个完全单位组,而每一处理在每一行或每一列都只出现一次,也就是说,在拉丁方设计中,实验处理数 = 横行单位组数 = 直列单位组数 = 实验处理的重复数。

(2) 一般因素水平定为4、5、6、7较为合适,即选取4×4,5×5,6×6,7×7的拉丁方块。因为当水平数$p>8$时,会使实验的工作量过大,此时要选较低的拉丁方安排实验;当水平数$p<4$时,则发生Ⅱ类错误的概率增大。

第二节 拉丁方统计分析

1. 拉丁方统计分析的基本原理

(1) 假设

① 处理水平总体平均值相等,即

$H0: \mu_1 = \mu_2 = \cdots = \mu_p$

② 无关变量(横行)的总体平均值相等,即

$H0: \alpha_1 = \alpha_2 = \cdots = \alpha_p$

③ 无关变量(纵列)的总体平均值相等,即

$H0: \beta_1 = \beta_2 = \cdots = \beta_p$

（2）数据结构模型

拉丁方统计结果的分析，是将两个单位区组因素与实验因素一起，按三因素实验单独观测值的方差分析法进行，但应假定3个因素之间不存在交互作用。将横行单位区组因素记为 A，直列单位区组因素记为 B，处理因素记为 C，横行单位组数、直列单位组数与处理数记为 r，对拉丁方实验结果进行方差分析的数学模型为：

$$\pi_{ij(k)} = \mu + \alpha_i + \beta_j + \gamma_{(k)} + \varepsilon_{ij(k)} \quad (i = j = k = 1, 2, \cdots, r)$$

式中：μ 为总平均值；α_i 为第 i 横行单位组效应；β_j 为第 j 直列单位组效应；$\gamma_{(k)}$ 为第 k 处理效应。单位组效应 α_i、β_j 通常是随机的，处理效应 $\gamma_{(k)}$ 通常是固定的，且有 $\sum_{k=1}^{r} \gamma_{(k)} = 0$；$\varepsilon_{ij(k)}$ 为随机误差，相互独立，且都服从 $N(0, \sigma^2)$。

注意：k 不是独立的下标，因为 i、j 一经确定，k 亦随之确定。

平方和与自由度划分式为：

$$SS_T = SS_A + SS_B + SS_C + SS_e$$
$$df_T = df_A + df_B + df_C + df_e$$

2. 拉丁方统计分析的优劣

（1）拉丁方设计的主要优点

① 提高精确性。

拉丁方设计在不增加实验单位的情况下，比随机单位组设计多设置了一个单位组因素，能将横行和直列两个单位组间的变异从试验误差中分离出来，因而实验误差比随机单位组设计小，实验的精确性比随机单位组设计高。

② 实验结果的分析简便。

③ 降低实验成本。

拉丁方设计减少了被试，从较少的实验数据获得较多的信息，大大降低了实验所需成本。

④ 消除了序列效应。

（2）拉丁方设计的主要缺点

① 处理数受限。

拉丁方设计中，横行单位组数、直列单位组数、实验处理数与实验处理的重复数必须相等，所以处理数受到一定限制。若处理数少，则重复数也少，估计实验误差的自由度就小，影响检验的灵敏度；若处理数多，则重复数也多，横行、直列单位组数也多，导致实验工作量大，且同一单位组内被试的初始条件亦难控制一致。因此，拉丁方设计一般用于5—8个处理的实验。在采用4个以下处理的拉丁方设计时，为了使估计误差的自由度不少于12，可采用"复拉丁方设计"，即同一个拉丁方实验重复进行数次，并将实验数据合并分析，以增加误差项的自由度。

② 可能存在残效误差。

试验中,某些单位组因素,实验因素的各处理要逐个地在不同阶段实施,如果前一阶段有残效,在后一阶段的实验中,就会产生系统误差而影响实验的准确性。此时应根据实际情况,安排适当的实验间歇期以消除残效。

③ 不考虑交互作用。

需要注意的是,横行、直列单位组因素与实验因素间不能存在交互作用,否则不能采用拉丁方设计。

第三节 拉丁方统计分析的SPSS实现过程

1. 拉丁方设计统计分析实例6.1

【例6.1】 2006年某日化用品公司开发了五种面膜:江大夫(A)、胡大夫(B)、温大夫(C)、朱大夫(D)、曾大夫(E),现欲推广其中一种,但不知哪种面市后会获得较高销量。实验采用的控制变量有两个:超市和时间,且调查人员认为五种面膜和超市、时间均没有交互作用。因此,实验在五个超市——万佳、千嘉、百家、什伽、个加,五个时间——周一、周二、周三、周四、周五进行实验。很显然,这个例子是一个$5 \times 5 \times 5$的实验设计,总共有125个实验处理。如果是用完全随机设计或随机区组设计,所需样本数过大,实验实施起来太过麻烦。是否有实验设计可以在不影响实验效度的前提下进行简化呢?拉丁方设计就符合这个要求。

(1) 建立假设与构建拉丁方块

① 建立假设

方差分析的第一步是建立假设,针对我们关心的问题提出原假设和备选假设。要研究五种面膜品牌对销售量的影响,即检验五种品牌的面膜销量是否相同,设μ_1为江大夫面膜销量,μ_2为胡大夫面膜销量,μ_3为温大夫面膜销量,μ_4为朱大夫面膜销量,μ_5为曾大夫面膜销量,提出处理间假设如下:

$H0:\mu_1 = \mu_2 = \mu_3 = \mu_4 = \mu_5$,即五种品牌面膜销量的总体均值相等。

$H1$:五种品牌的面膜销量的总体均值不相等或不全相等。

另外,在实验设计中也要考虑不同超市对于面膜销量的影响,即检验五家超市的面膜销量是否相同,设α_1为万佳面膜销量,α_2为千嘉面膜销量,α_3为百家面膜销量,α_4为什伽面膜销量,α_5为个加面膜销量,因此,针对这一区组因素得出区组间假设如下:

$H0:\alpha_1 = \alpha_2 = \alpha_3 = \alpha_4 = \alpha_5$,即五家超市面膜销量的总体均值相等。

$H1$:五家超市面膜销量的总体均值不相等或不全相等。

此外,还要考虑到不同时间对于面膜销量的影响,即检验五种时间内面膜销量是否相同,设 β_1 为周一面膜销量,β_2 为周二面膜销量,β_3 为周三面膜销量,β_4 为周四面膜销量,β_5 为周五面膜销量,因此,针对这一区组因素得出区组间假设如下:

$H0: \beta_1 = \beta_2 = \beta_3 = \beta_4 = \beta_5$,即五种时间内面膜销量的总体均值相等。

$H1$:五种时间内面膜销量的总体均值不相等或不全相等。

② 构建拉丁方块

表6.3 5×5标准拉丁方块

	万佳	千嘉	百家	什伽	个加
周一	A	B	C	D	E
周二	B	C	D	E	A
周三	C	D	E	A	B
周四	D	E	A	B	C
周五	E	A	B	C	D

表6.4 5×5标准拉丁方块随机化 (单位:支)

时间	超市				
	万佳	千嘉	百家	什伽	个加
周一	D 18	C 17	A 14	B 21	E 17
周二	C 13	B 34	E 21	A 16	D 15
周三	A 7	D 29	B 32	E 27	C 13
周四	E 17	A 13	C 24	D 31	B 25
周五	B 21	E 26	D 26	C 31	A 7

(2)数据录入

同样,SPSS 录入数据的基本要求参照第四章第三节,在这里不再赘述。现在根据例6.1面膜销售的实际数据进行录入。

① 定义变量名,此案例涉及的变量有四个:

因变量——销量;

自变量——品牌;

无关变量——超市、时间。

② 指定每个变量的属性(见图6.1)。

	名称	类型	长度	小数点	标签	数值	缺失	列	对齐	测量
1	时间	数值	9	0		{1,周一}...	无	8	右	名称
2	超市	数值	8	0		{1,万佳}...	无	8	右	名称
3	品牌	数值	8	0		{1,江大夫	无	8	右	名称
4	销量	数值	8	0		无	无	8	右	尺度

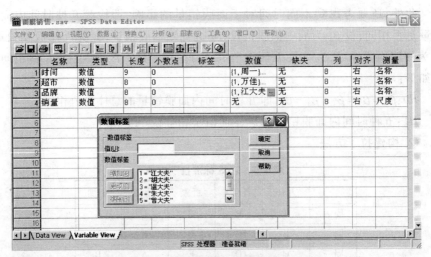

图 6.1　定义变量及制定每个变量各种属性

③ 录入数据:将样本的各个数据录入(见图 6.2)。

	时间	超市	品牌	销量
1	1	1	4	18
2	1	2	3	17
3	1	3	1	14
4	1	4	2	21
5	1	5	5	17
6	2	1	3	13
7	2	2	2	34
8	2	3	5	21
9	2	4	1	16
10	2	5	4	15
11	3	1	1	7
12	3	2	4	29
13	3	3	2	32
14	3	4	5	27
15	3	5	3	13
16	4	1	5	17
17	4	2	1	13
18	4	3	3	24
19	4	4	4	31
20	4	5	2	25
21	5	1	2	21
22	5	2	5	26
23	5	3	4	26
24	5	4	3	31
25	5	5	1	7

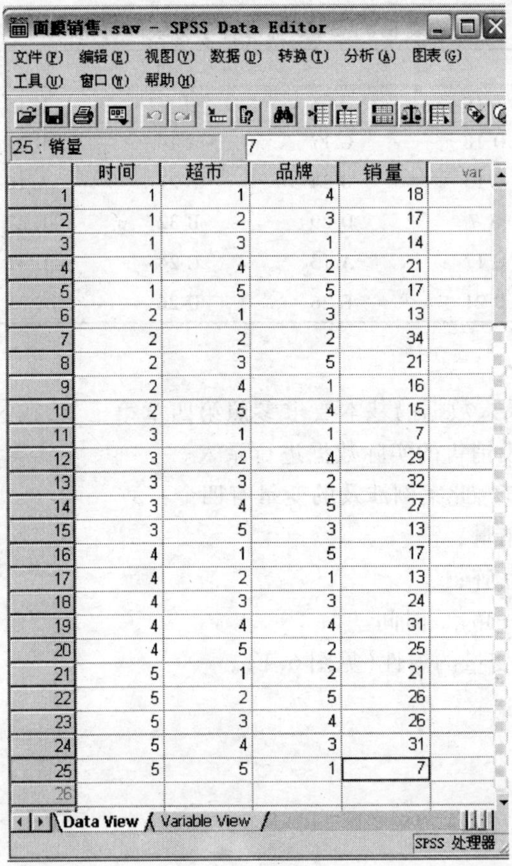

图 6.2　录入数据

(3) 具体操作

下面开始拉丁方统计分析,具体步骤命令为:

① 选择主菜单。操作 SPSS 中主菜单"分析(Analyze)→一般线性模型(General Linear Model)→单因多变量多因素方差分析(Univariate)"。

② 定义变量(见图 6.3)。把"销量"选定为因变量,"超市"、"时间"、"品牌"选定为固定因子。

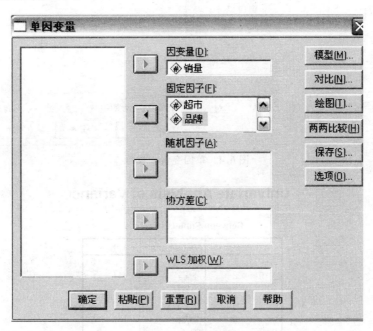

图 6.3 单因变量

③ 定义模型(见图 6.4)。单击"模型(Model)"按钮打开子对话框,选中"自定义(Custom)",然后再在"建立条件"选框中的下拉栏选择"Main Effect"。由于拉丁方统计分析不分析交互作用,因此选择此项。(如第五章所述,如果是有交互影响的方差分析,选择模型中的全因子模型进行分析;如果是无交互影响的方差分析,选用此法。)单击"继续"后返回"单因变量"选项框,单击"确定"。

(4) 结果分析

① 图 6.5 显示了三个组间因素的水平数、变量值的标签、各试验单元的样本量。其中超市有五个水平,每个水平的样本量为 5;时间有五个水平,每个水平的样本量为 5;品牌有五个水平,每个水平的样本量为 5。

图 6.4 单因变量—模型

Univariate Analysis of Variance

Between-Subjects Factors

		Value Label	N
超市	1	万佳	5
	2	千嘉	5
	3	百家	5
	4	什伽	5
	5	个加	5
时间	1	周一	5
	2	周二	5
	3	周三	5
	4	周四	5
	5	周五	5
品牌	1	江大夫	5
	2	胡大夫	5
	3	温大夫	5
	4	朱大夫	5
	5	曾大夫	5

图 6.5 组间因素

② 图 6.6 分析结果显示,超市的主效应显著($p=0.003$),即超市对于面膜销量的影响显著;品牌的主效应显著($p=0.001$),即品牌对于面膜销量的影响显著;而时间的主效应不显著($p=0.323$),即时间对于面膜销量的影响不存在显著性差异。

Tests of Between-Subjects Effects

Dependent Variable: 销量

Source	Type III Sum of Squares	df	Mean Square	F	Sig.
Corrected Model	1223.600a	12	101.967	6.495	.001
Intercept	10609.000	1	10609.000	675.732	.000
超市	477.200	4	119.300	7.599	.003
时间	82.000	4	20.500	1.306	.323
品牌	664.400	4	166.100	10.580	.001
Error	188.400	12	15.700		
Total	12021.000	25			
Corrected Total	1412.000	24			

a. R Squared = .867 (Adjusted R Squared = .733)

图 6.6　方差分析表

(5) 两两比较与绘图

接下来，分别具体分析"超市"、"品牌"两个变量是如何对面膜销量产生显著性影响的。

① 在"单因变量"选项框内继续单击"两两比较(Post-Hoc)"，选定结果分析中存在显著性差异的"超市"、"品牌"两个因子(见图6.7)。

图 6.7　单因变量—观察平均值的多重比较

② 图 6.8 分析结果显示,在"超市"的两两比较中,万佳和个加的面膜销售要明显低于其他三家超市。

销量

Student-Newman-Keuls[a,b]

超市	N	Subset 1	Subset 2
万佳	5	15.20	
个加	5	15.40	
百家	5		23.40
千嘉	5		23.80
什伽	5		25.20
Sig.		.938	.758

Means for groups in homogeneous subsets are displayed.
Based on Type III Sum of Squares
The error term is Mean Square(Error) = 15.700.
 a. Uses Harmonic Mean Sample Size = 5.000.
 b. Alpha = .05.

图 6.8　超市与销量的两两比较

如图 6.9 所示,在"品牌"的两两比较中,江大夫的面膜销量明显低于其他四种面膜品牌。

销量

Student-Newman-Keuls[a,b]

品牌	N	Subset 1	Subset 2
江大夫	5	11.40	
温大夫	5		19.60
曾大夫	5		21.60
朱大夫	5		23.80
胡大夫	5		26.60
Sig.		1.000	.068

Means for groups in homogeneous subsets are displayed.
Based on Type III Sum of Squares
The error term is Mean Square(Error) = 15.700.
 a. Uses Harmonic Mean Sample Size = 5.000.
 b. Alpha = .05.

图 6.9　品牌与销量的两两比较

③ 通过"绘图",选定"超市"为横坐标,"品牌"为分隔线,结果如图 6.10 所示,能更直观地观察到实验结果。

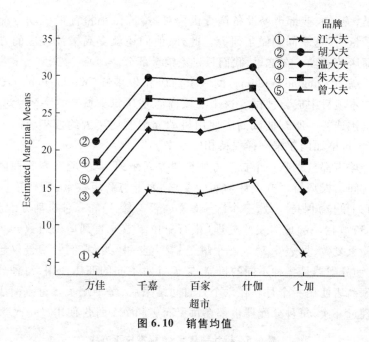

图 6.10 销售均值

结论:江大夫面膜最不受欢迎,其他四种面膜差异不显著,胡大夫面膜的受欢迎程度略略领先。

2. 拉丁方设计统计分析实例 6.2

【例 6.2】 在美国,20 世纪 90 年代,大众对冷冻浓缩橙汁的接受程度较高。但是,在商店的售卖中发现,机动分配器(mechanical dispenser)可能对橙汁达到最大销量有所帮助,而用罐子(jug)混合供应的标准办法,从某种程度说不令人满意。

于是,美国农业部市场设备调查机构对"冷冻浓缩橙汁的机动分配器是如何影响销量的"这一问题做了研究。此外,他们还就提高橙汁供应的方法一事采访了商店的经理。在这里,我们只讨论销量部分。

里士满(Richmond,Virginia)的六家商店和华盛顿(Washington D.C.)的六家商店在本项目中成为被试。这十二家商店是从每个城市的一家大型连锁机构中随机挑选的。所有被试商店使用机动分配器均达大约四年时间。在实验期间,零售价格如两年来一样保持相同水平。

每个城市都分别有一个拉丁方块被建立起来,且本实验在六家商店进行了六个月时间。根据拉丁方设计的实验要求,为了与商店数量(横行单位)、月份数量(直列单位)保持一致,三个罐子(罐1、罐2、罐3)和三种机动分配器(器1、器2、器3)放在一起成为实验处理(横行单位组数 = 直列单位组数 = 实验处理数 = 实验重复数,见表6.5)。三个罐子是完全一样的,它们的编号仅起到识别作用;机动分配器是三种不同的机器,它们针对不同的商店使用,每种分配器只在每一家商店使用一个月。在六个月时间结束后,每个罐子在每家商店和每个月份出现过一次,每种分配器也都在每家商店和每个月份使用过一次。

表6.5　橙汁销售 6×6 标准拉丁方块

	1949.12	1950.1	1950.2	1950.3	1950.4	1950.5
商店1	罐1	罐2	罐3	器1	器2	器3
商店2	罐2	罐3	器1	器2	器3	罐1
商店3	罐3	器1	器2	器3	罐1	罐2
商店4	器1	器2	器3	罐1	罐2	罐3
商店5	器2	器3	罐1	罐2	罐3	器1
商店6	器3	罐1	罐2	罐3	器1	器2

(1) 构建拉丁方块

因变量——销量(sales,单位:加仑);

自变量——容器(containers);

无关变量——商店(stores)、时间(months)。

表6.6 和表6.7 分别给出了两个城市的部分基础数据,我们将对两个城市的数据依次加以分析。但由于原始参考书没有给出惯例过程中需要的数据,即以商店1—6 为行,时间1—6 为列的表格。而是只给出了表6.6、表6.7 显示出的数据,因此,无法将数据随机化,进而输入 SPSS 软件进行处理。

表6.6 里士满市六家商店罐子和机动分配器售卖冷冻浓缩橙汁月销量

容器	时间						销量（加仑）
	1949年12月	1950年1月	1950年2月	1950年3月	1950年4月	1950年5月	
罐1	36.8	41.0	55.8	58.0	47.0	22.5	261.1
罐2	41.3	12.7	34.5	36.3	77.3	58.0	260.1
罐3	52.5	44.8	30.8	54.3	19.0	73.3	274.7
器1	40.7	52.7	14.7	48.0	65.0	44.8	265.9
器2	20.1	38.3	57.5	66.0	57.3	63.3	302.5
器3	50.3	73.3	54.8	27.0	72.3	93.8	371.5
总计	241.7	262.8	248.1	289.6	337.9	355.7	1 735.8

商店	销量（1949年12月至1950年5月）（加仑）
G	398.1
H	116.0
I	299.7
J	247.5
K	306.1
L	368.4
总计	1 735.8

表6.7 华盛顿市六家商店罐子和机动分配器售卖冷冻浓缩橙汁月销量

容器	时间						销量（加仑）
	1949年12月	1950年1月	1950年2月	1950年3月	1950年4月	1950年5月	
罐1	46.0	128.3	64.0	95.0	65.0	38.6	436.9
罐2	76.0	43.5	86.0	47.5	185.8	71.5	510.3
罐3	35.8	58.5	28.0	83.0	108.0	171.0	484.3
器1	155.2	66.9	66.7	66.6	104.5	134.5	594.4
器2	123.0	79.0	106.5	75.5	43.5	61.5	489.0
器3	64.0	120.4	63.5	167.8	76.5	106.5	598.7
总计	500.5	496.6	414.7	535.4	583.3	583.6	3 113.6

商店	销量（1949年12月至1950年5月）（加仑）
G	398.1
H	116.0
I	299.7
J	247.5
K	306.1
L	368.4
总计	1 735.8

(2) 里士满变量统计分析

① 里士满橙汁销售变异分析(见表6.8)

表6.8 里士满市橙汁销售变异分析表

变量	Sum of squares	Degrees of freedom	Mean square	F	significance
时间	1 906.08	5	381.22	16.15	**
商店	8 377.46	5	1 675.49	71	**
容器	1 556.62	5	311.32	13.19	**
试验误差	471.99	20	23.6		
总计	12 312.15	35			

注:$p<0.05$,significance(统计显著性)为一个 * 号;$p<0.01$,significance 为两个 * 号,下同。

结论:时间、商店、容器差异皆显著。

② 里士满容器变量(见表6.9)

表6.9 里士满市容器变量表

变量	Sum of squares	Degrees of freedom	Mean square	F	significance
罐子与分配器	576	1	576	24.41	**
罐子与罐子	22.17	2	11.08	0.47	
分配器与分配器	958.41	2	479.22	20.31	**
总计	1 556.61	5			

结论:罐子与分配器之间差异显著,分配器与分配器之间差异非常显著。

③ 里士满分配器1、2、3的两两比较(见表6.10)

表6.10 里士满市分配器1、2、3的两两比较表

	2	3
1	6.1	17.6**
2		11.5*

结论:分配器3与分配器1之间的差异非常显著,$p<0.01$;分配器3与分配器2之间的差异显著,$p<0.05$;分配器1与分配器2之间的差异不显著。

(3) 华盛顿变量统计分析

① 华盛顿橙汁销售变异分析(见表6.11)

表6.11 华盛顿市橙汁销售变异分析表

变量	Sum of squares	Degrees of freedom	Mean square	F	significance
时间	3 386.31	5	677.26	4.01	*
商店	46 617.79	5	9 323.56	55.16	**
容器	3 492.91	5	698.58	4.13	*
试验误差	3 380.67	20	169.03		
总计	56 877.68	35			

结论:时间、商店、容器差异皆显著。
② 华盛顿容器变量(见表 6.12)

表 6.12 华盛顿市容器变量表

变量	Sum of squares	Degrees of freedom	Mean square	F	significance
罐子与罐子	461.68	2	230.84	1.36	
分配器与分配器	1 286.77	2	613.38	3.81	*
罐子与分配器	1 744.45	1	1 744.45	10.32	**

结论:罐子与分配器之间差异显著,分配器与分配器之间差异非常显著。
③ 华盛顿分配器 1、2、3 的两两比较(见表 6.13)

表 6.13 华盛顿市分配器 1、2、3 的两两比较表

	2	3
1	-17.57	0.71
2		18.28

结论:分配器 1、2、3 之间差异均不显著。

(4) 实验结论

通过以上分析,可以清晰地看到机动分配器的使用比罐子更能提高橙汁的销量。但是,在三种分配器的使用上,两个城市在某种程度上显示出了不同的效果。在里士满,分配器 3 的效果明显优于其他两种。而在华盛顿,分配器 3 虽也领先,但优于分配器 1 的程度很微弱,三者差异并不显著。

对于实验结果因城市不同而不同的可能解释是:对于分配器的使用,小商店比大商店更容易引起消费者的反应,这种现象可能是因为小商店里摆放的机动分配器比起大商店更能带来视觉冲击,而里士满的商场规模要小于华盛顿。

综上,在大小城市中的橙汁销售中,可以考虑推出机动分配器。在小城市中,推荐使用分配器 3。而在大城市中,三种分配器形成的销量差别不大,可视具体情况选择其一使用。

3. 拉丁方设计统计分析实例 6.3

【例 6.3】 2005 年,"甜甜"公司在思考给一种将要推出的新产品某橘子口味的糖果起名字,四个名字入选:笑笑牌(A),阿雅牌(B),思妍牌(C),寒寒牌(D)。分别在四家商店:百佳、屈臣氏、7-11、教育超市销售。四个时间:周日、周二、周三、周五。

(1) 建立假设与构建拉丁方块

① 建立假设

方差分析的第一步是建立假设,针对我们关心的问题提出原假设和备选假设。要研究四种糖果命名对销售量的影响,即检验四种命名的糖果销量是否相同,设 μ_1 为笑笑牌糖果销量,μ_2 为阿雅牌糖果销量,μ_3 为思妍牌糖果销量,μ_4

为寒寒牌糖果销量,提出处理间假设如下:

$H0: \mu_1 = \mu_2 = \mu_3 = \mu_4$,即四种命名的糖果销量的总体均值相等。

$H1$:四种命名的糖果销量的总体均值不相等或不全相等。

另外,在实验设计中也要考虑不同商店对于糖果销量的影响,即检验四家商店的糖果销量是否相同,设 α_1 为百佳糖果销量,α_2 为屈臣氏糖果销量,α_3 为 7-11 糖果销量,α_4 为教育超市糖果销量,因此,针对这一区组因素得出区组间假设如下:

$H0: \alpha_1 = \alpha_2 = \alpha_3 = \alpha_4$,即四家商店糖果销量的总体均值相等。

$H1$:四家商店糖果销量的总体均值不相等或不全相等。

此外,还要考虑到不同时间对于糖果销量的影响,即检验四种时间的糖果销量是否相同,设 β_1 为周日糖果销量,β_2 为周二糖果销量,β_3 为周三糖果销量,β_4 为周五糖果销量,因此,针对这一区组因素得出区组间假设如下:

$H0: \beta_1 = \beta_2 = \beta_3 = \beta_4$,即四种时间糖果销量的总体均值相等。

$H1$:四种时间糖果销量的总体均值不相等或不全相等。

② 构建拉丁方块(见表 6.14、表 6.15)

表 6.14　4×4 标准拉丁方块

	百佳	屈臣氏	7-11	教育超市
周日	A	B	C	D
周二	B	C	D	A
周三	C	D	A	B
周五	D	A	B	C

表 6.15　4×4 拉丁方块随机化　(单位:支)

	百佳	屈臣氏	7-11	教育超市
周日	A(47)	B(62)	C(32)	D(24)
周二	B(57)	C(22)	D(13)	A(12)
周三	C(37)	D(19)	A(20)	B(25)
周五	D(42)	A(23)	B(36)	C(21)

(2)数据录入

现在根据例 6.3 糖果命名的实际数据进行录入。

① 定义变量名,此案例涉及的变量有四个:

因变量——销量;

自变量——糖果命名;

无关变量——商店、时间。

② 指定每个变量的属性(见图 6.11)。

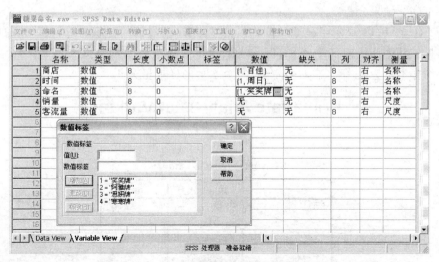

图 6.11　定义变量及制定每个变量各种属性

③ 录入数据:将样本的各个数据录入(见图 6.12)。

	商店	时间	命名	销量	客流量
1	1	1	1	47	1310
2	2	1	2	62	928
3	3	1	3	32	357
4	4	1	4	24	332
5	1	2	2	57	707
6	2	2	3	22	592
7	3	2	4	13	288
8	4	2	1	12	274
9	1	3	3	37	662
10	2	3	4	19	590
11	3	3	1	20	306
12	4	3	2	25	263
13	1	4	4	42	1094
14	2	4	1	23	776
15	3	4	2	36	325
16	4	4	3	21	298

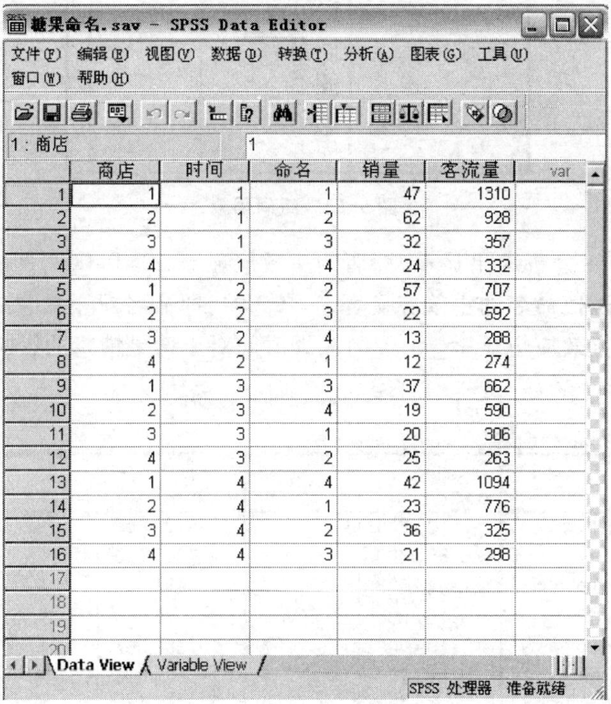

图 6.12　录入数据

(3) 具体操作

具体步骤请参照例 6.1(注:把“销量”选定为因变量,“商店”、“时间”、“命名”选定为固定因子)。

(4) 结果分析

① 图 6.13 显示了三个组间因素的水平数、变量值的标签、各试验单元的样本量。其中商店有四个水平,每个水平的样本量为 4;时间有四个水平,每个水平的样本量为 4;命名有四个水平,每个水平的样本量为 4。

→ Univariate Analysis of Variance

Between-Subjects Factors

		Value Label	N
商店	1	百佳	4
	2	屈臣氏	4
	3	7-eleven	4
	4	教育超市	4
命名	1	笑笑牌	4
	2	阿雅牌	4
	3	思妍牌	4
	4	寒寒牌	4
时间	1	周日	4
	2	周二	4
	3	周三	4
	4	周五	4

图 6.13 组间因素

② 图 6.14 分析结果显示,商店的主效应显著,$p = 0.002$,即商店对于糖果销量的影响显著;命名的主效应显著,$p = 0.004$,即命名对于糖果销量的影响显著;而时间的主效应也显著,$p = 0.013$,即时间对于糖果销量的影响显著。

Tests of Between-Subjects Effects

Dependent Variable: 销量

Source		Type III Sum of Squares	df	Mean Square	F	Sig.
Intercept	Hypothesis	15129.000	1	15129.000	69.559	.004
	Error	652.500	3	217.500^a		
商店	Hypothesis	1443.500	3	481.167	19.247	.002
	Error	150.000	6	25.000^b		
命名	Hypothesis	1109.000	3	369.667	14.787	.004
	Error	150.000	6	25.000^b		
时间	Hypothesis	652.500	3	217.500	8.700	.013
	Error	150.000	6	25.000^b		

a. MS(时间)
b. MS(Error)

图 6.14 方差分析表

(5) 两两比较与绘图(见图 6.15)

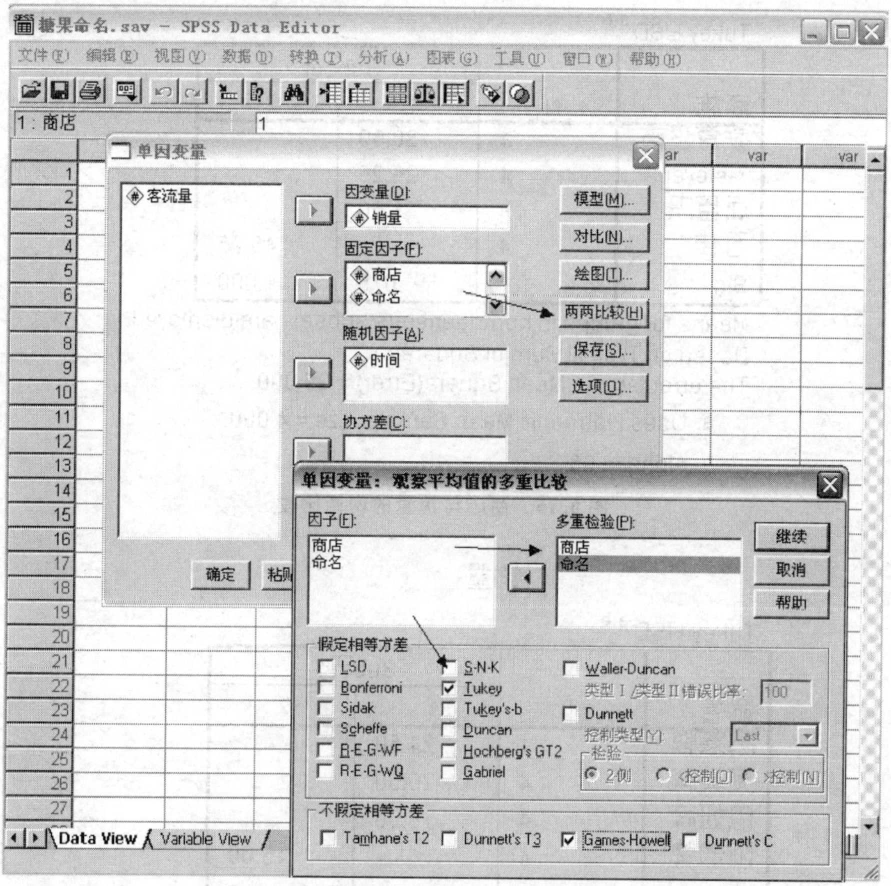

图 6.15 单因变量:观察平均值的多重比较

接下来,分别具体分析"商店"、"命名"两个变量是如何对糖果销量产生显著性影响的。

① 在"单因变量"选项框内继续单击"两两比较(Post-Hoc)",选定结果分析中存在显著性差异的"商店"、"命名"两个因子。

② 图 6.16 分析结果显示,在"商店"的两两比较中,教育超市、7-11 和屈臣氏的糖果销售要低于百佳。

如图 6.17 所示,在"命名"的两两比较中,寒寒牌、笑笑牌和思妍牌的糖果销量明显低于阿雅牌。

销量

Tukey HSD[a,b]

商店	N	Subset 1	Subset 2
教育超市	4	20.50	
7-eleven	4	25.25	
屈臣氏	4	31.50	
百佳	4		45.75
Sig.		.075	1.000

Means for groups in homogeneous subsets are displayed.
Based on Type III Sum of Squares
The error term is Mean Square(Error) = 25.000.

　　a. Uses Harmonic Mean Sample Size = 4.000.

　　b. Alpha = .05.

图 6.16　商店与销量的两两比较

销量

Tukey HSD[a,b]

命名	N	Subset 1	Subset 2
寒寒牌	4	24.50	
笑笑牌	4	25.50	
思妍牌	4	28.00	
阿雅牌	4		45.00
Sig.		.761	1.000

Means for groups in homogeneous subsets are displayed.
Based on Type III Sum of Squares
The error term is Mean Square(Error) = 25.000.

　　a. Uses Harmonic Mean Sample Size = 4.000.

　　b. Alpha = .05.

图 6.17　命名与销量的两两比较

③ 通过"绘图",选定"商店"为横坐标,"命名"为分隔线,结果如图 6.18 所示,能更直观地观察到实验结果。

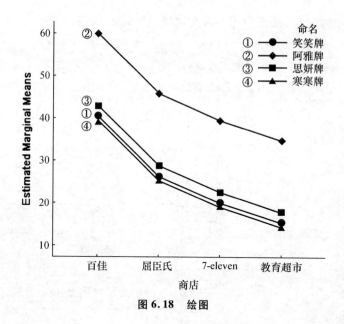

图 6.18 绘图

（6）协变量分析

协变量（covariate），也称共变量、协方差，是指实验处理变量以外，被认为是足以影响因变量，但却不是我们感兴趣的变量或者是研究者根本不能控制的变量。（无关变量 Block factors：对评价处理因素作用有一定干扰，即对实验结果有影响，但研究者并不想通过实验考察其作用大小的非处理因素，如被试的性别、年龄。）

市场研究中常出现的协变量有：商店的销售量，城市的商业水平、人流量、竞争对手的宣传活动。可以用"统计控制"弥补"实验控制"。

协变量分析指的是，将回归分析与方差分析结合在一起，对实验数据进行分析的方法，简单地说，协变量分析就是利用线性回归方法消除混杂因素的影响后进行的方差分析。它用于比较一个或几个因素在不同水平上的差异，但观测变量在受这些因素影响的同时，还受到另一个变量的影响，而且该变量的取值难以控制（不能作为方差分析中的一个因素处理）。将这种难以控制的变量作为协变量，在分析中剔除其影响，再分析各因素对观测变量的影响。

初学者在做协方差分析时，往往直接开始正式分析，而忽略了对协方差分析条件的检验。因此，这里必须强调在进行协方差分析之前，一定要对模型是否满足协方差分析的基本条件做出检验。同时，还要注意的是在正式进行协方差分析的时候，一定不能将协变量和因素变量的交互项纳入分析模型，否则可能产生完全相反的结论。

在此例中，协变量为客流量，下面试把客流量作为协变量进行分析。

如图 6.19，输入客流量的数据后依旧操作 SPSS 中主菜单"分析（Analyze）→一般线性模型（General Linear Model）→单因多变量多因素方差分析（Univariate)",在"单因变量"选框中将客流量放进"协方差"框内。

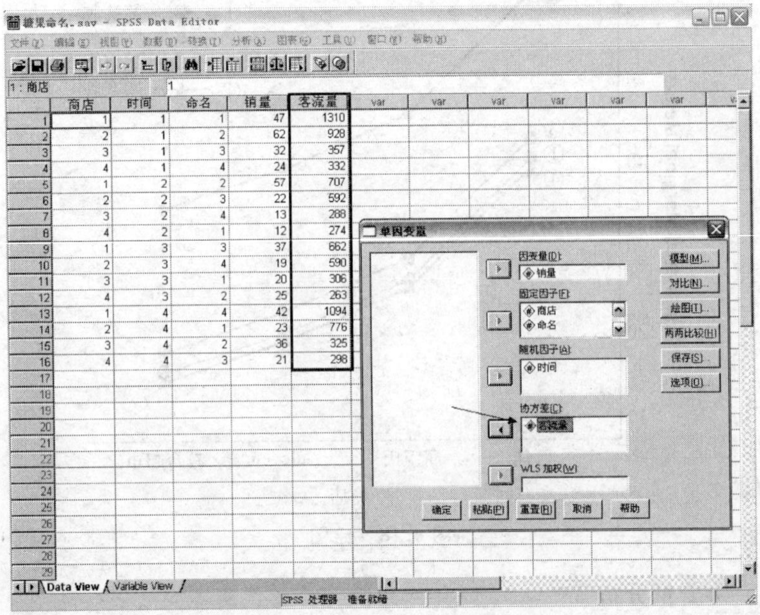

图 6.19 输入数据及单因变量选框

如图 6.20 单击"单因变量"中的"选项",将"商店"、"命名"、"时间"选入"显示平均值"框,选择"比较主效应",选择"齐次性检验",单击"继续"和"确认"。

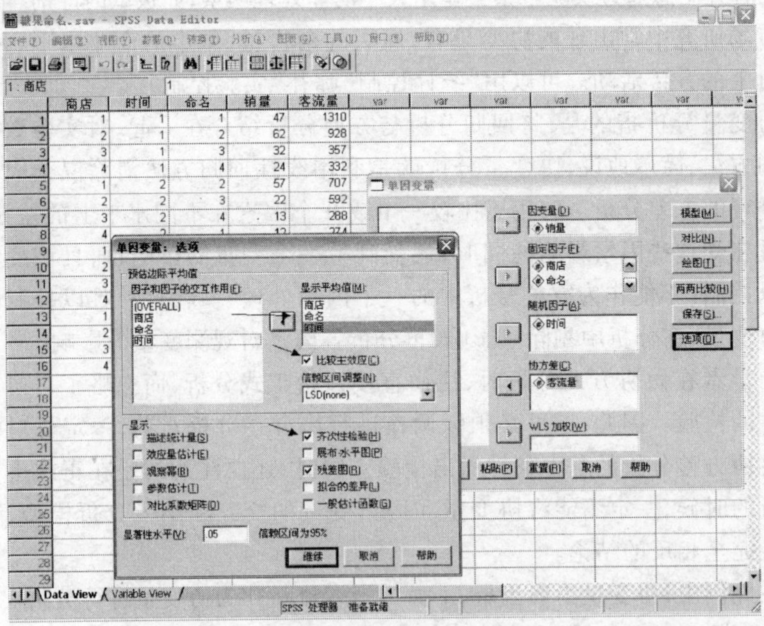

图 6.20 单因变量:选项

在这里,"齐次性检验"用来确定此问题是否符合协方差方差分析的条件。如第四章第三节"一元方差分析的 SPSS 实现过程"所述,若方差齐次性检验结果显示 Sig. 取值大于显著性水平 0.05,则认为各组的方差齐次,满足协方差分析的条件;反之,若 Sig. 取值小于显著性水平 0.05,则认为各组的总体方差不相等(方差不齐),不能满足协方差分析的前提条件。

所得出的方差齐次性检验结果如图 6.21。

Levene's Test of Equality of Error Variances[a]

Dependent Variable: 销量

F	df1	df2	Sig.
.	15	0	.

Tests the null hypothesis that the error variance of the dependent variable is equal across groups.

a. Design: Intercept+商店+命名+时间+客流量

图 6.21　方差齐次性检验结果

从图 6.21 可以看出,Sig. 值为 0,小于显著性水平 0.05,因此可以认为各组的总体方差不相等,不能满足协方差分析的前提条件,即本例的数据不适合进行协方差分析。

图 6.22 为协方差分析表,从图中可以看出,协变量客流量 Sig. 值为 0.976,即协变量对糖果销量的影响不显著。与之前图 6.14 的结果相比,之前呈显著性差异的"商店"变量($p = 0.002$),在协变量分析后不再显著($p = 0.173$)。"命名"变量($p = 0.004$)在协变量分析后仍然显著($p = 0.01$)。也就是说,排除了客流量的影响,命名对糖果销量有着显著性影响,而商店、时间、客流量对糖果销量影响不明显。

Tests of Between-Subjects Effects

Dependent Variable: 销量

Source		Type III Sum of Squares	df	Mean Square	F	Sig.
Intercept	Hypothesis	258.780	1	258.780	8.327	.030
	Error	173.635	5.587	31.078[a]		
商店	Hypothesis	225.687	3	75.229	2.508	.173
	Error	149.969	5	29.994[b]		
命名	Hypothesis	1086.759	3	362.253	12.078	.010
	Error	149.969	5	29.994[b]		
时间	Hypothesis	232.764	3	77.588	2.587	.166
	Error	149.969	5	29.994[b]		
客流量	Hypothesis	.031	1	.031	.001	.976
	Error	149.969	5	29.994[b]		

a. .023 MS(时间) + .977 MS(Error)

b. MS(Error)

图 6.22　排除协变量后的方差分析表

接下来,进一步在"命名"变量比较,如图 6.23 所示,阿雅牌糖果的销售量仍然领先于其他三种命名的糖果。

Pairwise Comparisons

Dependent Variable: 销量

(I) 命名	(J) 命名	Mean Difference (I-J)	Std. Error	Sig.[a]	95% Confidence Interval for Difference[a]	
					Lower Bound	Upper Bound
笑笑牌	阿雅牌	-19.564*	4.358	.039	-37.951	-1.177
	思妍牌	-2.609	5.163	1.000	-24.395	19.176
	寒寒牌	.948	4.203	1.000	-16.786	18.681
阿雅牌	笑笑牌	19.564*	4.358	.039	1.177	37.951
	思妍牌	16.955	4.124	.055	-.444	34.353
	寒寒牌	20.512*	3.890	.020	4.099	36.924
思妍牌	笑笑牌	2.609	5.163	1.000	-19.176	24.395
	阿雅牌	-16.955	4.124	.055	-34.353	.444
	寒寒牌	3.557	4.263	1.000	-14.430	21.544
寒寒牌	笑笑牌	-.948	4.203	1.000	-18.681	16.786
	阿雅牌	-20.512*	3.890	.020	-36.924	-4.099
	思妍牌	-3.557	4.263	1.000	-21.544	14.430

Based on estimated marginal means

*. The mean difference is significant at the .05 level.

a. Adjustment for multiple comparisons: Bonferroni.

图 6.23 "命名"变量比较表

结论:选用阿雅牌的糖果命名。

本 章 小 结

拉丁方设计进一步扩展了随机区组设计的原则,解决了两个无关变量对实验处理的影响问题,并且可以将其横行、直列两个单位组间的变异从实验误差中分离出来,从而达到进一步隔离或消除误差、使对处理效应的估计更加精确的目的。

但是,自变量与无关变量之间不存在交互作用的假定难以保证,因此在一定程度上限制了其使用。同时,每个无关变量的水平数与自变量的水平数必须相等,这些条件阻碍了该设计模型的广泛应用。

对于判断采用拉丁方实验设计进行实验后出现交互作用的方法是,对残差做 F 检验(F 检验又叫方差齐性检验)。如果 F 检验后,在 $\alpha = 0.05$ 显著水平上差异不显著,则认为该实验不存在交互作用;反之,则认为存在交互作用,那么所选的统计实验设计模型不恰当,应改选其他实验设计模型安排试验。

参 考 文 献

1. 《拉丁方设计》,http://wenku.baidu.com/view/56d646cfa1c7aa00b52acbac.html。
2. 罗应婷、杨钰娟(2007),《SPSS 统计分析 从基础到实践》,北京:电子工业出版社。
3. 章文波、陈红艳(2006),《实用数据统计分析及 SPSS 12.0 应用》,北京:人民邮电出版社。

第七章

双重遗留设计

第一节 遗留效应——采用双重遗留设计的原因

拉丁方设计中的每个处理不仅影响当个时期的结果,还可能对后续时期的处理结果产生影响,我们把这个影响叫做遗留效应。例如表 7.1 中,商店 1 第二阶段处理 B 的销售效果有可能受到第一阶段处理 A 的影响。在实验设计中,遗留效应是否会产生与拉丁方设计的实验时间长度有关。当拉丁方设计的实验时间较短时,也就是说一个阶段的处理紧接着另一个阶段的处理出现时,遗留效应就可能产生。在前一章,我们只谈论了运用拉丁方设计可以控制序列效应。但是,我们没有讨论如何测量可能存在的遗留效应。在这一章,我们将通过双重遗留设计,测量上一阶段的处理如何干扰了下一阶段的处理效果,这就是所谓的遗留效应测量。

表 7.1

时间段	商店		
	1	2	3
第一阶段	A	B(a)	C(b)
第二阶段	B	C(b)	A(c)
第三阶段	C	A(c)	B(a)

注:B(a)表示商店 1 第二阶段处理 B 的销售效果有可能受到第一阶段处理 A 的影响,其余类推。

虽然实验时间越短,遗留效应可能越大。但在实际中,研究者并不热衷于通过拉长实验时间来消除遗留效应,他们更愿意去探究计算遗留效应的方法,因为这样可以节省实验时间和实验经费,就能在一季当中做更多的实验。

拉丁方设计是一种比较简单的竖行为时间段、横行为实验单位的设计。当实验设计不会产生遗留效应或者遗留效应不那么显著时,可以采用这种常规的拉丁方设计。但是遗留效应在多数情况下是存在的。因此,应当允许实验设计中产生遗留效应,然后通过相关的遗留效应测量,来分析数据。本章就着重介绍可以测量遗留效应的双重遗留设计。

第二节　双重遗留设计

双重遗留设计包括两个正交拉丁方,在这两个拉丁方内的处理顺序是相反的。例如,如表7.2所示,在第1列中,B在A后面;但是在第5列中,A在B后面。同样地,在第6列中,B在C后;在第2列中,C在B后。

表7.2　双重遗留设计

时间段	商店					
	1	2	3	4	5	6
第一阶段	A	B	C	A	B	C
第二阶段	B	C	A	C	A	B
第三阶段	C	A	B	B	C	A
	拉丁方1			拉丁方2		

双重遗留设计的一般模型:

因变量为Y,自变量为处理类型V,P为时间段,n为实验单位

$Y_{hijk} = \mu + \pi_h + t_i + p_j + \Psi_k + \varepsilon_{hijk}$　　$(h = 1,\cdots,p; i,j = 1,\cdots,v; k = 1,\cdots,n)$

Y = 观测到的结果

$\pi = p \times$ 时间段效应

$t = v \times$ 处理的直接效应

$p = v \times$ 遗留效应(来自上一阶段)

$\Psi = n \times$ 实验单位效应

ε_{hijk} = 随机误差

第三节　案例介绍——包装重量对红苹果销售的影响

一家大型连锁超市目前有三种红苹果包装方案,分别为4斤包装、6斤包装和8斤包装。超市主管想利用实验,通过精确的数据,了解哪种包装重量的红苹果最受顾客欢迎。

现有2种实验方案:一种是3×3拉丁方设计,拉丁方内每个实验处理的时长为2周。研究发现如果每个拉丁方内每个处理时长达2周的话,就没有明显的遗留效应了。但是,根据3×3的拉丁方来算,收集数据就需要6周的时间。苹果有一定保质期,新鲜程度经过6周早已大打折扣了。所以,显然不适宜采用这种实验方案,这时采用双重遗留设计比较适合,即每个拉丁方内的每个处理只安排1周时间。但是,这就得关注可能存在的遗留效应了;通过使用双重

遗留设计就可以提供测量遗留效应的方法。表 7.3 展示的就是这样一个测试数据。

表 7.3 连锁商店 4,6,8 斤包装重量的红苹果销售量

时间段	拉丁方 1				拉丁方 2			
	商店			各周销售量	商店			各周销售量
	1	2	3		4	5	6	
第一周	720A	1 020B	640C	2 380	1 640A	2 080B	960C	4 680
第二周	900B(a)	820C(b)	720A(c)	2 440	1 560C(a)	1 560A(b)	1 120B(c)	4 240
第三周	720C(b)	920A(c)	800B(a)	2 440	2 090B(c)	1 784C(a)	900A(b)	4 774
销售总量	2 310	2 760	2 160	7 260	5 290	5 424	2 980	13 694
每个处理销售量	$\sum A_1 = 2 360$, $\sum C_1 = 2 180$,	$\sum B_1 = 2 720$, $T_1 = 7 260$			$\sum A_2 = 4 100$, $\sum C_2 = 4 304$,	$\sum B_2 = 5 290$, $T_2 = 13 694$		
总和		$\sum A = 6 460$,	$\sum B = 8 010$,	$\sum C = 6 484$,	$T = 20 954$			

表 7.3 中大多数数据由三个部分组成。阿拉伯数字表示在三周的实验中某周内红苹果的销售量。大写英文字母表示处理类型,括号内的小写字母表示遗留效应来自前一阶段的处理。例如:在第一个拉丁方内,我们看到第二家商店第二周采用了处理 C,但是这个销售量同时也受到上一周处理 B 的影响。从表中,我们还可以看到处理 B 在两个拉丁方内都显示出最高的销售量,所以超市应该选用处理 B,即 6 斤包装的方案。

为了有效地进行遗留效应评估,我们有必要重新安排表 7.3 里的数据,按照表 7.4 中的方式呈现,表中包含了两个拉丁方的数据。

表 7.4 计算每个处理的平均销量的数据

原始处理下的销量之和	遗留效应作用下的销量之和	商店销量之和
$A = 6 460$	$a = 5 044$	$S_2 + S_6 = 5 740$
$B = 8 010$	$b = 4 000$	$S_3 + S_4 = 7 450$
$C = 6 484$	$c = 4 850$	$S_1 + S_5 = 7 764$
总和 = 20 954		20 954

表 7.4 最左列就是表 7.3 最底下的那一行,数字代表的是每个处理所获得的苹果销售量。表 7.4 中间那一列数字代表的是前一阶段处理所获得的销售总量(用小写字母表示)。例如,A 的遗留效应(用 a 表示)在拉丁方 1 中是 900 + 800,在拉丁方 2 中是 1 560 + 1 784,这四个加总是 5 044。这列里的其他数字也是这么计算得出的。表 7.4 最右列的数字表示的是最后一周的处理相同,前两周处理顺序相反的两家商店的销量之和。例如,商店 3 和商店 4 第三周的处理都是 B。商店 3 前两周处理分别是 C 和 A,商店 4 前两周处理分别是 A 和 C,所以数字 7 450 表示的是商店 3 和商店 4 三周的销售量之和,即 2 160 + 5 290。

有了这些数据,我们就可以计算出每种处理的平均销量。使用两个 3×3 的拉丁方的双重遗留设计的表达式如下:

$$Y_A = \frac{5A + (2a - b - c) + (S_2 + S_6) - 2/3T}{24}$$

$$= \frac{5(6460 + [2(5044) - 4000 - 4850] + 5740 - 13969)}{24} = 1055$$

算出的答案就是处理 A 在每一周每个商店,除去 B 和 C 的遗留效应所得到的平均销量。相应地,$\overline{Y}_B = 1318, \overline{Y}_C = 1120$。

通过对比分析每一周每个商店的平均销量(横行),可以看出对三种处理而言遗留效应是不同的。处理 C 使紧跟其后的处理增加销量,而 A 和 B 会抑制其后处理的销量。

上述是一种排除遗留效应的计算方法,我们还可以通过下面的式子计算出每家商店的每个处理的总的遗留效应。下标 co 表示处理考虑了遗留效应。

$$A_{co} = \frac{3a + A + S_2 + S_6}{8}$$

$$B_{co} = \frac{3b + B + S_3 + S_4}{8}$$

$$C_{co} = \frac{3c + C + S_1 + S_5}{8}$$

根据数据计算的出 $A_{co} = [3(5044) + 6460 + 2760 + 2980]/8 = 3416$。同理,$B_{co} = 3432, C_{co} = 3600$。三者相加的总和 $T_{co} = 10448$。每个处理的遗留效应与它们三个遗留效应总和的平均值 $3483(10448/3 = 3483)$ 相比,都是有偏差的。

对比每个处理的遗留效应和总的遗留效应的平均值,我们可以看到处理 C 趋向提高后面销量 117 斤($3600 - 3483$),A 和 B 趋向减少 67 斤($3416 - 3483$) 和 51 斤($3432 - 3483$)。这个数量就是实验三周里每家商店的遗留效应。如果我们把它们除以 3,将得到每家商店每周的遗留效应的测量结果。这些结果与之前测得的变化结果是一致的,分别为 $-22, -17, +39$,如表 7.5 所示。

表 7.5

实验处理	原始均数(含遗留效应)	校正均数(不含遗留效应)	变化
A	1 077	1 055	-22
B	1 335	1 318	-17
C	1 081	1 120	+39

以上两种是通过计算公式来测量遗留效应的方法,可以准确计算出某个处理所产生的遗留效应的大小。实际当中,当处理有很多个时,计算每个处理的遗留效应的准确结果比较复杂,而且没有太大必要。多数情况下,我们只需要

了解遗留效应是否显著,通过精确计算出排除遗留效应的直接效应来减少实验误差。这时,我们可以运用 SPSS 软件实现对遗留效应的显著性分析。具体操作见本章第四节。

第四节 利用 SPSS 进行遗留效应的方差分析

这一节将通过红苹果的案例来演示如何在 SPSS 中实现遗留效应的方差分析。

(1) 选择文件→新建→数据文件→Variable View 命名→Date 输入数据→文件→保存。

定义变量名(如图7.1):"销售量","商店","时间","直接效应","遗留效应"。指定每个变量的各种属性:商店:1 表示商店 1,2 表示商店 2,以此类推;时间:1 表示第一周,2 表示第二周,3 表示第三周;直接效应:1 表示处理 A,2 表示处理 B,3 表示处理 C;遗留效应:0 表示无遗留效应,1 表示 a(受处理 A 影响),2 表示 b(受处理 B 影响),3 表示 c(受处理 C 影响)。

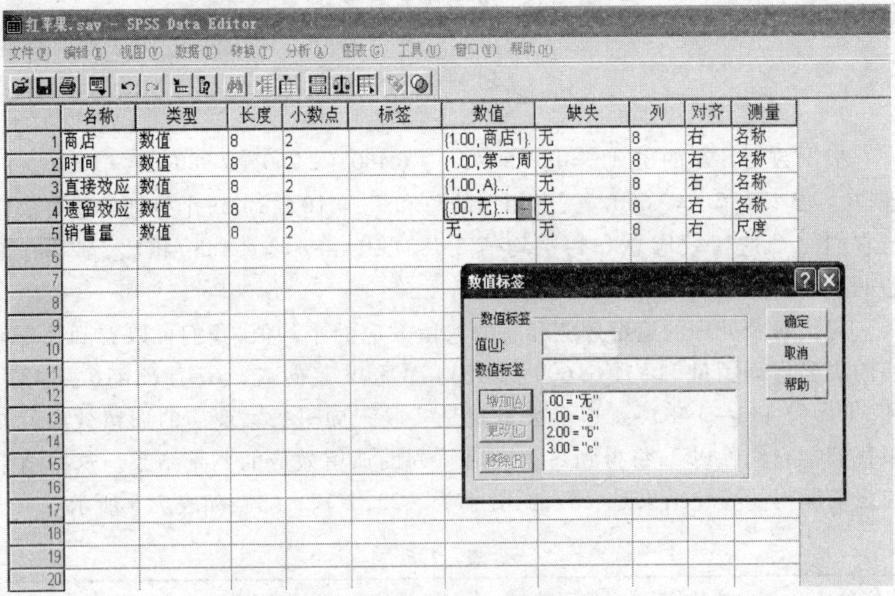

图7.1 定义变量属性

录入数据:把每个样本的各指标录入为电子格式,如图7.2所示:

	商店	时间	直接效应	遗留效应	销售量	var	var
1	1.00	1.00	1.00	.00	720.00		
2	1.00	2.00	2.00	1.00	900.00		
3	1.00	3.00	3.00	2.00	720.00		
4	2.00	1.00	2.00	.00	1020.00		
5	2.00	2.00	3.00	2.00	820.00		
6	2.00	3.00	1.00	3.00	920.00		
7	3.00	1.00	3.00	.00	640.00		
8	3.00	2.00	1.00	3.00	720.00		
9	3.00	3.00	2.00	1.00	800.00		
10	4.00	1.00	1.00	.00	1640.00		
11	4.00	2.00	3.00	1.00	1560.00		
12	4.00	3.00	2.00	3.00	2090.00		
13	5.00	1.00	2.00	.00	2080.00		
14	5.00	2.00	1.00	2.00	1560.00		
15	5.00	3.00	3.00	1.00	1784.00		
16	6.00	1.00	3.00	.00	960.00		
17	6.00	2.00	2.00	3.00	1120.00		
18	6.00	3.00	1.00	2.00	900.00		

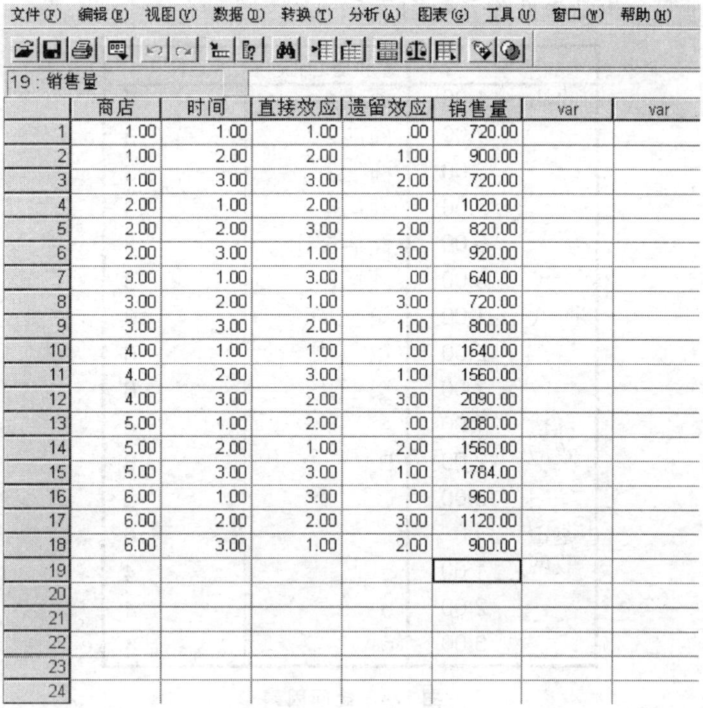

图 7.2　数据录入

（2）计算出含遗留效应的校正均数和直接效应的原始均数：选择分析→一般线性模型→单变量多因素方差分析→因变量（销售量）→固定因子（商店 & 时间 & 直接效应 & 遗留效应）→模型→自定义→Main Effect→建立条件（商店 & 时间 & 直接效应 & 遗留效应）→平方和（Type Ⅰ）→继续→确定，见图 7.3。

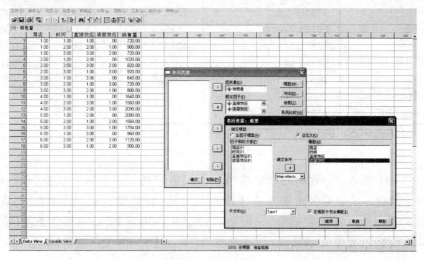

图 7.3　定义模型

单因变量分析结果见图 7.4、图 7.5：

		Value Label	N
商店	1.00	商店1	3
	2.00	商店2	3
	3.00	商店3	3
	4.00	商店4	3
	5.00	商店5	3
	6.00	商店6	3
时间	1.00	第一周	6
	2.00	第二周	6
	3.00	第三周	6
直接效应	1.00	A	6
	2.00	B	6
	3.00	C	6
遗留效应	.00		6
	1.00	a	4
	2.00	b	4
	3.00	c	4

图 7.4 组间因素

Tests of Between-Subjects Effects

Dependent Variable: 销售量

Source	Type I Sum of Squares	df	Mean Square	F	Sig.
Corrected Model	3964572.8[a]	11	360415.707	59.086	.000
Intercept	24392784	1	24392784.22	3998.926	.000
商店	3621574.4	5	724314.889	118.743	.000
时间	25181.778	2	12590.889	2.064	.208
直接效应	262875.111	2	131437.556	21.548	.002
遗留效应	54941.444	2	27470.722	4.504	.064
Error	36599.000	6	6099.833		
Total	28393956	18			
Corrected Total	4001171.8	17			

a. R Squared = .991 (Adjusted R Squared = .974)

图 7.5 方差分析表

（3）计算出遗留效应的原始均数和直接效应的校正均数。选择分析→一般线性模型→单变量多因素方差分析→因变量（销售量）→固定因子（商店＆时间＆遗留效应＆直接效应）→模型→自定义→Main Effect→建立条件（商店＆时间＆遗留效应＆直接效应）→平方和（TypeⅠ）→继续→确定,见图 7.6。

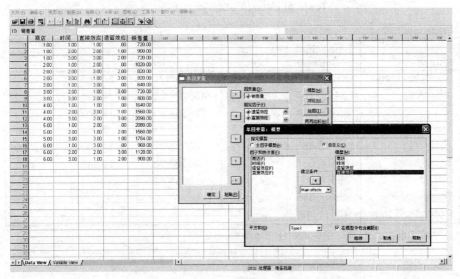

图 7.6 定义模型

单因变量分析结果见图 7.7、图 7.8：

Between-Subjects Factors

		Value Label	N
商店	1.00	商店1	3
	2.00	商店2	3
	3.00	商店3	3
	4.00	商店4	3
	5.00	商店5	3
	6.00	商店6	3
时间	1.00	第一周	6
	2.00	第二周	6
	3.00	第三周	6
遗留效应	.00		6
	1.00	a	4
	2.00	b	4
	3.00	c	4
直接效应	1.00	A	6
	2.00	B	6
	3.00	C	6

图 7.7 组间因素

Tests of Between-Subjects Effects

Dependent Variable: 销售量

Source	Type I Sum of Squares	df	Mean Square	F	Sig.
Corrected Model	3964572.8[a]	11	360415.707	59.086	.000
Intercept	24392784	1	24392784.22	3998.926	.000
商店	3621574.4	5	724314.889	118.743	.000
时间	25181.778	2	12590.889	2.064	.208
遗留效应	136710.489	2	68355.244	11.206	.009
直接效应	181106.067	2	90553.033	14.845	.005
Error	36599.000	6	6099.833		
Total	28393956	18			
Corrected Total	4001171.8	17			

a. R Squared = .991 (Adjusted R Squared = .974)

图 7.8　方差分析表

最后的方差分析结果如图 7.9 所示：

source	DF	SS	MSS	F	Sig.
商店 时间	5	3 621 574.4	724 314.889	118.743	0.000
直接效应(adj.)	2	25 181.778	12 590.889	2.064	0.208
遗留效应	2	181 106.067	90 553.033	14.845	0.005
(unadj.)	2	136 710.489	68 355.244	11.206	0.009
Or					
直接效应	2	262 875.111	131 437.556	21.548	0.002
(unadj.)	2	54 941.441	27 470.722	4.504	0.064
遗留效应(adj.)	6	36 599.000	6 099.833		
Error					
Total	18	28 393 956			

图 7.9　方差分析表

在分析双重遗留设计中的数据时，直接效应的平方和加上遗留效应的平方和不等于处理的平方和，因为这两种效应不是正交的，而是被人为设计的。在两个拉丁方内，处理的平方和可以这样计算得到：

直接效应(adj.) + 遗留效应(unadj.) 或者:

直接效应(unadj.) + 遗留效应(adj.)

从上面的方差分析结果图可以看到，校正后的直接效应(adj.)($P<0.01$)有显著性，校正后的遗留效应(adj.)($P>0.05$)没有显著性。

这里分析的是所有处理的遗留效应是否显著的问题，如果需要分析单个处理的遗留效应如何,我们需要用到 Tukey 法来进行事后检验。

Tukey 法又称为真正显著差(honestly significant difference,HSD)法,用单一值作为判断标准。该法的计算步骤为:

① 计算两两的绝对差值 $d_{(i,h)} = |\overline{Y}_i - \overline{Y}_h|$

② 查表可算出 $\alpha = 0.05$ 和 $\alpha = 0.01$ 时 $q_{\alpha(k,N-k)}$ 的值

③ $HSD = q_{\alpha(k,N-k)} \times \sqrt{MS_{组内}\left(\dfrac{1}{n}\right)}$。

当两组的观察例数不相等时用例数较少的 n_i 代替 n。

④ 凡 $d_{(i,h)} \geq HSD$,则拒绝 H_0;否则不拒绝 H_0。

从表 7.5 中我们得知每家商店每个时间里,三个处理 A、B、C 的校正均数(直接效应(adj.)作用下的销售量)分别为 1 055、1 318 和 1 120。利用 Tukey 法可以计算出单个处理的显著性:

$\alpha = 0.05$ 时, $q_{\alpha(k,N-k)} = 4.60$, $HSD = 77.45$

$\alpha = 0.01$ 时, $q_{\alpha(k,N-k)} = 6.98$, $HSD = 116.18$

A、B、C 两两差值如表 7.6 所示:

表 7.6

	B	C
A	263	65
B		-198

根据 Tukey 法,我们可以看到,处理 B 对处理 A 和处理 C 都有显著性影响。

下面介绍的是使用 SPSS 进行事后检验的具体操作:

在前文第三步的基础上,单击两两比较→Tukey→继续→确定(见图 7.10)。

图 7.10 观察平均值的多重比较

生成结果见图 7.11 至图 7.14：

① 直接效应：

Multiple Comparisons

Dependent Variable: 销售量
Tukey HSD

(I) 直接效应	(J) 直接效应	Mean Difference (I-J)	Std. Error	Sig.	95% Confidence Interval Lower Bound	95% Confidence Interval Upper Bound
A	B	-258.3333*	45.09188	.003	-396.6876	-119.9791
	C	-4.0000	45.09188	.996	-142.3543	134.3543
B	A	258.3333*	45.09188	.003	119.9791	396.6876
	C	254.3333*	45.09188	.003	115.9791	392.6876
C	A	4.0000	45.09188	.996	-134.3543	142.3543
	B	-254.3333*	45.09188	.003	-392.6876	-115.9791

Based on observed means.
*. The mean difference is significant at the .05 level.

图 7.11　多重比较结果

销售量

Tukey HSD[a,b]

直接效应	N	Subset 1	Subset 2
A	6	1076.6667	
C	6	1080.6667	
B	6		1335.0000
Sig.		.996	1.000

Means for groups in homogeneous subsets are displayed.
Based on Type I Sum of Squares
The error term is Mean Square(Error) = 6099.833.
a. Uses Harmonic Mean Sample Size = 6.000.
b. Alpha = .05.

图 7.12　真正显著差

从图 7.12 可以看到处理 B 相较于处理 A 和处理 C，对销售量有显著性影响。这与第三节开始时通过手工计算得到的结果一样，即处理 B 的销售量是最高的。

② 遗留效应

Multiple Comparisons

Dependent Variable: 销售量
Tukey HSD

(I)遗留效应	(J)遗留效应	Mean Difference (I-J)	Std. Error	Sig.	95% Confidence Interval	
					Lower Bound	Upper Bound
.00	a	-84.3333	50.41426	.411	-258.8529	90.1863
	b	176.6667*	50.41426	.048	2.1471	351.1863
	c	-35.8333	50.41426	.889	-210.3529	138.6863
a	.00	84.3333	50.41426	.411	-90.1863	258.8529
	b	261.0000*	55.22605	.013	69.8234	452.1766
	c	48.5000	55.22605	.816	-142.6766	239.6766
b	.00	-176.6667*	50.41426	.048	-351.1863	-2.1471
	a	-261.0000*	55.22605	.013	-452.1766	-69.8234
	c	-212.5000*	55.22605	.032	-403.6766	-21.3234
c	.00	35.8333	50.41426	.889	-138.6863	210.3529
	a	-48.5000	55.22605	.816	-239.6766	142.6766
	b	212.5000*	55.22605	.032	21.3234	403.6766

Based on observed means.
*. The mean difference is significant at the .05 level.

图 7.13 多重比较

销售量

Tukey HSD a,b,c

遗留效应	N	Subset	
		1	2
b	4	1000.0000	
.00	6	1176.6667	1176.6667
c	4		1212.5000
a	4		1261.0000
Sig.		.058	.446

Means for groups in homogeneous subsets are displayed.
Based on Type I Sum of Squares
The error term is Mean Square(Error) = 6099.833.
  a. Uses Harmonic Mean Sample Size = 4.364.
  b. The group sizes are unequal. The harmonic mean of the group sizes is used. Type I error levels are not guaranteed.
  c. Alpha = .05.

图 7.14 真正显著差

从图 7.14 可以看到处理 B 对处理 A 和处理 C 都有显著性影响,这与本节利用 Tukey 法手工计算出的结果一致。

第五节 其他的重复实验和处理安排

上述红苹果案例的实验包含了三个处理,设计了两个拉丁方,选取了六家商店。如果是四个处理,则需要几家商店和几个拉丁方呢?

在本例中,共有处理 $V=3$,那么可以得到 $N(顺序)=2$(以 A 为例,A 可以跟在 B 后,也可以跟在 C 后),$N(商店)=3\times2=6$。

所以当 $V=4$ 时,$N(顺序)=3$,$N(商店)=4\times3=12$,需设计 3 个 4×4 拉丁方,见表 7.7;当 $V=5$ 时,$N(顺序)=4$,$N(商店)=5\times4=20$,需设计 4 个 5×5 拉丁方……以此类推。

表 7.7　处理 $V=4$ 的三个拉丁方设计

时间段	商店											
	1	2	3	4	5	6	7	8	9	10	11	12
第一阶段	A	B	C	D	A	B	C	D	A	B	C	D
第二阶段	B	A	D	C	D	C	B	A	C	D	A	B
第三阶段	C	D	A	B	B	A	D	C	D	C	B	A
第四阶段	D	C	B	A	C	D	A	B	B	A	D	C
	拉丁方 1				拉丁方 2				拉丁方 3			

可以看到,当处理数量越来越多时,实验也将越来越复杂。处理最好控制在 2—5 个,这样才易于操作。

事实上,通过安排拉丁方内的处理顺序,可以在处理多于 3 个时,一样采用双重遗留设计,即 2 个拉丁方的设计,见表 7.8。

表 7.8　处理 $V=4$ 的双重遗留设计

时间段	实验单位							
	I	II	III	IV	I	II	III	IV
1	0	1	2	3	3	0	1	2
2	3	0	1	2	0	1	2	3
3	1	2	3	0	2	3	0	1
4	2	3	0	1	1	2	3	0
	拉丁方 1				拉丁方 2			

双重遗留设计的一般流程:
① 构建两个 $V \times V$ 的拉丁方,横行为实验单位,竖行为实验时间。
② 给实验时间编号。
③ 给处理类型编号。
④ 在两个拉丁方内,从上往下依次填入处理类型。

在实际操作中,可以参照"威廉姆斯设计"来设计双重遗留实验。"威廉姆斯设计"包括了处理类型 $V=2,3,\cdots,26$,总共 25 种实验设计(详见本章后附录)。

威廉姆斯设计的要求是实验设计里的每个实验单位都要把每个处理经历一次。如果实验中处理的个数是偶数时,这个设计可以只有一个拉丁方;如果处理的个数是奇数时,设计则需要包含两个拉丁方。从这个意义上说,威廉姆斯设计为广义的双重遗留设计,即设计不一定包含 2 个拉丁方。

该设计分为这两类情况的原因在于:当处理为偶数个时,无论在拉丁方 1 内还是拉丁方 2 内,每个处理都被其他的处理领先一次。如表 7.9 与表 7.10 所示,拉丁方 1 内处理 0 只在 I 栏领先于处理 3,而处理 3 只在 III 栏领先于处理 0。拉丁方 2 内也是同样的情况。这说明在一个拉丁方内,每个处理只对其他的处理产生过一次遗留效应。当处理为奇数个时,情况就不同了,只有把两个拉丁方结合起来看,我们才发现每个处理都被其他的处理领先两次。例如本章第二节介绍的表 7.2 所示,在拉丁方 1 内,处理 A 分别在商店 1 和商店 3 内领先于处理 B;在拉丁方 2 内,处理 B 分别在商店 5 和商店 6 内领先于处理 A。也就是说,结合两个拉丁方时,每个处理对其他的处理都产生过两次遗留效应。在处理个数为奇数时,我们不能像偶数时只用一个拉丁方,否则每个处理产生的遗留效应的次数不一致,将影响实验结果。

表 7.9 双重遗留设计

时间段	商店					
	1	2	3	4	5	6
第一阶段	A	B	C	A	B	C
第二阶段	B	C	A	C	A	B
第三阶段	C	A	B	B	C	A
	拉丁方 1			拉丁方 2		

表 7.10 额外双重遗留设计

时间段	实验单位					
	1	2	3	4	5	6
1	A	B	C	A	B	C
2	B	C	A	C	A	B
3	C	A	B	B	C	A
4	C	A	B	B	C	A

在一些情况下,遗留设计并不让人满意,一是因为设计并不能独立地分析处理的直接效应和遗留效应,两种分析是相互关联的;二是因为实验中往往给予遗留效应较少精确的分析。那么通过增加额外的实验时间段可以实现对直接效应和遗留效应的独立分析,并且可以做到对两者的公平的精确分析。在额外增加的时间段里,实验处理安排重复前一阶段的处理。这个设计叫做额外遗留设计。表 7.10 所示的就是一个处理为 3 的额外遗留设计,时间段 4 是额外增加的,期间的处理安排与时间段 3 时的处理安排一致。

我们可以看到在额外遗留设计中,每个处理不仅领先于其他处理的次数相同,而且领先于自己的次数也相同。例如表 7.10,处理 A 领先处理 B(第 1 栏和第 3 栏)、处理 C(第 4 栏和第 5 栏)都是两次,而且处理 A 领先自己(处理 A)的次数也是两次,分别在第 2 栏和第 6 栏。这种情况下,对直接效应和遗留效应的分析就是正交的。

与额外遗留设计相对应的是零阶段遗留设计[1]。所谓零阶段遗留设计就是在完整的实验阶段之前增加一个实验时间段,零阶段的处理安排与实验第一个时间段的处理安排一致。零阶段的观测结果既可以记录下来,也可以不被记录。就算记录下来,也不必考虑进后期的数据分析。实际上,增加零阶段的目的是为了让实验的第一个时间段内的处理也能接受到来自上一阶段的遗留效应。这样可以使得实验数据达到均质化,不会出现"无遗留效应"的记录数据。表 7.11 所示的是一个处理为 4 的零阶段遗留设计。

表 7.11 零阶段遗留设计

时间段	实验单位			
	1	2	3	4
0	A	B	C	D
1	A	B	C	D
2	D	A	B	C
3	B	C	D	A
4	C	D	A	B

综上所述,关于遗留效应测量的设计不局限于双重遗留设计,根据实际处理的个数可以有 3 个、4 个、5 个甚至更多的拉丁方的设计。但是双重遗留设计,即 2 个拉丁方的设计是较为简便易行的。威廉姆斯设计为我们提供了在 2 个拉丁方内对多个处理进行遗留效应测量的方法,要注意处理个数为偶数和奇数时的设计安排是不同的。此外,针对遗留设计本身存在的一些数据分析上不独立、不均质等问题,本章介绍的额外遗留设计和零阶段遗留设计可以帮助解决这些问题。从这点来看,遗留设计的模式不是固定不变的,不一定是 $V \times V$ 的模式,可以依据实际情况进行调整。

在有些情况下,实验者为了获得更精确的实验结果会翻倍地扩大实验规模。尽管处理为 3 时,可以采用 2 个 3×3 的拉丁方设计,选取 6 个实验单位即可。但是为了追求精确度,实验设计可以是 4 个 3×3 的拉丁方设计,即选取 12 个实验单位。下面将介绍一个实验规模扩大一倍的实例。

某知名乳制品生产商计划推出一款新口味酸奶,目前有三套包装方案供其选择,分别为 125 ml、250 ml、500 ml。生产商想通过市场实验来帮助决定最终的包装方案。因为酸奶的保质期一般在 2 周以内,所以不适合采用拉丁方设计(拉丁方设计为了消除遗留效应,每个处理需达 2 周以上)。故生产商采用了遗留设计来比较不同包装对新款酸奶销售量的影响。

实验设计包括了 3 种包装方案(3 个处理),3 个时间段(每个时长 1 周),挑

---

[1] Cini Varghese I. A. S. R. I. , Library Avenue, New Delhi—110 012, http://www.iasri.res.in/ebook/EBADAT/2-Basic%20Statistical%20Techniques/16-COD.pdf.

选了 12 家 7-11 便利店。然后在每个时间段结束时记录下便利店里该款酸奶的销售量。数据记录如表 7.12：

表 7.12

时间段	便利店											
	1	2	3	4	5	6	7	8	9	10	11	12
第一周	A 72	B 75	C 75	A 64	B 80	C 74	A 58	B 64	C 72	B 76	A 61	C 71
第二周	B 73	C 78	A 77	C 68	A 72	B 76	C 62	A 56	B 69	C 79	B 50	A 72
第三周	C 77	A 70	B 73	B 71	C 80	A 70	B 67	C 60	A 66	A 65	C 60	B 75

A 表示 125 ml 包装，B 表示 250 ml 包装，C 表示 500 ml 包装，阿拉伯数字表示酸奶销售量（单位：盒）。

将数据录入 SPSS 软件，按照第四节介绍的操作步骤，生成的统计结果如图 7.15、图 7.16 所示：

Tests of Between-Subjects Effects

Dependent Variable: 销售量

Source	Type I Sum of Squares	df	Mean Square	F	Sig.
Corrected Model	1625.667[a]	17	95.627	7.673	.000
Intercept	174724.000	1	174724.000	14019.459	.000
便利店	1427.333	11	129.758	10.411	.000
时间	4.667	2	2.333	.187	.831
直接效应	138.167	2	69.083	5.543	.013
遗留效应	55.500	2	27.750	2.227	.137
Error	224.333	18	12.463		
Total	176574.000	36			
Corrected Total	1850.000	35			

a. R Squared = .879 (Adjusted R Squared = .764)

图 7.15

Tests of Between-Subjects Effects

Dependent Variable: 销售量

Source	Type I Sum of Squares	df	Mean Square	F	Sig.
Corrected Model	1625.667[a]	17	95.627	7.673	.000
Intercept	174724.000	1	174724.000	14019.459	.000
便利店	1427.333	11	129.758	10.411	.000
时间	4.667	2	2.333	.187	.831
遗留效应	2.033	2	1.017	.082	.922
直接效应	191.633	2	95.817	7.688	.004
Error	224.333	18	12.463		
Total	176574.000	36			
Corrected Total	1850.000	35			

a. R Squared = .879 (Adjusted R Squared = .764)

图 7.16

最后的方差分析结果如图 7.17 所示:

source	DF	SS	MSS	F	Sig.
便利店					
时间	11	1 427.333	129.758	10.411	0.000
直接效应(adj.)	2	4.667	2.333	0.187	0.831
遗留效应	2	191.633	95.817	7.688	0.004
(unadj.)	2	2.033	1.017	0.082	0.922
Or					
直接效应	2	138.167	69.083	5.543	0.013
(unadj.)	2	55.500	27.750	2.227	0.137
遗留效应(adj.)	18	224.333	12.463		
Error					
Total	35	1 850.000			

图 7.17　方差分析结果

从上面的方差分析结果图可以看到,校正后的直接效应(adj.)($P<0.01$)有显著性,校正后的遗留效应(adj.)($P>0.05$)没有显著性。

进一步地,我们可以分析单个处理的遗留效应情况,如第四节的操作进行事后检验,其结果如图 7.18 至图 7.21 所示:

Multiple Comparisons

Dependent Variable: 销售量
Tukey HSD

(I) 直接效应	(J) 直接效应	Mean Difference (I-J)	Std. Error	Sig.	95% Confidence Interval Lower Bound	95% Confidence Interval Upper Bound
A	B	-3.8333*	1.44124	.040	-7.5116	-.1551
	C	-4.4167*	1.44124	.017	-8.0949	-.7384
B	A	3.8333*	1.44124	.040	.1551	7.5116
	C	-.5833	1.44124	.914	-4.2616	3.0949
C	A	4.4167*	1.44124	.017	.7384	8.0949
	B	.5833	1.44124	.914	-3.0949	4.2616

Based on observed means.
*. The mean difference is significant at the .05 level.

图 7.18　事后检验

销售量

Tukey HSD[a,b]

直接效应	N	Subset 1	Subset 2
A	12	66.9167	
B	12		70.7500
C	12		71.3333
Sig.		1.000	.914

Means for groups in homogeneous subsets are displayed.
Based on Type I Sum of Squares
The error term is Mean Square(Error) = 12.463.

a. Uses Harmonic Mean Sample Size = 12.000.
b. Alpha = .05.

图 7.19

Multiple Comparisons

Dependent Variable: 销售量
Tukey HSD

(I) 遗留效应	(J) 遗留效应	Mean Difference (I-J)	Std. Error	Sig.	95% Confidence Interval Lower Bound	95% Confidence Interval Upper Bound
无遗留效应	a	2.5417	1.61135	.415	-2.0125	7.0958
	b	.4167	1.61135	.994	-4.1375	4.9708
	c	-.7083	1.61135	.971	-5.2625	3.8458
a	无遗留效应	-2.5417	1.61135	.415	-7.0958	2.0125
	b	-2.1250	1.76515	.632	-7.1138	2.8638
	c	-3.2500	1.76515	.287	-8.2388	1.7388
b	无遗留效应	-.4167	1.61135	.994	-4.9708	4.1375
	a	2.1250	1.76515	.632	-2.8638	7.1138
	c	-1.1250	1.76515	.919	-6.1138	3.8638
c	无遗留效应	.7083	1.61135	.971	-3.8458	5.2625
	a	3.2500	1.76515	.287	-1.7388	8.2388
	b	1.1250	1.76515	.919	-3.8638	6.1138

Based on observed means.

图 7.20

可以看到处理 A 相较于处理 B 和处理 C,对销售量的影响显著偏低。也就是说,从图 7.19 处理 A 产生的销售量要小于处理 B 和处理 C 所带来的销售量。所以生产商要启用处理 A,即 125 ml 的包装方案,是不明智的做法。处理 B 与处理 C 比较可以看出,处理 C 产生的销售量要略高于处理 B,其对销售量影响的显著性也略高于处理 B,因此生产商最好考虑选用处理 C,即 500 ml 的包装方案。

销售量

Tukey HSD[a,b,c]

遗留效应	N	Subset 1
a	8	67.6250
b	8	69.7500
无遗留效应	12	70.1667
c	8	70.8750
Sig.		.254

Means for groups in homogeneous subsets are displayed.
Based on Type I Sum of Squares
The error term is Mean Square(Error) = 12.463.

a. Uses Harmonic Mean Sample Size = 8.727.
b. The group sizes are unequal. The harmonic mean of the group sizes is used. Type I error levels are not guaranteed.
c. Alpha = .05.

图 7.21

从遗留效应的事后检验结果来看，三种处理各自对另外两种处理都没有产生显著性的遗留效应影响。

本 章 小 结

拉丁方设计中的每个处理不仅影响当个时期的结果，还可能对接下来时期的处理结果产生影响，我们把这个影响叫做遗留效应。运用拉丁方设计可以控制序列效应，但是不能测量出可能出现的遗留效应，这时使用双重遗留设计则更为合适。双重遗留设计包括两个正交拉丁方，在这两个拉丁方内的处理顺序是相反的。

如果遗留效应不存在时，双重遗留设计可以把两个拉丁方分别开来分析，相当于拉丁方设计。当遗留效应产生时，分析就不同了，需要重排数据。从某种程度上讲，调整处理顺序就意味着遗留效应的产生。这些调整有助于减少实验误差，因此从这点来看遗留效应有着很重要的意义。双重遗留设计通过精确计算出不受遗留效应影响的直接效应以减少误差。

尽管双重遗留设计为遗留效应提供了计算方法，也提供了可控制的序列，但这种控制是不完善的。本章红苹果的案例是三种处理的双重遗留设计，而不是更多种。更复杂的重复设计和处理安排可能需要通过扩大实验的规模来实现。

附录：威廉姆斯设计 26 种情况

$N = 2$
  1 2
  2 1

$N = 3$
  1 2 3
  2 3 1
  3 1 2
  3 2 1
  1 3 2
  2 1 3

$N = 4$
  1 2 4 3
  2 3 1 4
  3 4 2 1
  4 1 3 2

$N = 5$
  1 2 5 3 4
  2 3 1 4 5
  3 4 2 5 1
  4 5 3 1 2
  5 1 4 2 3
  4 3 5 2 1
  5 4 1 3 2
  1 5 2 4 3
  2 1 3 5 4
  3 2 4 1 5

$N = 6$
  1 2 6 3 5 4
  2 3 1 4 6 5
  3 4 2 5 1 6
  4 5 3 6 2 1
  5 6 4 1 3 2
  6 1 5 2 4 3

$N = 7$
  1 2 7 3 6 4 5
  2 3 1 4 7 5 6

```
3 4 2 5 1 6 7
4 5 3 6 2 7 1
5 6 4 7 3 1 2
6 7 5 1 4 2 3
7 1 6 2 5 3 4
5 4 6 3 7 2 1
6 5 7 4 1 3 2
7 6 1 5 2 4 3
1 7 2 6 3 5 4
2 1 3 7 4 6 5
3 2 4 1 5 7 6
4 3 5 2 6 1 7
```

$N = 8$

```
1 2 8 3 7 4 6 5
2 3 1 4 8 5 7 6
3 4 2 5 1 6 8 7
4 5 3 6 2 7 1 8
5 6 4 7 3 8 2 1
6 7 5 8 4 1 3 2
7 8 6 1 5 2 4 3
8 1 7 2 6 3 5 4
```

$N = 9$

```
1 2 9 3 8 4 7 5 6
2 3 1 4 9 5 8 6 7
3 4 2 5 1 6 9 7 8
4 5 3 6 2 7 1 8 9
5 6 4 7 3 8 2 9 1
6 7 5 8 4 9 3 1 2
7 8 6 9 5 1 4 2 3
8 9 1 6 2 5 3 4
9 1 8 2 7 3 6 4 5
6 5 7 4 8 3 9 2 1
7 6 8 5 9 4 1 3 2
8 7 9 6 1 5 2 4 3
9 8 1 7 2 6 3 5 4
1 9 2 8 3 7 4 6 5
2 1 3 9 4 8 5 7 6
3 2 4 1 5 9 6 8 7
4 3 5 2 6 1 7 9 8
5 4 6 3 7 2 8 1 9
```

$N = 10$

1	2	10	3	9	4	8	5	7	6
2	3	1	4	10	5	9	6	8	7
3	4	2	5	1	6	10	7	9	8
4	5	3	6	2	7	1	8	10	9
5	6	4	7	3	8	2	9	1	10
6	7	5	8	4	9	3	10	2	1
7	8	6	9	5	10	4	1	3	2
8	9	7	10	6	1	5	2	4	3
9	10	8	1	7	2	6	3	5	4
10	1	9	2	8	3	7	4	6	5

$N = 11$

1	2	11	3	10	4	9	5	8	6	7
2	3	1	4	11	5	10	6	9	7	8
3	4	2	5	1	6	11	7	10	8	9
4	5	3	6	2	7	1	8	11	9	10
5	6	4	7	3	8	2	9	1	10	11
6	7	5	8	4	9	3	10	2	11	1
7	8	6	9	5	10	4	11	3	1	2
8	9	7	10	6	11	5	1	4	2	3
9	10	8	11	7	1	6	2	5	3	4
10	11	9	1	8	2	7	3	6	4	5
11	1	10	2	9	3	8	4	7	5	6
7	6	8	5	9	4	10	3	11	2	1
8	7	9	6	10	5	11	4	1	3	2
9	8	10	7	11	6	1	5	2	4	3
10	9	11	8	1	7	2	6	3	5	4
11	10	1	9	2	8	3	7	4	6	5
1	11	2	10	3	9	4	8	5	7	6
2	1	3	11	4	10	5	9	6	8	7
3	2	4	1	5	11	6	10	7	9	8
4	3	5	2	6	1	7	11	8	10	9
5	4	6	3	7	2	8	1	9	11	10
6	5	7	4	8	3	9	2	10	1	11

$N = 12$

1	2	12	3	11	4	10	5	9	6	8	7
2	3	1	4	12	5	11	6	10	7	9	8
3	4	2	5	1	6	12	7	11	8	10	9
4	5	3	6	2	7	1	8	12	9	11	10
5	6	4	7	3	8	2	9	1	10	12	11

```
 6  7  5  8  4  9  3 10  2 11  1 12
 7  8  6  9  5 10  4 11  3 12  2  1
 8  9  7 10  6 11  5 12  4  1  3  2
 9 10  8 11  7 12  6  1  5  2  4  3
10 11  9 12  8  1  7  2  6  3  5  4
11 12 10  1  9  2  8  3  7  4  6  5
12  1 11  2 10  3  9  4  8  5  7  6
```

$N = 13$

```
 1  2 13  3 12  4 11  5 10  6  9  7  8
 2  3  1  4 13  5 12  6 11  7 10  8  9
 3  4  2  5  1  6 13  7 12  8 11  9 10
 4  5  3  6  2  7  1  8 13  9 12 10 11
 5  6  4  7  3  8  2  9  1 10 13 11 12
 6  7  5  8  4  9  3 10  2 11  1 12 13
 7  8  6  9  5 10  4 11  3 12  2 13  1
 8  9  7 10  6 11  5 12  4 13  3  1  2
 9 10  8 11  7 12  6 13  5  1  4  2  3
10 11  9 12  8 13  7  1  6  2  5  3  4
11 12 10 13  9  1  8  2  7  3  6  4  5
12 13 11  1 10  2  9  3  8  4  7  5  6
13  1 12  2 11  3 10  4  9  5  8  6  7
 8  7  9  6 10  5 11  4 12  3 13  2  1
 9  8 10  7 11  6 12  5 13  4  1  3  2
10  9 11  8 12  7 13  6  1  5  2  4  3
11 10 12  9 13  8  1  7  2  6  3  5  4
12 11 13 10  1  9  2  8  3  7  4  6  5
13 12  1 11  2 10  3  9  4  8  5  7  6
 1 13  2 12  3 11  4 10  5  9  6  8  7
 2  1  3 13  4 12  5 11  6 10  7  9  8
 3  2  4  1  5 13  6 12  7 11  8 10  9
 4  3  5  2  6  1  7 13  8 12  9 11 10
 5  4  6  3  7  2  8  1  9 13 10 12 11
 6  5  7  4  8  3  9  2 10  1 11 13 12
 7  6  8  5  9  4 10  3 11  2 12  1 13
```

$N = 14$

```
 1  2 14  3 13  4 12  5 11  6 10  7  9  8
 2  3  1  4 14  5 13  6 12  7 11  8 10  9
 3  4  2  5  1  6 14  7 13  8 12  9 11 10
 4  5  3  6  2  7  1  8 14  9 13 10 12 11
 5  6  4  7  3  8  2  9  1 10 14 11 13 12
 6  7  5  8  4  9  3 10  2 11  1 12 14 13
```

```
 7  8  6  9  5 10  4 11  3 12  2 13  1 14
 8  9  7 10  6 11  5 12  4 13  3 14  2  1
 9 10  8 11  7 12  6 13  5 14  4  1  3  2
10 11  9 12  8 13  7 14  6  1  5  2  4  3
11 12 10 13  9 14  8  1  7  2  6  3  5  4
12 13 11 14 10  1  9  2  8  3  7  4  6  5
13 14 12  1 11  2 10  3  9  4  8  5  7  6
14  1 13  2 12  3 11  4 10  5  9  6  8  7
```

N = 15

```
 1  2 15  3 14  4 13  5 12  6 11  7 10  8  9
 2  3  1  4 15  5 14  6 13  7 12  8 11  9 10
 3  4  2  5  1  6 15  7 14  8 13  9 12 10 11
 4  5  3  6  2  7  1  8 15  9 14 10 13 11 12
 5  6  4  7  3  8  2  9  1 10 15 11 14 12 13
 6  7  5  8  4  9  3 10  2 11  1 12 15 13 14
 7  8  6  9  5 10  4 11  3 12  2 13  1 14 15
 8  9  7 10  6 11  5 12  4 13  3 14  2 15  1
 9 10  8 11  7 12  6 13  5 14  4 15  3  1  2
10 11  9 12  8 13  7 14  6 15  5  1  4  2  3
11 12 10 13  9 14  8 15  7  1  6  2  5  3  4
12 13 11 14 10 15  9  1  8  2  7  3  6  4  5
13 14 12 15 11  1 10  2  9  3  8  4  7  5  6
14 15 13  1 12  2 11  3 10  4  9  5  8  6  7
15  1 14  2 13  3 12  4 11  5 10  6  9  7  8
 9  8 10  7 11  6 12  5 13  4 14  3 15  2  1
10  9 11  8 12  7 13  6 14  5 15  4  1  3  2
11 10 12  9 13  8 14  7 15  6  1  5  2  4  3
12 11 13 10 14  9 15  8  1  7  2  6  3  5  4
13 12 14 11 15 10  1  9  2  8  3  7  4  6  5
14 13 15 12  1 11  2 10  3  9  4  8  5  7  6
15 14  1 13  2 12  3 11  4 10  5  9  6  8  7
 1 15  2 14  3 13  4 12  5 11  6 10  7  9  8
 2  1  3 15  4 14  5 13  6 12  7 11  8 10  9
 3  2  4  1  5 15  6 14  7 13  8 12  9 11 10
 4  3  5  2  6  1  7 15  8 14  9 13 10 12 11
 5  4  6  3  7  2  8  1  9 15 10 14 11 13 12
 6  5  7  4  8  3  9  2 10  1 11 15 12 14 13
 7  6  8  5  9  4 10  3 11  2 12  1 13 15 14
 8  7  9  6 10  5 11  4 12  3 13  2 14  1 15
```

N = 16

```
 1  2 16  3 15  4 14  5 13  6 12  7 11  8 10  9
```

```
 2  3  1  4 16  5 15  6 14  7 13  8 12  9 11 10
 3  4  2  5  1  6 16  7 15  8 14  9 13 10 12 11
 4  5  3  6  2  7  1  8 16  9 15 10 14 11 13 12
 5  6  4  7  3  8  2  9  1 10 16 11 15 12 14 13
 6  7  5  8  4  9  3 10  2 11  1 12 16 13 15 14
 7  8  6  9  5 10  4 11  3 12  2 13  1 14 16 15
 8  9  7 10  6 11  5 12  4 13  3 14  2 15  1 16
 9 10  8 11  7 12  6 13  5 14  4 15  3 16  2  1
10 11  9 12  8 13  7 14  6 15  5 16  4  1  3  2
11 12 10 13  9 14  8 15  7 16  6  1  5  2  4  3
12 13 11 14 10 15  9 16  8  1  7  2  6  3  5  4
13 14 12 15 11 16 10  1  9  2  8  3  7  4  6  5
14 15 13 16 12  1 11  2 10  3  9  4  8  5  7  6
15 16 14  1 13  2 12  3 11  4 10  5  9  6  8  7
16  1 15  2 14  3 13  4 12  5 11  6 10  7  9  8
```

$N = 17$

```
 1  2 17  3 16  4 15  5 14  6 13  7 12  8 11  9 10
 2  3  1  4 17  5 16  6 15  7 14  8 13  9 12 10 11
 3  4  2  5  1  6 17  7 16  8 15  9 14 10 13 11 12
 4  5  3  6  2  7  1  8 17  9 16 10 15 11 14 12 13
 5  6  4  7  3  8  2  9  1 10 17 11 16 12 15 13 14
 6  7  5  8  4  9  3 10  2 11  1 12 17 13 16 14 15
 7  8  6  9  5 10  4 11  3 12  2 13  1 14 17 15 16
 8  9  7 10  6 11  5 12  4 13  3 14  2 15  1 16 17
 9 10  8 11  7 12  6 13  5 14  4 15  3 16  2 17  1
10 11  9 12  8 13  7 14  6 15  5 16  4 17  3  1  2
11 12 10 13  9 14  8 15  7 16  6 17  5  1  4  2  3
12 13 11 14 10 15  9 16  8 17  7  1  6  2  5  3  4
13 14 12 15 11 16 10 17  9  1  8  2  7  3  6  4  5
14 15 13 16 12 17 11  1 10  2  9  3  8  4  7  5  6
15 16 14 17 13  1 12  2 11  3 10  4  9  5  8  6  7
16 17 15  1 14  2 13  3 12  4 11  5 10  6  9  7  8
17  1 16  2 15  3 14  4 13  5 12  6 11  7 10  8  9
10  9 11  8 12  7 13  6 14  5 15  4 16  3 17  2  1
11 10 12  9 13  8 14  7 15  6 16  5 17  4  1  3  2
12 11 13 10 14  9 15  8 16  7 17  6  1  5  2  4  3
13 12 14 11 15 10 16  9 17  8  1  7  2  6  3  5  4
14 13 15 12 16 11 17 10  1  9  2  8  3  7  4  6  5
15 14 16 13 17 12  1 11  2 10  3  9  4  8  5  7  6
16 15 17 14  1 13  2 12  3 11  4 10  5  9  6  8  7
17 16  1 15  2 14  3 13  4 12  5 11  6 10  7  9  8
```

```
1  17  2  16  3  15  4  14  5  13  6  12  7  11  8  10  9
2   1  3  17  4  16  5  15  6  14  7  13  8  12  9  11  10
3   2  4   1  5  17  6  16  7  15  8  14  9  13  10 12  11
4   3  5   2  6   1  7  17  8  16  9  15  10 14  11 13  12
5   4  6   3  7   2  8   1  9  17  10 16  11 15  12 14  13
6   5  7   4  8   3  9   2  10  1  11 17  12 16  13 15  14
7   6  8   5  9   4  10  3  11  2  12  1  13 17  14 16  15
8   7  9   6  10  5  11  4  12  3  13  2  14  1  15 17  16
9   8  10  7  11  6  12  5  13  4  14  3  15  2  16  1  17
```

$N = 18$

```
1   2  18  3  17  4  16  5  15  6  14  7  13  8  12  9  11  10
2   3   1  4  18  5  17  6  16  7  15  8  14  9  13  10 12  11
3   4   2  5   1  6  18  7  17  8  16  9  15  10 14  11 13  12
4   5   3  6   2  7   1  8  18  9  17  10 16  11 15  12 14  13
5   6   4  7   3  8   2  9   1  10 18  11 17  12 16  13 15  14
6   7   5  8   4  9   3  10  2  11  1  12 18  13 17  14 16  15
7   8   6  9   5  10  4  11  3  12  2  13  1  14 18  15 17  16
8   9   7  10  6  11  5  12  4  13  3  14  2  15  1  16 18  17
9   10  8  11  7  12  6  13  5  14  4  15  3  16  2  17  1  18
10  11  9  12  8  13  7  14  6  15  5  16  4  17  3  18  2   1
11  12  10 13  9  14  8  15  7  16  6  17  5  18  4   1  3   2
12  13  11 14  10 15  9  16  8  17  7  18  6   1  5   2  4   3
13  14  12 15  11 16  10 17  9  18  8   1  7   2  6   3  5   4
14  15  13 16  12 17  11 18  10  1  9   2  8   3  7   4  6   5
15  16  14 17  13 18  12  1  11  2  10  3  9   4  8   5  7   6
16  17  15 18  14  1  13  2  12  3  11  4  10  5  9   6  8   7
17  18  16  1  15  2  14  3  13  4  12  5  11  6  10  7  9   8
18   1  17  2  16  3  15  4  14  5  13  6  12  7  11  8  10  9
```

$N = 19$

```
1   2  19  3  18  4  17  5  16  6  15  7  14  8  13  9  12  10  11
2   3   1  4  19  5  18  6  17  7  16  8  15  9  14  10 13  11  12
3   4   2  5   1  6  19  7  18  8  17  9  16  10 15  11 14  12  13
4   5   3  6   2  7   1  8  19  9  18  10 17  11 16  12 15  13  14
5   6   4  7   3  8   2  9   1  10 19  11 18  12 17  13 16  14  15
6   7   5  8   4  9   3  10  2  11  1  12 19  13 18  14 17  15  16
7   8   6  9   5  10  4  11  3  12  2  13  1  14 19  15 18  16  17
8   9   7  10  6  11  5  12  4  13  3  14  2  15  1  16 19  17  18
9   10  8  11  7  12  6  13  5  14  4  15  3  16  2  17  1  18  19
10  11  9  12  8  13  7  14  6  15  5  16  4  17  3  18  2  19   1
11  12  10 13  9  14  8  15  7  16  6  17  5  18  4  19  3   1   2
12  13  11 14  10 15  9  16  8  17  7  18  6  19  5   1  4   2   3
```

```
13  14  12  15  11  16  10  17   9  18   8  19   7   1   6   2   5   3   4
14  15  13  16  12  17  11  18  10  19   9   1   8   2   7   3   6   4   5
15  16  14  17  13  18  12  19  11   1  10   2   9   3   8   4   7   5   6
16  17  15  18  14  19  13   1  12   2  11   3  10   4   9   5   8   6   7
17  18  16  19  15   1  14   2  13   3  12   4  11   5  10   6   9   7   8
18  19  17   1  16   2  15   3  14   4  13   5  12   6  11   7  10   8   9
19   1  18   2  17   3  16   4  15   5  14   6  13   7  12   8  11   9  10
11  10  12   9  13   8  14   7  15   6  16   5  17   4  18   3  19   2   1
12  11  13  10  14   9  15   8  16   7  17   6  18   5  19   4   1   3   2
13  12  14  11  15  10  16   9  17   8  18   7  19   6   1   5   2   4   3
14  13  15  12  16  11  17  10  18   9  19   8   1   7   2   6   3   5   4
15  14  16  13  17  12  18  11  19  10   1   9   2   8   3   7   4   6   5
16  15  17  14  18  13  19  12   1  11   2  10   3   9   4   8   5   7   6
17  16  18  15  19  14   1  13   2  12   3  11   4  10   5   9   6   8   7
18  17  19  16   1  15   2  14   3  13   4  12   5  11   6  10   7   9   8
19  18   1  17   2  16   3  15   4  14   5  13   6  12   7  11   8  10   9
 1  19   2  18   3  17   4  16   5  15   6  14   7  13   8  12   9  11  10
 2   1   3  19   4  18   5  17   6  16   7  15   8  14   9  13  10  12  11
 3   2   4   1   5  19   6  18   7  17   8  16   9  15  10  14  11  13  12
 4   3   5   2   6   1   7  19   8  18   9  17  10  16  11  15  12  14  13
 5   4   6   3   7   2   8   1   9  19  10  18  11  17  12  16  13  15  14
 6   5   7   4   8   3   9   2  10   1  11  19  12  18  13  17  14  16  15
 7   6   8   5   9   4  10   3  11   2  12   1  13  19  14  18  15  17  16
 8   7   9   6  10   5  11   4  12   3  13   2  14   1  15  19  16  18  17
 9   8  10   7  11   6  12   5  13   4  14   3  15   2  16   1  17  19  18
10   9  11   8  12   7  13   6  14   5  15   4  16   3  17   2  18   1  19
```

$N = 20$

```
 1   2  20   3  19   4  18   5  17   6  16   7  15   8  14   9  13  10  12  11
 2   3   1   4  20   5  19   6  18   7  17   8  16   9  15  10  14  11  13  12
 3   4   2   5   1   6  20   7  19   8  18   9  17  10  16  11  15  12  14  13
 4   5   3   6   2   7   1   8  20   9  19  10  18  11  17  12  16  13  15  14
 5   6   4   7   3   8   2   9   1  10  20  11  19  12  18  13  17  14  16  15
 6   7   5   8   4   9   3  10   2  11   1  12  20  13  19  14  18  15  17  16
 7   8   6   9   5  10   4  11   3  12   2  13   1  14  20  15  19  16  18  17
 8   9   7  10   6  11   5  12   4  13   3  14   2  15   1  16  20  17  19  18
 9  10   8  11   7  12   6  13   5  14   4  15   3  16   2  17   1  18  20  19
10  11   9  12   8  13   7  14   6  15   5  16   4  17   3  18   2  19   1  20
11  12  10  13   9  14   8  15   7  16   6  17   5  18   4  19   3  20   2   1
12  13  11  14  10  15   9  16   8  17   7  18   6  19   5  20   4   1   3   2
13  14  12  15  11  16  10  17   9  18   8  19   7  20   6   1   5   2   4   3
14  15  13  16  12  17  11  18  10  19   9  20   8   1   7   2   6   3   5   4
```

```
15  16  14  17  13  18  12  19  11  20  10   1   9   2   8   3   7   4   6   5
16  17  15  18  14  19  13  20  12   1  11   2  10   3   9   4   8   5   7   6
17  18  16  19  15  20  14   1  13   2  12   3  11   4  10   5   9   6   8   7
18  19  17  20  16   1  15   2  14   3  13   4  12   5  11   6  10   7   9   8
19  20  18   1  17   2  16   3  15   4  14   5  13   6  12   7  11   8  10   9
20   1  19   2  18   3  17   4  16   5  15   6  14   7  13   8  12   9  11  10
```

$N = 21$

```
 1   2  21   3  20   4  19   5  18   6  17   7  16   8  15   9  14  10  13  11  12
 2   3   1   4  21   5  20   6  19   7  18   8  17   9  16  10  15  11  14  12  13
 3   4   2   5   1   6  21   7  20   8  19   9  18  10  17  11  16  12  15  13  14
 4   5   3   6   2   7   1   8  21   9  20  10  19  11  18  12  17  13  16  14  15
 5   6   4   7   3   8   2   9   1  10  21  11  20  12  19  13  18  14  17  15  16
 6   7   5   8   4   9   3  10   2  11   1  12  21  13  20  14  19  15  18  16  17
 7   8   6   9   5  10   4  11   3  12   2  13   1  14  21  15  20  16  19  17  18
 8   9   7  10   6  11   5  12   4  13   3  14   2  15   1  16  21  17  20  18  19
 9  10   8  11   7  12   6  13   5  14   4  15   3  16   2  17   1  18  21  19  20
10  11   9  12   8  13   7  14   6  15   5  16   4  17   3  18   2  19   1  20  21
11  12  10  13   9  14   8  15   7  16   6  17   5  18   4  19   3  20   2  21   1
12  13  11  14  10  15   9  16   8  17   7  18   6  19   5  20   4  21   3   1   2
13  14  12  15  11  16  10  17   9  18   8  19   7  20   6  21   5   1   4   2   3
14  15  13  16  12  17  11  18  10  19   9  20   8  21   7   1   6   2   5   3   4
15  16  14  17  13  18  12  19  11  20  10  21   9   1   8   2   7   3   6   4   5
16  17  15  18  14  19  13  20  12  21  11   1  10   2   9   3   8   4   7   5   6
17  18  16  19  15  20  14  21  13   1  12   2  11   3  10   4   9   5   8   6   7
18  19  17  20  16  21  15   1  14   2  13   3  12   4  11   5  10   6   9   7   8
19  20  18  21  17   1  16   2  15   3  14   4  13   5  12   6  11   7  10   8   9
20  21  19   1  18   2  17   3  16   4  15   5  14   6  13   7  12   8  11   9  10
21   1  20   2  19   3  18   4  17   5  16   6  15   7  14   8  13   9  12  10  11
12  11  13  10  14   9  15   8  16   7  17   6  18   5  19   4  20   3  21   2   1
13  12  14  11  15  10  16   9  17   8  18   7  19   6  20   5  21   4   1   3   2
14  13  15  12  16  11  17  10  18   9  19   8  20   7  21   6   1   5   2   4   3
15  14  16  13  17  12  18  11  19  10  20   9  21   8   1   7   2   6   3   5   4
16  15  17  14  18  13  19  12  20  11  21  10   1   9   2   8   3   7   4   6   5
17  16  18  15  19  14  20  13  21  12   1  11   2  10   3   9   4   8   5   7   6
18  17  19  16  20  15  21  14   1  13   2  12   3  11   4  10   5   9   6   8   7
19  18  20  17  21  16   1  15   2  14   3  13   4  12   5  11   6  10   7   9   8
20  19  21  18   1  17   2  16   3  15   4  14   5  13   6  12   7  11   8  10   9
21  20   1  19   2  18   3  17   4  16   5  15   6  14   7  13   8  12   9  11  10
 1  21   2  20   3  19   4  18   5  17   6  16   7  15   8  14   9  13  10  12  11
 2   1   3  21   4  20   5  19   6  18   7  17   8  16   9  15  10  14  11  13  12
 3   2   4   1   5  21   6  20   7  19   8  18   9  17  10  16  11  15  12  14  13
```

```
 4  3  5  2  6  1  7 21  8 20  9 19 10 18 11 17 12 16 13 15 14
 5  4  6  3  7  2  8  1  9 21 10 20 11 19 12 18 13 17 14 16 15
 6  5  7  4  8  3  9  2 10  1 11 21 12 20 13 19 14 18 15 17 16
 7  6  8  5  9  4 10  3 11  2 12  1 13 21 14 20 15 19 16 18 17
 8  7  9  6 10  5 11  4 12  3 13  2 14  1 15 21 16 20 17 19 18
 9  8 10  7 11  6 12  5 13  4 14  3 15  2 16  1 17 21 18 20 19
10  9 11  8 12  7 13  6 14  5 15  4 16  3 17  2 18  1 19 21 20
11 10 12  9 13  8 14  7 15  6 16  5 17  4 18  3 19  2 20  1 21
```

$N = 22$

```
 1  2 22  3 21  4 20  5 19  6 18  7 17  8 16  9 15 10 14 11 13 12
 2  3  1  4 22  5 21  6 20  7 19  8 18  9 17 10 16 11 15 12 14 13
 3  4  2  5  1  6 22  7 21  8 20  9 19 10 18 11 17 12 16 13 15 14
 4  5  3  6  2  7  1  8 22  9 21 10 20 11 19 12 18 13 17 14 16 15
 5  6  4  7  3  8  2  9  1 10 22 11 21 12 20 13 19 14 18 15 17 16
 6  7  5  8  4  9  3 10  2 11  1 12 22 13 21 14 20 15 19 16 18 17
 7  8  6  9  5 10  4 11  3 12  2 13  1 14 22 15 21 16 20 17 19 18
 8  9  7 10  6 11  5 12  4 13  3 14  2 15  1 16 22 17 21 18 20 19
 9 10  8 11  7 12  6 13  5 14  4 15  3 16  2 17  1 18 22 19 21 20
10 11  9 12  8 13  7 14  6 15  5 16  4 17  3 18  2 19  1 20 22 21
11 12 10 13  9 14  8 15  7 16  6 17  5 18  4 19  3 20  2 21  1 22
12 13 11 14 10 15  9 16  8 17  7 18  6 19  5 20  4 21  3 22  2  1
13 14 12 15 11 16 10 17  9 18  8 19  7 20  6 21  5 22  4  1  3  2
14 15 13 16 12 17 11 18 10 19  9 20  8 21  7 22  6  1  5  2  4  3
15 16 14 17 13 18 12 19 11 20 10 21  9 22  8  1  7  2  6  3  5  4
16 17 15 18 14 19 13 20 12 21 11 22 10  1  9  2  8  3  7  4  6  5
17 18 16 19 15 20 14 21 13 22 12  1 11  2 10  3  9  4  8  5  7  6
18 19 17 20 16 21 15 22 14  1 13  2 12  3 11  4 10  5  9  6  8  7
19 20 18 21 17 22 16  1 15  2 14  3 13  4 12  5 11  6 10  7  9  8
20 21 19 22 18  1 17  2 16  3 15  4 14  5 13  6 12  7 11  8 10  9
21 22 20  1 19  2 18  3 17  4 16  5 15  6 14  7 13  8 12  9 11 10
22  1 21  2 20  3 19  4 18  5 17  6 16  7 15  8 14  9 13 10 12 11
```

$N = 23$

```
 1  2 23  3 22  4 21  5 20  6 19  7 18  8 17  9 16 10 15 11 14 12 13
 2  3  1  4 23  5 22  6 21  7 20  8 19  9 18 10 17 11 16 12 15 13 14
 3  4  2  5  1  6 23  7 22  8 21  9 20 10 19 11 18 12 17 13 16 14 15
 4  5  3  6  2  7  1  8 23  9 22 10 21 11 20 12 19 13 18 14 17 15 16
 5  6  4  7  3  8  2  9  1 10 23 11 22 12 21 13 20 14 19 15 18 16 17
 6  7  5  8  4  9  3 10  2 11  1 12 23 13 22 14 21 15 20 16 19 17 18
 7  8  6  9  5 10  4 11  3 12  2 13  1 14 23 15 22 16 21 17 20 18 19
 8  9  7 10  6 11  5 12  4 13  3 14  2 15  1 16 23 17 22 18 21 19 20
 9 10  8 11  7 12  6 13  5 14  4 15  3 16  2 17  1 18 23 19 22 20 21
```

10	11	9	12	8	13	7	14	6	15	5	16	4	17	3	18	2	19	1	20	23	21	22
11	12	10	13	9	14	8	15	7	16	6	17	5	18	4	19	3	20	2	21	1	22	23
12	13	11	14	10	15	9	16	8	17	7	18	6	19	5	20	4	21	3	22	2	23	1
13	14	12	15	11	16	10	17	9	18	8	19	7	20	6	21	5	22	4	23	3	1	2
14	15	13	16	12	17	11	18	10	19	9	20	8	21	7	22	6	23	5	1	4	2	3
15	16	14	17	13	18	12	19	11	20	10	21	9	22	8	23	7	1	6	2	5	3	4
16	17	15	18	14	19	13	20	12	21	11	22	10	23	9	1	8	2	7	3	6	4	5
17	18	16	19	15	20	14	21	13	22	12	23	11	1	10	2	9	3	8	4	7	5	6
18	19	17	20	16	21	15	22	14	23	13	1	12	2	11	3	10	4	9	5	8	6	7
19	20	18	21	17	22	16	23	15	1	14	2	13	3	12	4	11	5	10	6	9	7	8
20	21	19	22	18	23	17	1	16	2	15	3	14	4	13	5	12	6	11	7	10	8	9
21	22	20	23	19	1	18	2	17	3	16	4	15	5	14	6	13	7	12	8	11	9	10
22	23	21	1	20	2	19	3	18	4	17	5	16	6	15	7	14	8	13	9	12	10	11
23	1	22	2	21	3	20	4	19	5	18	6	17	7	16	8	15	9	14	10	13	11	12
13	12	14	11	15	10	16	9	17	8	18	7	19	6	20	5	21	4	22	3	23	2	1
14	13	15	12	16	11	17	10	18	9	19	8	20	7	21	6	22	5	23	4	1	3	2
15	14	16	13	17	12	18	11	19	10	20	9	21	8	22	7	23	6	1	5	2	4	3
16	15	17	14	18	13	19	12	20	11	21	10	22	9	23	8	1	7	2	6	3	5	4
17	16	18	15	19	14	20	13	21	12	22	11	23	10	1	9	2	8	3	7	4	6	5
18	17	19	16	20	15	21	14	22	13	23	12	1	11	2	10	3	9	4	8	5	7	6
19	18	20	17	21	16	22	15	23	14	1	13	2	12	3	11	4	10	5	9	6	8	7
20	19	21	18	22	17	23	16	1	15	2	14	3	13	4	12	5	11	6	10	7	9	8
21	20	22	19	23	18	1	17	2	16	3	15	4	14	5	13	6	12	7	11	8	10	9
22	21	23	20	1	19	2	18	3	17	4	16	5	15	6	14	7	13	8	12	9	11	10
23	22	1	21	2	20	3	19	4	18	5	17	6	16	7	15	8	14	9	13	10	12	11
1	23	2	22	3	21	4	20	5	19	6	18	7	17	8	16	9	15	10	14	11	13	12
2	1	3	23	4	22	5	21	6	20	7	19	8	18	9	17	10	16	11	15	12	14	13
3	2	4	1	5	23	6	22	7	21	8	20	9	19	10	18	11	17	12	16	13	15	14
4	3	5	2	6	1	7	23	8	22	9	21	10	20	11	19	12	18	13	17	14	16	15
5	4	6	3	7	2	8	1	9	23	10	22	11	21	12	20	13	19	14	18	15	17	16
6	5	7	4	8	3	9	2	10	1	11	23	12	22	13	21	14	20	15	19	16	18	17
7	6	8	5	9	4	10	3	11	2	12	1	13	23	14	22	15	21	16	20	17	19	18
8	7	9	6	10	5	11	4	12	3	13	2	14	1	15	23	16	22	17	21	18	20	19
9	8	10	7	11	6	12	5	13	4	14	3	15	2	16	1	17	23	18	22	19	21	20
10	9	11	8	12	7	13	6	14	5	15	4	16	3	17	2	18	1	19	23	20	22	21
11	10	12	9	13	8	14	7	15	6	16	5	17	4	18	3	19	2	20	1	21	23	22
12	11	13	10	14	9	15	8	16	7	17	6	18	5	19	4	20	3	21	2	22	1	23

$N = 24$

1	2	24	3	23	4	22	5	21	6	20	7	19	8	18	9	17	10	16	11	15	12	14	13
2	3	1	4	24	5	23	6	22	7	21	8	20	9	19	10	18	11	17	12	16	13	15	14
3	4	2	5	1	6	24	7	23	8	22	9	21	10	20	11	19	12	18	13	17	14	16	15

4	5	3	6	2	7	1	8	24	9	23	10	22	11	21	12	20	13	19	14	18	15	17	16
5	6	4	7	3	8	2	9	1	10	24	11	23	12	22	13	21	14	20	15	19	16	18	17
6	7	5	8	4	9	3	10	2	11	1	12	24	13	23	14	22	15	21	16	20	17	19	18
7	8	6	9	5	10	4	11	3	12	2	13	1	14	24	15	23	16	22	17	21	18	20	19
8	9	7	10	6	11	5	12	4	13	3	14	2	15	1	16	24	17	23	18	22	19	21	20
9	10	8	11	7	12	6	13	5	14	4	15	3	16	2	17	1	18	24	19	23	20	22	21
10	11	9	12	8	13	7	14	6	15	5	16	4	17	3	18	2	19	1	20	24	21	23	22
11	12	10	13	9	14	8	15	7	16	6	17	5	18	4	19	3	20	2	21	1	22	24	23
12	13	11	14	10	15	9	16	8	17	7	18	6	19	5	20	4	21	3	22	2	23	1	24
13	14	12	15	11	16	10	17	9	18	8	19	7	20	6	21	5	22	4	23	3	24	2	1
14	15	13	16	12	17	11	18	10	19	9	20	8	21	7	22	6	23	5	24	4	1	3	2
15	16	14	17	13	18	12	19	11	20	10	21	9	22	8	23	7	24	6	1	5	2	4	3
16	17	15	18	14	19	13	20	12	21	11	22	10	23	9	24	8	1	7	2	6	3	5	4
17	18	16	19	15	20	14	21	13	22	12	23	11	24	10	1	9	2	8	3	7	4	6	5
18	19	17	20	16	21	15	22	14	23	13	24	12	1	11	2	10	3	9	4	8	5	7	6
19	20	18	21	17	22	16	23	15	24	14	1	13	2	12	3	11	4	10	5	9	6	8	7
20	21	19	22	18	23	17	24	16	1	15	2	14	3	13	4	12	5	11	6	10	7	9	8
21	22	20	23	19	24	18	1	17	2	16	3	15	4	14	5	13	6	12	7	11	8	10	9
22	23	21	24	20	1	19	2	18	3	17	4	16	5	15	6	14	7	13	8	12	9	11	10
23	24	22	1	21	2	20	3	19	4	18	5	17	6	16	7	15	8	14	9	13	10	12	11
24	1	23	2	22	3	21	4	20	5	19	6	18	7	17	8	16	9	15	10	14	11	13	12

$N = 25$

1	2	25	3	24	4	23	5	22	6	21	7	20	8	19	9	18	10	17	11	16	12	15	13	14
2	3	1	4	25	5	24	6	23	7	22	8	21	9	20	10	19	11	18	12	17	13	16	14	15
3	4	2	5	1	6	25	7	24	8	23	9	22	10	21	11	20	12	19	13	18	14	17	15	16
4	5	3	6	2	7	1	8	25	9	24	10	23	11	22	12	21	13	20	14	19	15	18	16	17
5	6	4	7	3	8	2	9	1	10	25	11	24	12	23	13	22	14	21	15	20	16	19	17	18
6	7	5	8	4	9	3	10	2	11	1	12	25	13	24	14	23	15	22	16	21	17	20	18	19
7	8	6	9	5	10	4	11	3	12	2	13	1	14	25	15	24	16	23	17	22	18	21	19	20
8	9	7	10	6	11	5	12	4	13	3	14	2	15	1	16	25	17	24	18	23	19	22	20	21
9	10	8	11	7	12	6	13	5	14	4	15	3	16	2	17	1	18	25	19	24	20	23	21	22
10	11	9	12	8	13	7	14	6	15	5	16	4	17	3	18	2	19	1	20	25	21	24	22	23
11	12	10	13	9	14	8	15	7	16	6	17	5	18	4	19	3	20	2	21	1	22	25	23	24
12	13	11	14	10	15	9	16	8	17	7	18	6	19	5	20	4	21	3	22	2	23	1	24	25
13	14	12	15	11	16	10	17	9	18	8	19	7	20	6	21	5	22	4	23	3	24	2	25	1
14	15	13	16	12	17	11	18	10	19	9	20	8	21	7	22	6	23	5	24	4	25	3	1	2
15	16	14	17	13	18	12	19	11	20	10	21	9	22	8	23	7	24	6	25	5	1	4	2	3
16	17	15	18	14	19	13	20	12	21	11	22	10	23	9	24	8	25	7	1	6	2	5	3	4
17	18	16	19	15	20	14	21	13	22	12	23	11	24	10	25	9	1	8	2	7	3	6	4	5
18	19	17	20	16	21	15	22	14	23	13	24	12	25	11	1	10	2	9	3	8	4	7	5	6
19	20	18	21	17	22	16	23	15	24	14	25	13	1	12	2	11	3	10	4	9	5	8	6	7

20	21	19	22	18	23	17	24	16	25	15	1	14	2	13	3	12	4	11	5	10	6	9	7	8
21	22	20	23	19	24	18	25	17	1	16	2	15	3	14	4	13	5	12	6	11	7	10	8	9
22	23	21	24	20	25	19	1	18	2	17	3	16	4	15	5	14	6	13	7	12	8	11	9	10
23	24	22	25	21	1	20	2	19	3	18	4	17	5	16	6	15	7	14	8	13	9	12	10	11
24	25	23	1	22	2	21	3	20	4	19	5	18	6	17	7	16	8	15	9	14	10	13	11	12
25	1	24	2	23	3	22	4	21	5	20	6	19	7	18	8	17	9	16	10	15	11	14	12	13
14	13	15	12	16	11	17	10	18	9	19	8	20	7	21	6	22	5	23	4	24	3	25	2	1
15	14	16	13	17	12	18	11	19	10	20	9	21	8	22	7	23	6	24	5	25	4	1	3	2
16	15	17	14	18	13	19	12	20	11	21	10	22	9	23	8	24	7	25	6	1	5	2	4	3
17	16	18	15	19	14	20	13	21	12	22	11	23	10	24	9	25	8	1	7	2	6	3	5	4
18	17	19	16	20	15	21	14	22	13	23	12	24	11	25	10	1	9	2	8	3	7	4	6	5
19	18	20	17	21	16	22	15	23	14	24	13	25	12	1	11	2	10	3	9	4	8	5	7	6
20	19	21	18	22	17	23	16	24	15	25	14	1	13	2	12	3	11	4	10	5	9	6	8	7
21	20	22	19	23	18	24	17	25	16	1	15	2	14	3	13	4	12	5	11	6	10	7	9	8
22	21	23	20	24	19	25	18	1	17	2	16	3	15	4	14	5	13	6	12	7	11	8	10	9
23	22	24	21	25	20	1	19	2	18	3	17	4	16	5	15	6	14	7	13	8	12	9	11	10
24	23	25	22	1	21	2	20	3	19	4	18	5	17	6	16	7	15	8	14	9	13	10	12	11
25	24	1	23	2	22	3	21	4	20	5	19	6	18	7	17	8	16	9	15	10	14	11	13	12
1	25	2	24	3	23	4	22	5	21	6	20	7	19	8	18	9	17	10	16	11	15	12	14	13
2	1	3	25	4	24	5	23	6	22	7	21	8	20	9	19	10	18	11	17	12	16	13	15	14
3	2	4	1	5	25	6	24	7	23	8	22	9	21	10	20	11	19	12	18	13	17	14	16	15
4	3	5	2	6	1	7	25	8	24	9	23	10	22	11	21	12	20	13	19	14	18	15	17	16
5	4	6	3	7	2	8	1	9	25	10	24	11	23	12	22	13	21	14	20	15	19	16	18	17
6	5	7	4	8	3	9	2	10	1	11	25	12	24	13	23	14	22	15	21	16	20	17	19	18
7	6	8	5	9	4	10	3	11	2	12	1	13	25	14	24	15	23	16	22	17	21	18	20	19
8	7	9	6	10	5	11	4	12	3	13	2	14	1	15	25	16	24	17	23	18	22	19	21	20
9	8	10	7	11	6	12	5	13	4	14	3	15	2	16	1	17	25	18	24	19	23	20	22	21
10	9	11	8	12	7	13	6	14	5	15	4	16	3	17	2	18	1	19	25	20	24	21	23	22
11	10	12	9	13	8	14	7	15	6	16	5	17	4	18	3	19	2	20	1	21	25	22	24	23
12	11	13	10	14	9	15	8	16	7	17	6	18	5	19	4	20	3	21	2	22	1	23	25	24
13	12	14	11	15	10	16	9	17	8	18	7	19	6	20	5	21	4	22	3	23	2	24	1	25

$N = 26$

1	2	26	3	25	4	24	5	23	6	22	7	21	8	20	9	19	10	18	11	17	12	16	13	15	14
2	3	1	4	26	5	25	6	24	7	23	8	22	9	21	10	20	11	19	12	18	13	17	14	16	15
3	4	2	5	1	6	26	7	25	8	24	9	23	10	22	11	21	12	20	13	19	14	18	15	17	16
4	5	3	6	2	7	1	8	26	9	25	10	24	11	23	12	22	13	21	14	20	15	19	16	18	17
5	6	4	7	3	8	2	9	1	10	26	11	25	12	24	13	23	14	22	15	21	16	20	17	19	18
6	7	5	8	4	9	3	10	2	11	1	12	26	13	25	14	24	15	23	16	22	17	21	18	20	19
7	8	6	9	5	10	4	11	3	12	2	13	1	14	26	15	25	16	24	17	23	18	22	19	21	20
8	9	7	10	6	11	5	12	4	13	3	14	2	15	1	16	26	17	25	18	24	19	23	20	22	21
9	10	8	11	7	12	6	13	5	14	4	15	3	16	2	17	1	18	26	19	25	20	24	21	23	22

10	11	9	12	8	13	7	14	6	15	5	16	4	17	3	18	2	19	1	20	26	21	25	22	24	23
11	12	10	13	9	14	8	15	7	16	6	17	5	18	4	19	3	20	2	21	1	22	26	23	25	24
12	13	11	14	10	15	9	16	8	17	7	18	6	19	5	20	4	21	3	22	2	23	1	24	26	25
13	14	12	15	11	16	10	17	9	18	8	19	7	20	6	21	5	22	4	23	3	24	2	25	1	26
14	15	13	16	12	17	11	18	10	19	9	20	8	21	7	22	6	23	5	24	4	25	3	26	2	1
15	16	14	17	13	18	12	19	11	20	10	21	9	22	8	23	7	24	6	25	5	26	4	1	3	2
16	17	15	18	14	19	13	20	12	21	11	22	10	23	9	24	8	25	7	26	6	1	5	2	4	3
17	18	16	19	15	20	14	21	13	22	12	23	11	24	10	25	9	26	8	1	7	2	6	3	5	4
18	19	17	20	16	21	15	22	14	23	13	24	12	25	11	26	10	1	9	2	8	3	7	4	6	5
19	20	18	21	17	22	16	23	15	24	14	25	13	26	12	1	11	2	10	3	9	4	8	5	7	6
20	21	19	22	18	23	17	24	16	25	15	26	14	1	13	2	12	3	11	4	10	5	9	6	8	7
21	22	20	23	19	24	18	25	17	26	16	1	15	2	14	3	13	4	12	5	11	6	10	7	9	8
22	23	21	24	20	25	19	26	18	1	17	2	16	3	15	4	14	5	13	6	12	7	11	8	10	9
23	24	22	25	21	26	20	1	19	2	18	3	17	4	16	5	15	6	14	7	13	8	12	9	11	10
24	25	23	26	22	1	21	2	20	3	19	4	18	5	17	6	16	7	15	8	14	9	13	10	12	11
25	26	24	1	23	2	22	3	21	4	20	5	19	6	18	7	17	8	16	9	15	10	14	11	13	12
26	1	25	2	24	3	23	4	22	5	21	6	20	7	19	8	18	9	17	10	16	11	15	12	14	13

参 考 文 献

1. Cini Varghese I. A. S. R. I., Library Avenue, New Delhi—110 012.

2. Williams, E. J. (1949), Experimental designs balanced for the estimation of residual effects of treatments, *Australian Journal of Scientific Research*, Ser. A 2, 149—168.

第八章

析 因 设 计

第一节 析因设计理念概述

1. 概念

析因设计是一种多因素的交叉分组设计,也叫做全因子实验设计。它是指实验中所涉及的全部实验因素的各水平全面组合形成不同的实验条件,每个实验条件下进行两次或两次以上的独立重复实验。

析因设计的最大优点是所获得的信息量很多,可以准确地估计各实验因素的主效应的大小,还可估计因素之间各级交互作用效应的大小。它不仅可检验每个因素各水平间的差异,而且可检验各因素间的交互作用。两个或多个因素如存在交互作用,表示各因素不是各自独立的,而是一个因素的水平有改变时,另一个或几个因素的效应也相应有所改变;反之,如不存在交互作用,表示各因素具有独立性,一个因素的水平有所改变时不影响其他因素的效应。其最大缺点是所需要的实验次数最多,因此耗费的人力、物力和时间也较多。当所考察的实验因素和水平较多时,研究者很难承受。

2. 析因设计特点

① 同时观察多个因素的效应,提高了实验效率;

② 能够分析各因素间的交互作用;

③ 容许一个因素在其他各因素的几个水平上来估计其效应,所得结论在实验条件的范围内是有效的。

析因设计要求每个因素的不同水平都要进行组合,因此对剖析因素与效应之间的关系比较透彻,当因素数目和水平数都不太大,且效应与因素之间的关系比较复杂时,常常被推荐使用。但是当研究因素较多,且每个因素的水平数也较多时,析因设计要求的实验可能太多,以至于到了无法承受的地步。

3. 应用

析因设计各处理组间在均衡性方面的要求与随机设计一致,各处理组样本含量应尽可能相同;析因设计对各因素不同水平的全部组合实验,故具有全面性和均衡性。

析因设计可以提供三方面的重要信息:

① 各因素不同水平的效应大小。

② 各因素间的交互作用。

③ 通过比较各种组合,找出最佳组合。

析因设计及其资料的统计分析:

在此之前介绍的各种实验设计方法,严格地说,它们仅适用于只有 1 个实验(或处理)因素的实验问题,其他因素都属于区组因素,即与实验因素无交互作用。如果实验所涉及的处理因素的个数 ≥ 2,当各因素在实验中所处的地位基本平等,而且因素之间存在 1 级(即 2 因素之间)、2 级(即 3 因素之间)乃至更复杂的交互作用时,需选用析因设计。

第二节 多因素实验设计

1. 概念

在实验中包括两个或两个以上因素(自变量),并且每个因素都有两个或两个以上的水平,各因素的各水平相互结合构成多种组合处理的一种实验设计。常见的多因素实验设计包括完全随机化多因素实验设计、随机区组多因素实验设计,其中部分实验设计还有正交实验设计等。

2. 多因素实验的优点

节省时间和精力——在这种实验中,可以不必利用全部观察值来研究每个被考察因素的效应。

3. 两因素完全随机实验设计

(1) 概念

设实验中有两个自变量,每个自变量有两个或多个水平。如果其中一个自变量有 p 个水平,另一个自变量有 q 个水平,实验中含有 $p \times q$ 个处理的结合,随机分配实验单元接受实验处理的结合,每一个实验单元接受一个实验处理。这样的实验设计称为两因素完全随机实验设计。(与单因素完全随机实验设计不同的是,在两因素完全随机实验设计中,每个实验单元接受的是一个处理的组合,而不是一个处理水平。)

(2) 设计方法

两因素完全随机实验设计的方法是随机分配实验单元接受实验处理的组合,每个实验处理接受一个实验处理的组合,两种实验设计中分配实验单元的图解如表 8.1、表 8.2 所示。

表 8.1 单因素完全随机实验设计图解

a_1	a_2	a_3	a_4
S_1	S_2	S_3	S_4
S_5	S_6	S_7	S_8
S_9	S_{10}	S_{11}	S_{12}
S_{13}	S_{14}	S_{15}	S_{16}

表 8.2 两因素完全随机实验设计图解

a_1	a_1	a_1	a_2	a_2	a_2
b_1	b_2	b_3	b_1	b_2	b_3
S_1	S_2	S_3	S_4	S_5	S_6
S_7	S_8	S_9	S_{10}	S_{11}	S_{12}
S_{13}	S_{14}	S_{15}	S_{16}	S_{17}	S_{18}
S_{19}	S_{20}	S_{21}	S_{22}	S_{23}	S_{24}

从表 8.2 中可以看出，两因素完全随机实验设计的特点是：实验中有两个自变量 A 和 B，自变量 A 有 2 个水平，自变量 B 有 3 个水平。实验所涉及的处理水平是两个自变量的所有水平的组合，共有 6 个处理水平的组合，实验中共有 24 个实验单元参加实验，每个处理组合有 4 个实验单元随机参加。

一个两因素完全随机实验设计所需的实验单元是 $N = npq$，其中 n 是接受同一实验条件的实验单元的数量，p、q 分别是自变量 A、B 的水平数。随着 n 的增加，实验中所需的实验单元数量将迅速增加。

两因素随机实验设计与单因素完全随机实验设计最重要的区别是前者可以估计交互作用的影响。考虑到交互作用的影响对于开展更深入的研究是非常必要的，因为在几个因素同时作用的时候，经常出现这样的情况：一个因素的各个水平在另一个因素的不同水平上变化趋势不一致，实验只区分每个因素独立的作用并不能解释因素水平之间的复杂关系。

第三节 实验设计与计算举例

析因设计在市场营销中的运用也非常广泛。假设中国移动想在大学校园中进行动感地带的促销活动，一共有两种促销手段：赠送话费和短信包月。赠送话费分为两种，充 100 送 30 和充 300 送 150，短信包月分为三种，10 元包 130 条、20 元包 300 条、25 元包 400 条。我们想知道具体哪一种的促销手段有效，通常的方法是统计手机卡的销售量和市场份额，以及学生用户每月使用的话费金额，来找出赠送话费和短信包月中最有效的方案。传统的市场研究只能分别进行赠送话费和短信包月两种促销手段的实验，也就是说只能逐个检验这些促销手段的效果。这种研究方法比较浪费资源和时间，尤其是想尝试多种促销手段的时候(比如赠送手机铃声、手机彩铃免费试用等)。市场研究者往往因为要投入大量的资金和时间成本,所以放弃对促销手段的深入分析。而析因设计就能解决这一难题,这种研究方法可以帮助市场营销人员,同时观察多种促销手段的作用,不仅提高效率,还可以分析各种促销手段之间的相互影响,找出最佳的组合搭档。

1. 研究的问题与实验设计

【例 8.1】 湖南某饮料公司市场研究部研究对该厂产品的不同口味与不同颜色包装的组合,以决定采用何种口味,何种包装颜色打入市场为好。为此决定进行一次市场实验。研究人员的假设是:产品口味、颜色包装及其交互作用对产品的销售有明显不同的影响。该实验有 2 个自变量——产品口味和颜色包装,产品口味有 2 个水平,包装有 3 个水平。因变量是产品口味和包装的反应变量——销售量。

该研究部采用完全随机化的 2×3 实验设计安排实验。实验中,产品口味 A 有 2 个水平,即酸奶味与咖啡味,分别记为 a_1、a_2;包装 B 有三个水平,即红色、蓝色与咖啡色,分别记 b_1、b_2、b_3,实验处理有 6 种处理水平的组合。研究者选择 24 个条件相当的零售商店,并将其随机分为 6 组,每组接受一种处理水平的结合。每种处理进行 10 天,共进行 4 次。实验单元安排如表 8.3 所示。

表 8.3 某产品口味与包装实验单元图解

| a_1 | a_1 | a_1 | a_2 | a_2 | a_2 |
b_1	b_2	b_3	b_1	b_2	b_3
S_1	S_2	S_3	S_4	S_5	S_6
S_7	S_8	S_9	S_{10}	S_{11}	S_{12}
S_{13}	S_{14}	S_{15}	S_{16}	S_{17}	S_{18}
S_{19}	S_{20}	S_{21}	S_{22}	S_{23}	S_{24}

从表 8.3 中可以看到,在两因素完全随机实验设计中两个自变量的所有水平的组合都被测量了,称为处理水平完全交叉。该设计所需实验单元 $N = npq$,其中,n 是接受同一实验条件的实验单元的数量;p、q 分别是因素 A、B 的水平数。易见,随着 n 的增加,实验中需要的实验单元数会迅速增加。

实验数据及其计算:

表 8.4、表 8.5 是计算 ABS 表和 AB 表。

表 8.4 ABS 表

| | a_1 | a_1 | a_1 | a_2 | a_2 | a_2 |
	b_1	b_2	b_3	b_1	b_2	b_3
	4	5	4	6	8	13
	6	6	7	5	9	11
	3	4	5	4	8	12
	3	2	2	3	7	11
求和	16	17	18	18	32	47

表 8.5 AB 表

			b_1	b_2	b_3	求和	
a_1	a_1	a_1	16	17	18	515	51
	a_2		18	32	47	516	97
	求和		34	49	65	148	148

根据 ABS 表和 AB 表计算因素 A、B、AB 和单元内平方和及其均方,并将其列入方差分析表,见图 8.1。

Source	Sum of Squares	df	Mean Square	F	Sig.
Intercept					
(1) A(口味)	88.166	1	88.166	42.55**	37.24
(2) B(包装)	60.083	2	30.042	14.50**	24.20
(3) AB	45.584	2	22.792	11.00	17.93
Between	37.300	18			
Error	37.300	18	2.072		
Total	231.133				

图 8.1

从图 8.1 我们可以看出:

产品口味(A 因素)的主效应统计上是极显著的 $\{F(1,18)=42.55, P<0.01\}$,包装(B 因素)的主效应在统计上也是极显著的 $\{F(1,18)=14.50, P<0.01\}$,产品口味的不同与包装颜色的改变的交互作用在统计上也是极显著的 $\{F(2,18)=11.00, P<0.01\}$。结果表明,咖啡味的该产品比酸奶味的好销售。随着包装颜色的改变,商店该产品的销售量明显上升。该产品 2 种口味的不同与包装颜色的改变之间存在极显著的交互作用。

对该实验两因素的交互作用作进一步检验。当方差分析表明两个因素的交互作用是显著的时候,研究者常常需要进一步了解交互作用的含义是什么。一种简明的方法是画出交互作用的图解,以观察一个因素的各水平组合的变化。

2. 图解法及其步骤

(1) 计算出每个处理水平组合所得到的平均数,并列出 AB 表和 AB 平均数表,见表 8.6、表 8.7。

表 8.6 AB 表

	b_1	b_2	b_3
		$n=4$	
a_1	16	17	18
a_2	18	32	47

表 8.7　AB 平均数表

	b_1	b_2	b_3
		$n=4$	
a_1	4	4.25	4.5
a_2	4.5	8.0	11.75

（2）根据 AB 平均数表可以从 a、b 两个方向作图，以观察 B 因素在 A 的两个水平上的影响趋势，同时也可观察 A 因素在 B 的三个水平上的影响趋势，见图 8.1 与图 8.2。

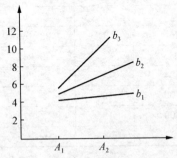

图 8.2　B 因素在 a_1、a_2 水平上的影响趋势

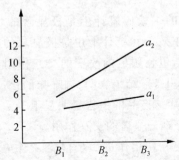

图 8.3　A 因素在 b_1、b_2、b_3 水平上的影响趋势

图 8.2 表明，A 因素在 B 因素的三个水平上的影响趋势不一致。A 因素的两个水平在 b_1 水平上没有明显差异，而在 b_2、b_3 水平上存在较大差异。图 8.3 表明，B 因素在 A 因素的两个水平上的影响趋势也是不一致的。B 因素的三个水平在 a_1 水平上似乎没有明显差别，而在 a_2 水平上有较大的差异。

图解法的优点是简单、清晰明了。直接利用处理水平对所得的平均观测值作图，可以使读者对实验结果有一个直观的了解。不足之处是解释有些主观，不同的研究者可能会对同一结果作出不同的解释。因此，图解法一般只作为检验交互作用的第一步，需要与统计检验结合起来，以进一步用数据对交互作用的意义作出更准确的解释。

3. 析因市场实验操作

(1) 实验背景

【例 8.2】 美军花生口味实验——提供最好的花生给大兵。不同方法保存的花生的口味是不尽相同的,很多变量可以影响到花生的口味,这些变量之间有可能存在交互作用。因此美军的 Food Acceptance Laboratory 进行了一个保存方法与口味的实验,检验到底哪些因素会影响到花生的口味。

(2) 评判的标准

① 实验之前,先要考虑如何测量口味这个相对抽象、模糊的概念。

② 该实验采用品味师来评定不同实验条件下花生的口味。对于一个品味师而言,是能够探测极小的差异的,举个例子:一个好的品味师,能够区别出用冷水煮沸后冲的茶的味道与用热水煮沸后冲的茶的味道的差异。实验中甄选了 13 位品味师进行最后的评判。

(3) 实验的变量

① 是否使用含有抗氧化剂的油来烹制花生(可以延长食用油的保质期);

② 储存温度是否对口味有影响;

③ 包装在铝箔中还是包装在玻璃纸中;

④ 打包后的花生是否需要放在罐子里;

⑤ 封装在空气中还是二氧化碳中(这个变量仅存在于封装在罐子中的情况,见变量 4)。

(4) 实验过程

① 存放时间:不同实验条件下的花生都存放了 12 个星期。

② 评分标准:采用 1—10 的量表,1 是恶心,10 是优秀;没有中立的答案,5 是轻度不理想,6 是不好但可以接受。每个实验组合的味道得分由 13 个裁判的评分相加得到。表 8.8 是实验结果。

表 8.8 实验结果

存放温度及抗氧化剂	仅打包(不使用罐)		打包后装罐				小记	总计
	铝包	玻璃纸	铝包		玻璃纸包			
			充空气	充CO_2	充空气	充CO_2		
100 华氏度:								
含抗氧化剂	70	77	91	97	96	99	530	
不含抗氧化剂	55	66	78	86	79	79	443	973
131 华氏度:								
含抗氧化剂	34	34	61	78	81	99	390	
不含抗氧化剂	35	25	48	78	45	87	318	708
总分	194	202	278	339	304	364		1 681

实验数据分析：

F 检验达到显著说明组间差异的存在。为了确定是实验的主效应导致了实验结果，我们还要检验交互作用的影响。

图 8.4 中的结果表明，所有的一阶交互作用（ab，bc 等）均未达到显著。

方差类型	Sum of Squares	df	Mean Square	F	Sig.
主效应					
是否装罐	389.5	1	389.5	34.44	0.000
温度	225.08	1	225.08	19.90	0.000
抗氧化剂	81.03	1	81.03	7.16	0.000
填充气体	70.39	1	70.39	6.22	0.05
包装用料	11.15	1	11.15	0.99	0.9
一阶交互作用					
装罐 * 温度	38.5	1	38.5	3.40	0.81
装罐 * 抗氧化剂	5.21	1	5.21	0.46	0.51
装罐 * 包装用料	1.96	1	1.96	0.17	0.21
温度 * 抗氧化剂	0.72	1	0.72	0.06	0.37
温度 * 填充气体	36.39	1	36.39	3.22	0.11
温度 * 包装用料	1.41	1	1.41	0.12	0.19
抗氧化剂 * 填充气体	7.31	1	7.31	0.65	0.47
抗氧化剂 * 包装用料	10.41	1	10.41	0.92	0.77
气体 * 包装用料	n/a	1	n/a		0.19
高阶交互作用	39.78	9	4.42	0.39	0.28
实验误差	3 257.45	288	11.31		
总计	4 176.29	311			

图 8.4 统计分析结果

除了包装的用料未对口味的好坏达到显著外，其余自变量均达到显著性水平。

最理想的状态是（析因设计的作用之一）：使用抗氧化剂的油烹制，打包装罐，填充二氧化碳，保存在 100 华氏度下。

4. 析因设计 SPSS 实现

【例 8.3】 河南一大型奶粉经销商想要了解 3 种不同性质的奶粉品牌：国产的、外资的、合资企业的，在与医院合作的情况下，3 种不同品牌的奶粉的销售量情况。表 8.9 是原始数据：

表 8.9　不同奶粉品牌与医院合作/不合作的销量　　（单位:吨）

与医院合作否 \ 销量	品牌		
	国产	外资	合资品牌
与医院合作	12	21	16
	11	22	14
	15	25	13
	9	17	11
	13	19	10
不与医院合作	18	13	12
	21	11	15
	15	9	10
	13	10	11
	19	8	9

SPSS 操作实现

(1) 数据录入:

图 8.5 中,subject 代表样本的代码,是一个字符串变量,变量医院分为两个处理水平,1 代表与医院合作,2 代表不合作。变量品牌有三个处理水平,其中 1 代表国产品牌,2 代表外资品牌,3 代表中外合资品牌的奶粉。变量销售量为因变量。

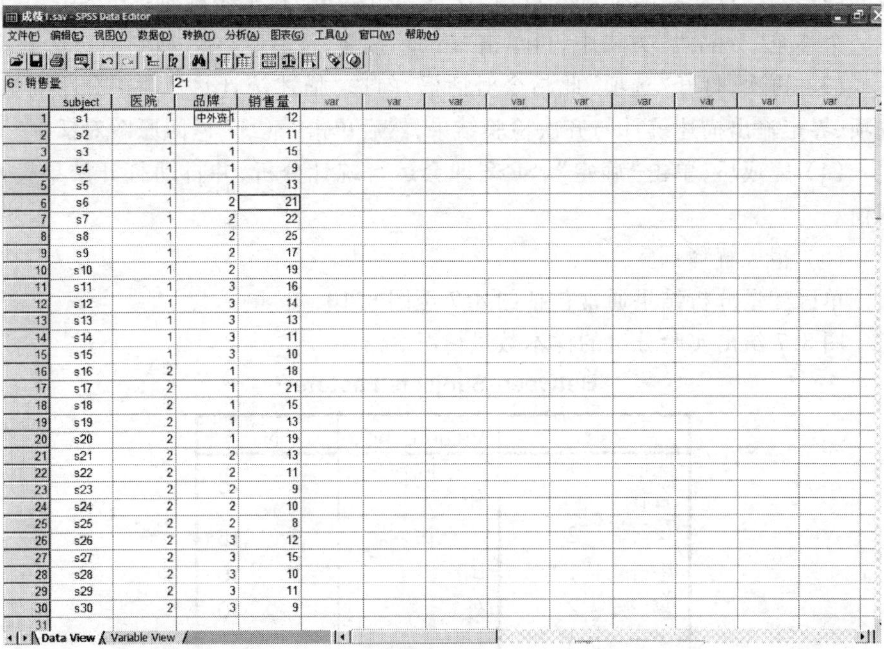

	subject	医院	品牌	销售量
1	s1	1	1	12
2	s2	1	1	11
3	s3	1	1	15
4	s4	1	1	9
5	s5	1	1	13
6	s6	1	2	21
7	s7	1	2	22
8	s8	1	2	25
9	s9	1	2	17
10	s10	1	2	19
11	s11	1	3	16
12	s12	1	3	14
13	s13	1	3	13
14	s14	1	3	11
15	s15	1	3	10
16	s16	2	1	18
17	s17	2	1	21
18	s18	2	1	15
19	s19	2	1	13
20	s20	2	1	19
21	s21	2	2	13
22	s22	2	2	11
23	s23	2	2	9
24	s24	2	2	10
25	s25	2	2	8
26	s26	2	3	12
27	s27	2	3	15
28	s28	2	3	10
29	s29	2	3	11
30	s30	2	3	9
31				

图 8.5　数据录入

界定二因素样本 ANOVA 的"Univariate(单变量)"指令对话框,如图 8.6 所示。

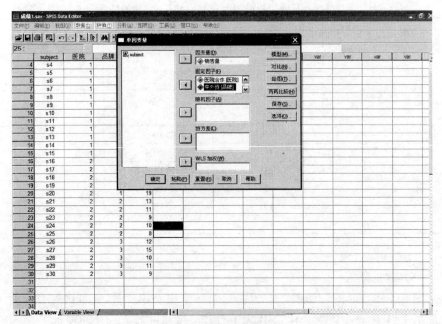

图 8.6　界定二因素样本

（2）然后，打开"绘图"此指令对话框，以绘制两个自变量在因变量上平均数的趋势图。首先在两个自变量中，任选一个移至"水平坐标轴"方格中，并将另一个移至"分隔线"方格中，再单击"增加"按钮，最后"继续"回到原对话框。

（3）再次，打开"选项"此指令对话框，勾选"描述统计量"，"齐次性检验"选项，界定输出描述统计与齐次检验结果，然后单击"继续"返回原图对话框。

（4）完成后，单击"确定"，SPSS 即会运行统计分析，并自动打开结果输出视窗。

（5）报表解释：

单因变量分析结果通常包括图 8.7 至图 8.10：

图 8.7 给出实验分组的样本数量情况。

Between-Subjects Factors

		Value Label	N
医院合作	1	与医院合作	15
	2	不合作	15
中外资	1	国产	10
	2	外资	10
	3	合资品牌	10

图 8.7　实验分组样本数量情况

图 8.8 给出各实验分组因变量的均值和标准差。

Descriptive Statistics

Dependent Variable: 销售量

医院合作	中外资	Mean	Std. Deviation	N
与医院合作	国产	12.00	2.236	5
	外资	20.80	3.033	5
	合资品牌	12.80	2.387	5
	Total	15.20	4.754	15
不合作	国产	17.20	3.194	5
	外资	10.20	1.924	5
	合资品牌	11.40	2.302	5
	Total	12.93	3.936	15
Total	国产	14.60	3.777	10
	外资	15.50	6.078	10
	合资品牌	12.10	2.331	10
	Total	14.07	4.441	30

图 8.8 实验分组因变量均值、标准差

图 8.9 给出方差齐性检验的结果，Sig. 值大于 0.05 为方差齐性，未分析结果方差为齐性。

Levene's Test of Equality of Error Variances

Dependent Variable: 销售量

F	df1	df2	Sig.
.490	5	24	.781

Tests the null hypothesis that the error variance of the dependent variable is equal across groups.

a. Design: Intercept+医院+品牌+医院 * 品牌

图 8.9 方差齐次性检验结果

从图 8.10 可以看出自变量"医院"、"品牌"对因变量的影响确实显著存在，且医院与品牌的交互作用项对因变量的影响非常显著，即一个自变量对因变量的影响会因另一个自变量的不同而有所不同，虽然两个自变量的主要效果的 F 值也都达显著水平，但因交互作用达显著，对两个自变量效果项的检验就没有任何意义了。因此要进行单纯主要效果检验。

Tests of Between-Subjects Effects

Dependent Variable: 销售量

Source	Type III Sum of Squares	df	Mean Square	F	Sig.
Corrected Model	415.467[a]	5	83.093	12.751	.000
Intercept	5936.133	1	5936.133	910.916	.000
医院	38.533	1	38.533	5.913	.023
品牌	62.067	2	31.033	4.762	.018
医院 * 品牌	314.867	2	157.433	24.159	.000
Error	156.400	24	6.517		
Total	6508.000	30			
Corrected Total	571.867	29			

a. R Squared = .727 (Adjusted R Squared = .670)

图 8.10 方差分析表

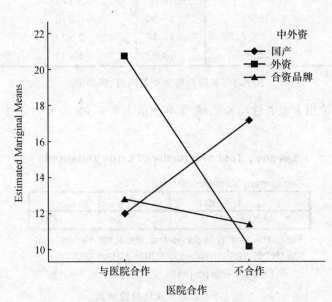

图 8.11 中外资和与医院合作交互作用

本 章 小 结

  析因设计是一种多因素的交叉分组设计,也叫做全因子实验设计。就是实验中所涉及的全部实验因素的各水平全面组合形成不同的实验条件,每个实验条件下进行两次或两次以上的独立重复实验。析因设计的最大优点是所获得的信息量很多,可以准确地估计各实验因素的主效应的大小,还可估计因素之间各级交互作用效应的大小。其最大缺点是所需要的实验次数最多,因此耗费的人力、物力和时间也较多。当所考察的实验因素和水平较多时,研究者很难承受。

两因素完全随机实验设计不仅能够清晰地看出单个因素的影响与作用,同时也能更好地看出多个因素之间相互的影响与交互作用,方便决策者更好地决策。

参 考 文 献

1. 黄蔚(2007),《市场实验设计》,北京:北京大学出版社,pp.256—258。
2. 胡纯严、胡良平(2008),"如何正确运用析因设计",《中国药物应用与监测》,第5卷第5期。
3. Symour Banks(1965), *Experimentation in Marketing*, New York:McGraw-Hill.

第九章

平衡不完全随机区组设计

第一节 平衡不完全随机区组设计思想

1. 平衡不完全随机区组设计概述

在析因实验设计当中,随实验因素及因素水平数量的增多,处理组合(treatment combinations)的数量也会随之显著增多。这种情况下,如果研究者把所有的处理组合用在一个区组或采取重复实验的方法,就会产生大量的实验单元,而且难以保证实验单元有严格意义上的一致性。

例如,某厂商欲研究其商品三个属性在各自不同水平的情况下对销售量的影响,此商品有4种不同大小的包装,3种单包装和多包装形式,3个价格水平,因此这个实验需要 $4 \times 3 \times 3 = 36$ 个商店才能涵盖所有可能的处理组合。如果把某城市作为一个区组,研究者几乎不太可能在一个城市中找到36家大小、类型都相同的商店;而如果研究者把商店大小和类型做统一标准,然后让36个商店分配到不同城市,每个城市分别找5至10个相同大小、类型的商店,这种方法又会增加人们对目标城市同质化程度的怀疑,因而实验结果不能得到普遍认同。后者的问题表现在数据上,就是方差不齐。如果各个测试单元(商店)方差不齐,那么后期经过 F 检验得到多个样本所属测试单元平均数(每个商店的销售量)差异显著的结果,就可能部分归因于各个实验组总体方差不同,也就是说销售量的不同可能是由不同城市的商店本身差异造成,而不完全是因为商品的三种属性。

即使在单因子实验中,研究者也会遇到难以把所有处理运用到一个区组的尴尬情况。例如,有实验证明,即使一个味觉很敏感的人也很难一次性准确判断4种以上口味的优劣,但如果是不同的人品尝多种口味,又不具有口味优劣的可比性,所以就会遇到被试内和被试间都无法运用的困境。涉及此类困境的还有广告兴趣评估、服装和家具设计偏好评估等实验,这些容易产生乏味感的实验很难一次性发现所有刺激因素的相关特点,从而达不到原有的实验目的。

因此以上问题就需要采用平衡不完全随机区组实验设计加以解决。平衡不完全随机区组设计是指以减少各区组中处理数,同时保证整个实验过程中各处理的出现频率相同、排列次序均衡的方式,解决处理或处理组合数量超出同质性区组数或区组容量问题的实验方法。

2. 平衡不完全随机区组设计思想

平衡不完全随机区组设计,顾名思义,其设计思想主要体现在"不完全"、"平衡"、"随机"三个概念上。很多实验方法要求每个区组或重复实验中包含的处理数要少于整个实验处理的总数,平衡不完全随机区组实验也是其中一种,但它更易运用到市场实验当中,其特点如下:

① 如果 L 代表实验处理总数(或处理组合的数目),K 代表每个区组中的实验单元数,根据平衡不完全随机区组设计的定义,$K < L$,即"不完全"概念。

② 区组之间,各处理的配对次数要相等;整个实验设计中,每个处理出现的次数也要相等,即"平衡"的概念。

③ 所有处理被随机分配到各个区组中,在区组中出现的次序也必须是随机的,即"随机"的概念。

下面以一个例子(表9.1)说明处理是如何按照上述原则分配的:

表9.1 平衡不完全随机区组分配

平衡安排处理						区组随机		区组随机	处理顺序平衡		
组别	受试产品										
1	A1	A2	A3	—	—		9		9	A3	A1	A2
2	—	A2	A3	A4	—		8		8	A2	A4	A3
3	—	—	A3	A4	A5		10		10	A4	A5	A3
4	A1	—	—	A4	A5		1		1	A5	A4	A1
5	A1	A2	—	—	A5		7		7	A2	A1	A5
6	—	A2	A3	—	A5		6		6	A3	A5	A2
7	A1	—	A3	A4	—		2		2	A1	A3	A4
8	—	A2	—	A4	A5		4		4	A4	A2	A5
9	A1	—	A3	—	A5		3		3	A5	A3	A1
10	A1	A2	—	A4	—		5		5	A1	A2	A4

平衡不完全区组设计要求每个处理和其他处理的配对次数相同,处理组之间有相近的匹配度,而差异化的区组被随机化。所以,平衡不完全随机区组设计的一个基本假设就是处理的效应是固定的,而区组效应是随机的。基于以上条件,整个设计模型中不包含交互作用。

下面以一个简单的例子说明平衡不完全随机区组设计的思想。某化妆品公司要为一款新乳液选择最受消费者欢迎的包装样式,现有7种方案(处理A、B、C、D、E、F、G)可供选择。该公司选择了7个化妆品专卖店(区组)进行实验,每个专卖店3种包装,随机选择3个消费者(实验单元,或3的倍数,即重复实验)各免费试用一次该款不同包装的乳液。具体分配如表9.2所示。

表 9.2 专卖店区组分配

区组(专卖店)						
1	2	3	4	5	6	7
A	B	C	D	A	B	A
B	C	D	E	E	F	C
D	E	F	G	F	G	G

从平衡角度看,整个设计当中,每种包装(处理)都出现了3次,而且在其所在专卖店(区组)中只与其他6种包装(处理)配对1次,例如,A在专卖店1中和B、D配对1次,在专卖店5中与E、F配对1次,在专卖店7中与C、G配对一次。从不完全角度看,每个专卖店只试用3种包装,而不是试用所有7种包装。从随机角度看,每3款包装在各专卖店出现的次序被随机安排,每种包装组合也是被随机分配到各个专卖店当中,例如A、B、D被随机分配到专卖店1,而B、C、E则在专卖店2。

3. 平衡不完全随机区组设计应用范围

平衡不完全随机区组的设计思想能够让研究者科学地操作具有大量处理或处理组的实验。通常,当研究者处理涉及人或商店的实验时,他们就会发现把所有的处理用在一个实验单元或一组实验单元中既不合适也不可行,例如一个人不可能尝遍7种口味的饮料并清楚分辨出味道的不同。如上文所提到的,平衡不完全随机区组设计通过减少每个区组的处理数,同时保持整个实验中各处理出现频率相同(即平衡)的方式解决了上述困难。当然,因为每个区组只能包含一部分处理而不是全部处理,所以实验通常需要扩大区组数。但因为在此实验方法中区组被随机化,而现实中以人或商店为实验单元数或区组数又很多,所以平衡不完全区组设计所要求的较大区组数的条件不会对研究者产生限制。

需要注意的是,平衡不完全随机区组设计虽能允许大量的处理数、实验单元数、区组数、处理重复次数,以及两个处理多次同时出现在同一区组的情况,但原则来说,平衡不完全随机区组实验设计要求每个区组的单元数不能超过6个。

第二节 平衡不完全区组设计运用及分析

下面以三个案例来说明平衡不完全随机区组设计的运用条件和处理方法。
1. 混合果汁口味选择实例
(1) 实验设计思想

【例9.1】 一果汁生产商希望从七种口味(A、B、C、D、E、F、G)的混合果汁当中找出最受消费者欢迎的一种进行重点销售。通过先前的测试,他们发现味觉很敏感的人,即使能够对测试的三种口味(两个口味相同,一个口味不同)做出准确一致的判断,但对四种以上口味的优劣程度进行判别时结果就不太可靠。这说明,该厂商如果想在同一个实验对象上施加所有处理,最后的实验结果并不具有可靠性。因此实验设计者采用平衡不完全随机区组设计,即用每区组四个实验单元的方式检测七种果汁混合口味的受欢迎程度,如表9.3所示。

表 9.3 混合果汁平衡不完全随机区组分配

区组商店	饮料品尝			
	Ⅰ人	Ⅱ人	Ⅲ人	Ⅳ人
1	C	E	F	G
2	D	F	G	A
3	E	G	A	B
4	F	A	B	C
5	G	B	C	D
6	A	C	D	E
7	B	D	E	F

此实验采用 Youden Square 设计(拉丁方设计的一种)。拉丁方设计可安排一个实验因素、两个区组因素,但要求三个因素的水平数相同,并且以实验因素的水平数为基准。另外,设计中三个因素之间不能存在交互作用(或交互作用可以忽略不计)。Youden 设计是行数和列数不相等的"不完全"拉丁方设计,可以看成是缺少了处理的正交实验设计①。表9.3 就是一个 Youden 设计,其中区组 1 至 7 表示 7 个商店,Ⅰ至Ⅳ表示每个商店的 4 个被试者。

从表9.3可以看出,该实验设计拥有平衡不完全随机区组设计的所有要素。同时,此实验设计也考虑了每一栏的"平衡"问题——每个处理在每栏都出现且只出现一次,所以每一栏都是一个独立而又完整的重复性实验。

上述实验设计中每个区组有 4 个品尝者(普通消费者),每个品尝者会对自己所在区组的一种口味饮料进行 1—4 分的分级,1 表示最好口味,4 表示最差口味,而且为消除次序效应,测试顺序被随机分配。每种口味在单次测试(每 7 个商店看成一个单次测试)中被测四次,单次测试重复四次,这样所有口味就被均衡地分配到相应的 28 个区组中,每种口味被测试 $4 \times 4 = 16$ 次,最后每种口味的等级分数在 16—64 之间。

(2)实验数据分析

本实验要求品尝者用等级排序的方式评价不同果汁口味,所以研究者采用肯德尔和谐系数 Kendall(W)检测各口味果汁排序是否有显著相关性。肯德尔和谐系数是衡量多列等级变量相关程度的指标,用来计算分类变量间的秩相

---

① 正交拉丁方是把两个 n 阶的拉丁方叠合在一起,形成 n 的平方个不同的有序数对,正交实验设计用于多因素多水平实验,它是根据正交性从全面实验中挑选出部分有代表性的点进行实验,具有"均匀分散,齐整可比"的特点,是分式析因设计的主要方法。

关,适用于多列相关的等级资料。适用这种方法的数据资料一般是通过采用等级评定的方法收集,即让 K 个评委(被试)评定 N 件事物,或 1 个评委(被试)先后 K 次评定 N 件事物。

多配对样本的肯德尔和谐系数检验就是对多配对样本进行检验的非参数检验方法,可以实现对评判者的评判标准是否一致的分析,即评判者信度。其原假设是:评判者的评判标准不一致。

此实验通过肯德尔和谐系数来分析测试者对饮料的等级评分是否一致,如果评分一致则说明品尝者对某些口味是有一定偏好的,而不是随机评分;如果评分不一致则说明品尝者对这些口味没有明显的偏好,在等级评分有效的基础上通过等级评分总和找出最好的果汁口味。所以可假设如下:

H0:品尝者评分标准不一致

H1:品尝者评分标准一致

肯德尔和谐系数 W 的计算适用同一评价者无相同等级评定,共有两个公式,式(9.1)是 W 的计算公式,式(9.2)是 S 的计算公式,S 是公式(9.1)中的分子。

$$W = \frac{S}{\frac{1}{12}K^2(N^3 - N)} \tag{9.1}$$

$$S = \sum_{i=1}^{n}(R_i - \overline{R_i})^2 = \sum_{i=1}^{n}R_i^2 - \frac{1}{n}\left(\sum_{i=1}^{n}R_i\right)^2 \tag{9.2}$$

N 表示处理数;K 表示评分者人数或评分所依据的标准数,$K = m(k-1)/(N-1)$,m 表示每个处理在整个实验中被评分的次数,k 表示一个区组中的实验单元数;S 表示每个处理所评等级之和(R_i)与所有处理等级和的平均数($\overline{R_i}$)的离差平方和。例如,在此实验中 $N = 7$,$K = 4^2 \times (4-1)/(7-1) = 8$,$S = X^2(A) + X^2(B) + X^2(C) + \cdots + X^2(G) = 946$。

将表 9.4 的相关数据代入公式,可以得出 $W = 0.188(p < 0.01)$,说明品尝者对 7 种口味评价标准是一致的,对口味有显著偏好。

表 9.4　口味与等级计算

口味	等级总和	$X =$ 每个处理等级总和 R_i - 所有处理等级和的平均数 $\overline{R_i}$
A	26	−14
B	45	5
C	37	−3
D	39	−1
E	36	−4
F	50	10
G	47	7
总和	280	
平均值	40	

肯德尔和谐系数除了利用计算公式之外,还可以利用 SPSS 软件,SPSS 将自动算出 W 和谐系数和对应的概率 p 值。如果 p 值小于给定的显著性水平(通常设为 0.05),则拒绝原假设,说明评判者的评判标准一致,非随意打分;如果 p 值大于显著性水平,则证明原假设,说明评判者的评判标准不一致。此例若原假设被证实,则说明品尝者对口味没有一致性的评价标准,即使能得出某个实验结果,这个结果也没有实际意义。

SPSS 具体操作步骤与结果分析见图 9.1 至图 9.5:

① 输入数据

数据输入方法、格式修改和前文一致,这里不再赘述。

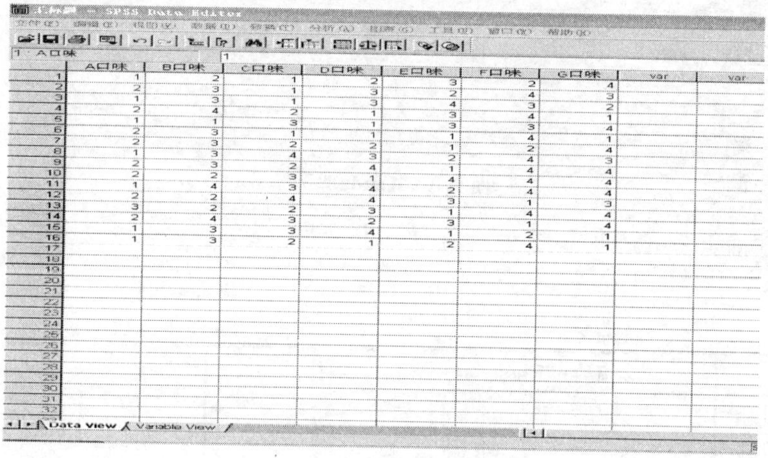

图 9.1　输入数据

② 选择分析→非参数检验→多个相关样本→Kendall 的 $W(k)$

图 9.2　多个相关样本分析

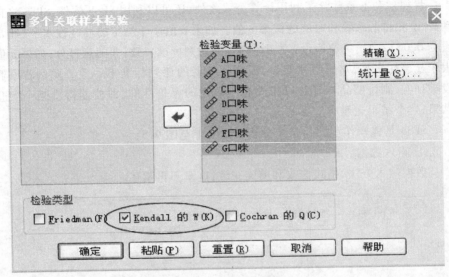

图 9.3 Kendall 分析

③ 确定输出结果

Ranks

	Mean Rank
A口味	2.50
B口味	4.59
C口味	3.63
D口味	3.91
E口味	3.53
F口味	5.09

图 9.4 排序

Kendall's W Test

Test Statistics

N	16
Kendall's W	.188
Chi-square	18.030
df	6
Asymp. Sig.	.006

a. Kendall's Coefficient of Concordance

图 9.5 Kendall 分析结果

以上 SPSS 结果和公式计算结果也显示 $W=0.188, p<0.05$,同样说明测试者对 7 种口味评判标准一致。卡方值(Chi-square)为 18.030,具有统计显著性,表明测试者对 7 种口味评价的均值有显著差别。实验排名以 1 作为最好口味等级,4 为最差口味等级,所以从等级评分的总和可以看出 A 是最受欢迎的口味,可成为厂商的首选(见表 9.5)。

表 9.5 等级评分总和

口味	A	B	C	D	E	F	G
等级评分总和	26	45	37	39	36	50	47

(3) 结语

肯德尔和谐系数 W 的前提假设是一个人对各个处理不会出现同等级打分,

但小数量同等级排名的出现不会太大影响到 W 的计算。如果出现并列等级,则处理共同评分应该占据的等级,如,两个并列第一名,它们应该占据 1、2 名,所以它们的等级应是 1.5,又如一个第一名,两个并列第二名,三个并列第三名,则它们对应的等级应该是 1、2.5、2.5、5、5、5,这里 2.5 是 2、3 的平均,5 是 4、5、6 的平均。但如果大量重复排序出现,就要用随机数表重新排列之前具有相同等级的处理。更重要的是,实验设计者应重新检查整个实验过程,包括测试对象的动机、测试产品的多样性、每个区组的处理数,因为大量的重复等级分数可能表明存在不完善的测试环境。

2. 展示架销售效果评估实例

(1) 实验设计思想

【例 9.2】 某红酒企业近期推出一款新配方的红酒,为了实现销量最大化,厂商想使用一些比较合适的展示架展示其最新红酒,现已设计出 6 种不同的展示架。厂商任意选取了 10 家商场,在每家商场随机放置三类展示架,并随机安排展架的摆放顺序。通过摄像头记录每 1 000 个购买者从每个展示架购买的红酒的数目,如表 9.6 所示。

表 9.6 商场展示架分配与销量表

商铺	展示架及其红酒销量			总体销量
1	A 32	B 16	E 14	62
2	B 24	A 37	F 29	90
3	D 42	C 25	A 38	105
4	A 35	F 27	C 23	85
5	D 40	E 13	A 35	88
6	C 21	B 20	D 38	79
7	E 15	C 14	B 22	51
8	B 19	D 36	F 26	81
9	C 15	F 25	E 16	56
10	E 18	D 39	F 28	85

案例 9.2 是利用平衡不完全随机设计测试 10 个商场中 6 个展示架的销售效果,并说明其如何对诸如销售量此类的定量数据进行分析。因为每个区组的处理配对不同,而全部区组又要求配对组实现平衡,所以首先要通过一组特定的处理实现区组构成方式的无偏向性,然后再利用轮流交替的方法调整所有的处理以满足平衡不完全随机区组设计的要求,处理及处理组安排如表 9.6 所示。

10 个商场的总销售量为 782,各处理的销售总数分别为 A = 177, B = 101, C = 98, D = 195, E = 76, F = 135。

(2) 实验数据分析

该实验是一个非重复区组实验,影响红酒销量的因素有三个:一是处理因素,即展示架;二是区组因素,即商铺;三是随机因素的作用。表 9.6 呈现的销售量就可能是三方面共同影响的结果,即不同展示架造成的销售差异,不同商铺自身造成的销售差异以及随机因素造成的销售差异。

此实验的最终目的是要找出最有利于红酒销售的展示架,但在此之前首先要确认展示架的差异是否会影响红酒的销量,所以对数据的分析首先要区别开商铺和随机因素对销售量的影响,并剔除商铺对销售量的干扰,只考察展示架对销售量的影响以实现实验目的。

SS 总变异 = SS 处理(调整后) + SS 商铺 + SS 随机

该数据处理可以通过 SPSS 软件的多元方差分析(ANOVA)实现,操作步骤如图 9.6 至图 9.9 所示:

① 输入数据

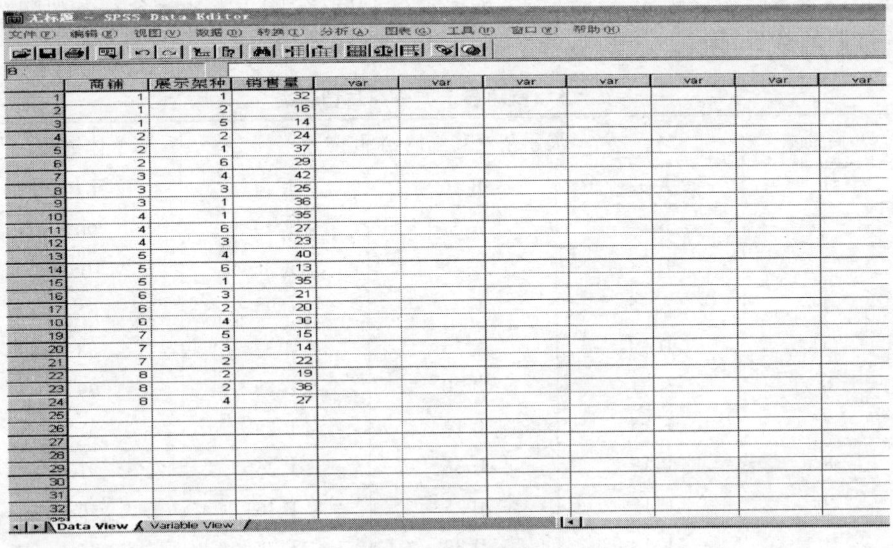

	商铺	展示架种	销售量
1	1	1	32
2	1	2	16
3	1	5	14
4	2	2	24
5	2	1	37
6	2	6	29
7	3	4	42
8	3	3	25
9	3	1	36
10	4	1	35
11	4	6	27
12	4	3	23
13	5	4	40
14	5	6	13
15	5	1	35
16	6	3	21
17	6	2	20
18	6	4	30
19	7	5	15
20	7	3	14
21	7	2	22
22	8	2	19
23	8	2	36
24	8	4	27

图 9.6　输入数据

② 分析各因素对销售量的影响情况

一般线性模型→单因变量多因素方差分析→因变量:销售量;固定因子:商铺、展示架→模型→设定→主效应→确定

图 9.7 单因变量多因素方差分析

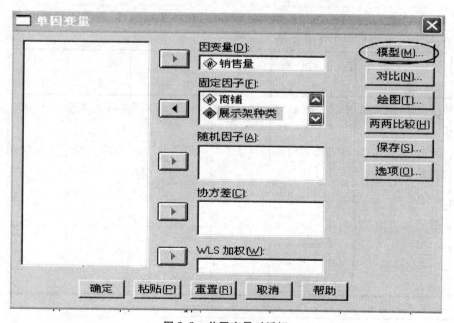

图 9.8 单因变量对话框

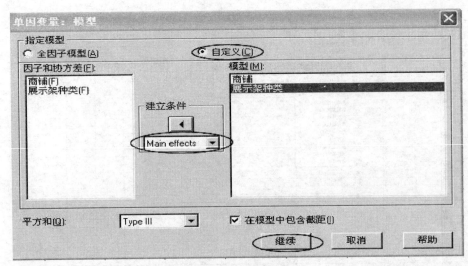

图 9.9 自定义模型

前文已经说明平衡不完全随机区组设计不存在交互分析,所以在单变量模型选项中要选择设定,分析主效应,而不需要像随机区组设计那样考虑全因子下自变量的交互效应。输出结果如图 9.10 所示:

Tests of Between-Subjects Effects					
Dependent Variable:销售量					
Source	Type III Sum of Squares	df	Mean Square	F	Sig.
Corrected Model	2383.033ª	14	170.217	40.635	.000
Intercept	20384.133	1	20384.133	4866.239	.000
商铺	135.167	9	15.019	3.585	.014
展示架	1533.167	5	306.633	73.202	.000
Error	62.833	15	4.189		
Total	22830.000	30			
Corrected Total	2445.867	29			
a. R Squared = .974 (Adjusted R Squared = .950)					

图 9.10 方差分析表

处理因素调整后的变异代表单纯由展示架的不同引起的销售量变化，$p < 0.05$，说明展示架能够明显影响红酒的销量。商铺虽然也对销售量产生影响，但影响程度远小于展示架（F 商铺 $\ll F$ 展示架），且不是研究的主要目的，所以不予考虑。然而，我们现在虽然已经知道红酒销售量主要因展示架的不同而产生差异，但是并不确切地知道哪类展示架比较有优势，因此此时需要采用事后分析，对每两种展示架进行比较，找出最有利于销售的展示架，达到实验的真正目的。

通过 SPSS 进行事后分析操作如图 9.11 至图 9.13 所示：

① 输入数据（如前）

② 一般线性模型→单变量多因素方差分析→因变量：销售量；固定因子：展示架→两两比较→Turkey→继续→确定

图 9.11　单变量多因素方差分析

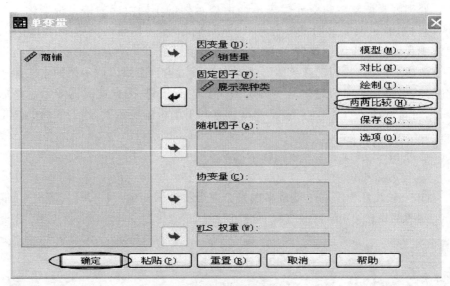

图 9.12 单变量两两比较

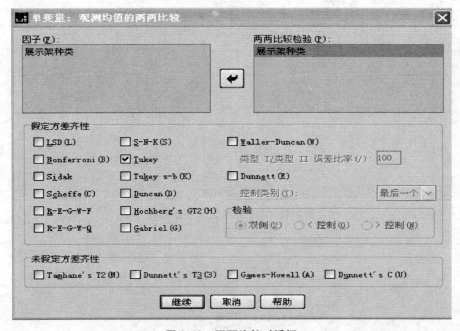

图 9.13 两两比较对话框

用 SPSS 的 ANOVA 两两比较(Post Hoc Multiple Comparisons)时选择较多，可根据具体的实验数据和实验要求选择恰当的比较方法。各种方法的适用范围及优缺点前几章已有提到,这里不再赘述。此处选用 Tukey 法。

③ 两两比较后,输出结果如图 9.14

Post Hoc Tests

Multiple Comparisons

销售量
Tukey HSD

(I) 展示架类型		(J) 展示架类型		Mean Difference (I-J)	Std. Error	Sig.	95% Confidence Interval	
							Lower Bound	Upper Bound
dimension2	A dimension3	B		15.20	1.817	.000	9.58	20.82
		C		15.80	1.817	.000	10.18	21.42
		D		-3.60	1.817	.381	-9.22	2.02
		E		20.20	1.817	.000	14.58	25.82
		F		8.40	1.817	.001	2.78	14.02
	B dimension3	A		-15.20	1.817	.000	-20.82	-9.58
		C		.60	1.817	.999	-5.02	6.22
		D		-18.80	1.817	.000	-24.42	-13.18
		E		5.00	1.817	.101	-.62	10.62
		F		-6.80	1.817	.011	-12.42	-1.18
	C dimension3	A		-15.80	1.817	.000	-21.42	-10.18
		B		-.60	1.817	.999	-6.22	5.02
		D		-19.40	1.817	.000	-25.02	-13.78
		E		4.40	1.817	.188	-1.22	10.02
		F		-7.40	1.817	.005	-13.02	-1.78
	D dimension3	A		3.60	1.817	.381	-2.02	9.22
		B		18.80	1.817	.000	13.18	24.42
		C		19.40	1.817	.000	13.78	25.02
		E		23.80	1.817	.000	18.18	29.42
		F		12.00	1.817	.000	6.38	17.62
	E dimension3	A		-20.20	1.817	.000	-25.82	-14.58
		B		-5.00	1.817	.101	-10.62	.62
		C		-4.40	1.817	.188	-10.02	1.22
		D		-23.80	1.817	.000	-29.42	-18.18
		F		-11.80	1.817	.000	-17.42	-6.18
	F dimension3	A		-8.40	1.817	.001	-14.02	-2.78
		B		6.80	1.817	.011	1.18	12.42
		C		7.40	1.817	.005	1.78	13.02
		D		-12.00	1.817	.000	-17.62	-6.38
		E		11.80	1.817	.000	6.18	17.42

图 9.14 两两比较结果

Homogeneous Subsets

销售量

Tukey HSD[a,b]

展示架类型		N	Subset		
			1	2	3
dimension 1	E	5	15.20		
	C	5	19.60		
	B	5	20.20		
	F	5		27.00	
	A	5			35.40
	D	5			39.00
	Sig.		.101	1.000	.381

Means for groups in homogeneous subsets are displayed.
Based on observed means.
The error term is Mean Square(Error) = 8.250.
a. Uses Harmonic Mean Sample Size = 5.000.
b. Alpha = 0.05.

图 9.15 同质组别

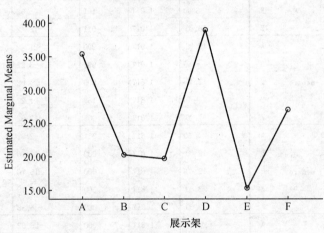

图 9.16 同展示架销量曲线图

由图 9.14 的两两计较以及图 9.16 的销售量折线图可以看出：D 类展示架在销售量方面最有优势。因此，厂家可以考虑采用 D 类展示架推出新产品，其次可考虑采用 A 展示架，因为 D 与 A 展示架销量之间无显著性差异，$p > 0.05$。

3. 杂志种类对广告态度的影响实例

(1) 实验设计思想

【例 9.3】 在一项检验杂志内容是否对家庭主妇的广告态度产生影响的实验中，其数据收集部分采用平衡不完全随机区组设计。

为避免造成访谈者和被试者的疲倦感，也为了隐藏真实的研究目的，每个被试者要看三个广告,且广告被分别放置在三种不同的杂志:*Life*、*Look*、含有社论材料和广告的散页文件夹。尽管每次访谈只需讨论 3 幅广告,但这个实验依然设计了 6 幅广告,这 6 幅广告的产品档次相当,广告画面的美感、制作质量、人物选用水准相当,尽量实现了广告表现的无差异化。在决定广告如何呈现给不同被试者时,研究者采纳平衡不完全设计原则(见表 9.7)。

表 9.7 平衡不完全随机区组分配

被试者编号	第一个呈现的广告	第二个呈现的广告	第三个呈现的广告	被试者编号	第一个呈现的广告	第二个呈现的广告	第三个呈现的广告
1	A	B	C	13	D	A	B
2	A	B	D	14	D	C	A
3	A	B	E	15	D	E	A
4	A	B	F	16	D	E	F
5	B	C	D	17	E	A	C
6	B	C	E	18	E	F	A
7	B	C	F	19	E	F	B
8	B	E	D	20	E	F	C
9	C	D	A	21	F	A	B
10	C	D	E	22	F	A	D
11	C	D	F	23	F	D	B
12	C	F	E	24	F	E	B

该实验先把广告分组,每组三幅,然后把这些广告按照已经排好的顺序呈现给被试者。每幅广告在第一的次序上出现四次,在第二的次序上出现四次,在第三的次序上出现四次,虽然如此,该实验并不能保证控制到所有的无关变量,因为它并不要求每一幅广告和其他五幅广告都有同时出现的机会,但以上排序利用了拉丁方旋转的方法,保证了每一幅广告在三种材料中出现的频率相同。用数字 1 代表杂志 *Life*,数字 2 代表 *Look*,数字 3 代表散页杂志,A—B—C 是广告呈现顺序,而广告和杂志的结合有以下三种顺序:

    A1   B2   C3
    A2   B3   C1
    A3   B1   C2

实验共采纳 24 种广告排序,而三种杂志又要以如上三种顺序呈现,这样就会有 72 种呈现和排列顺序。每个城市这些顺序组合重复 4 次产生 288 次访谈,实验共在 6 个城市中进行,因此访谈总数达 1 728 次。

访谈所有的问题都指向广告而不是阅读材料。被试者只选择一个广告来回答六个标准问题(比如,对广告的兴趣,对此广告的信任程度,对广告商品的选择,等等),但答案不被纳入统计范围。研究者认为当不同广告出现在不同的阅读材料时,被试者选择回答问题所依据的广告有所不同,这种不同被认为是由阅读材料导致的结果。

（2）实验数据分析

该实验数据的收集部分是利用平衡不完全随机区组设计方法把不同的广告分派到三种阅读材料中，但对于阅读材料的分配来说，这就属于完全随机区组设计，因为在每次访谈中三种材料都被呈现出来。因此，数据分析只需比较选择不同阅读材料的相同广告回答问题的被试者百分比（见表9.8）。

表9.8 回答广告对劝服购买有效的被测者百分比

迫选的阅读材料	选择的广告的分布
1（Life）	34.4%
2（Look）	29.7%
3（散页杂志）	31.0%
不知道/不回答	4.9%
	100%
被试总人数 = 1 728 人	

被试者被要求在三个广告中挑出一个来回答访谈中一个的问题，选用 S.S. Wilks 的两相关百分比检验以判断选择不同阅读材料的百分比的差异分布情况。计算公式如下：

$$\sigma(\text{correlated } p_1 - p_2) = \sqrt{\frac{100(p_1 + p_2) - (p_1 - p_2)^2}{n}}$$

在此案例中

$$\sigma(\text{correlated } p_1 - p_2) = \sqrt{\frac{100(34.4 + 29.7) - (34.4 - 29.7)^2}{1\,728}} = 1.92$$

选择材料1和材料2中同一幅广告来回答问题比例差异的临界比率为 $(34.4-29.7)/1.92=2.45$。根据常态曲线下的面积可知，这个比率存在5.5%的发生可能性，材料1比材料2更有说服力。

本 章 小 结

现实中，不管测试单元是人还是商场，如果实验处理或处理组太多，研究者都不太可能让单个实验单元涵盖所有处理或处理组。在此限制下，平衡不完全随机区组设计被运用到市场实验当中。

平衡不完全随机区组的概念虽然有区组大小的限制（不多于6个），但仍有助于研究者解决实验中含有大量处理和处理组的问题。它的设计思想是减少每个区组的处理数，同时保持整个实验中处理出现的频率均衡，充分体现"不完全"和"平衡"的概念。当然，由于每个区组的处理数只占所有处理数的一部分，因此区组的数量就必定要相对增多，然而在以人或商场做实验单元的实验中，潜在的实验单元数或区组数很多,所以研究者不必担心此类问题。

研究者可以用上述实验设计的思想来做各种各样的调查,而且实验设计和详细的实验数据分析并不需要像之前的实验方法那样总有固定的紧密联系。研究者可以利用实验设计的框架来操控实验单元含有大量处理的情况,用简化的程序来分析结果数据,例 9.3 就是一个很好的说明。因此,我们可以只需利用拉丁方和平衡不完全随机区组设计等实验方法创造期望的实验条件,或者解决顺序影响等问题,而不必考虑数据有没有通过相关统计技术做分析。

总体来说,平衡不完全随机区组设计可以独立于具体的数据统计,这将有助于研究者采用科学的实验方法简化数据处理方式,达到理想的实验效果。

参 考 文 献

1. 薛薇(2006),《基于 SPSS 的数据分析》,北京:中国人民大学出版社,p.256。
2. 张文彬(2004),《SPSS 统计分析高级教程》,北京:高等教育出版社,p.33。

第十章

建立与实验数据匹配的模型

第一节 为什么要建立数据模型

前面几章我们具体讨论了各种不同的实验设计方法,这些设计方法都是关注不同实验处理的不同效果。这些实验处理有的是质的差异,有些则是量的差异,比如产品价格、广告费用、果汁浓度等。当实验处理是量的差异时,企业常常关注处理强度与因变量之间存在的关系。但是受限于现实,企业在进行实验时没办法将自变量的各个水平都纳入实验中,这样的实验不但需要相当的预算而且难以操作。假如我们能够找到变量与结果之间的数学关系去建立一个方程式,那我们就能够运用这个方程式来估计其他处理水平的结果,便省去大量人力物力。

在现实市场行为中,建立模型的应用是很广泛的,模型的建立涉及回归分析。在很多统计学书上都有一个故事,即英国生物学家高尔顿对遗传特性的研究,这是早期关于回归分析的研究。高尔顿对豌豆进行实验以研究遗传的特性。实验过程如下:挑选7组不同大小的豌豆种植于英国不同的地区,每组种植10粒种子,最后将豌豆种子与新长豌豆种子进行尺寸比较。对结果的比较分析,他发现了一种回归趋势,即平均来说,非常矮小的父辈倾向于有偏高的子代,而非常高大的父辈则倾向于有偏矮的子代。一个总体中在某一个时期具有某一极端的特征的个体在未来的某一时期将减弱它的极端性,这种趋势叫做"回归效应"。这种效应应用非常广,已不局限于生物学上的遗传大小问题。在现实的市场中也存在这种回归效应,我们的实验所搜集的数据也可借助统计软件来建立一个理论方程式进行回归分析。

假如我们所建立的这种理论方程式在实验中没有被拒绝,那它就可以帮助企业规划市场战略和目标。在后面我们将具体举例说明企业如何运用所建立的模型对其市场行为进行指导。

第二节 一元线性回归模型

1. 一元线性回归模型概述

当影响市场变化的诸因素中有一个基本的和起决定作用的因素,而且自变量与因变量之间的数据分布呈直线趋势,那么就可以运用一元线性回归方程 $y = a + bx$ 进行预测。这里 y 是因变量,x 是自变量,a、b 均为参数,其中 b 是回归系数,它表示当 x 增加一个单位时 y 的平均增加数量。由于市场现象一般是受多种因素的影响,而并不是仅仅受一个因素的影响,因此应用一元线性回归分析预测法,必须对影响市场现象的多种因素作全面分析。只有当诸多的影响因素中,确实存在一个对因变量影响作用明显高于其他因素的变量,才能将它作为自变量,应用一元线性回归分析进行预测。

2. 一元线性回归模型实例

理论总是抽象难懂的,下面我们以实际案例来阐述一元线性回归模型。

例如,美的公司今年 6 月推出一款时尚多功能微波炉,但该产品第一个季度的销售状况并不乐观,为增加该产品的购买率,公司决定在广告宣传上加大力度。那么,公司应支出多少广告费用才能取得最好的效果?公司决定做一个市场实验来研究何种广告费用水平能够取得最好的购买率。有六种广告费用水平被测试,分别是:1.75 元/千户、2.5 元/千户、3 元/千户、3.75 元/千户、4.75 元/千户、8 元/千户。这六种广告费用水平作为自变量运用于实验中。本次实验采用完全随机设计,抽取了 18 个市场作为实验测试地,每种广告费用水平下有三个测试地。

实验得出了如表 10.1 所示的数据:

表 10.1 各种支出水平下的购买率

	平均每千户的广告支出水平(元)					
	1.75	2.5	3	3.75	4.75	8
平均值 (%)	9	19	27	48	43	52
	5	17	39	28	36	48
	4	9	32	45	50	59
	6	15	32.7	40.3	43	53

实验所得出的是百分比数据,而百分比数据服从二项分布,不能直接用于方差分析,所以我们需要将它转化为正态分布。利用公式 Angel = $\arcsin \sqrt{percentage}$ 就能达到目的。转化后的数据如表 10.2 所示。

表 10.2　各种支出水平下的购买率

总和平均值	平均每千户的广告支出水平(元)					
	1.75	2.5	3	3.75	4.75	8
	17.46	25.84	31.31	46.85	40.98	46.15
	12.92	24.35	38.65	31.95	36.87	43.85
	11.54	17.46	34.45	42.13	45	50.18
	41.92	67.65	104.41	117.93	122.85	140.18
	13.97	22.55	34.80	39.31	40.95	46.73

转化完成后首先要做的就是进行方差分析,以观察组间的购买率差异是否大于组内差异。假如组间差异没有显著性,所有的处理水平都产生类似的结果,那么我们便无须再进一步分析了。假如组间差异达到了显著程度,那么我们就要建立与数据匹配的一元线性方程式了。

首先建立假设:

$H0$:广告支出水平对购买率没有影响。

$H1$:广告支出水平对购买率有影响。

数据录入 SPSS 后得出的方差分析如图 10.1 所示。

购买率

	Sum of Squares	df	Mean Square	F	Sig.
Between Groups	2337.723	5	467.545	21.930	.000
Within Groups	255.841	12	21.320		
Total	2593.565	17			

图 10.1　方差分析

这里检验统计量 F 为 21.930,大于自由度为 5 和 12 的 F 界值 5.06,拒绝原假设,备择假设成立,广告支出水平对购买率是有影响的。

确定了广告支出水平对购买率的影响后,下一步就是要建立与实验数据匹配的一元线性方程式了。一元线性方程式的一般公式为:

$$y = a + bx$$

这里有两个参数,我们需要计算出这两个参数才能建立数学方程式。这一步可以通过 SPSS 来实现。

首先将数据录入到 SPSS 中,见图 10.2。

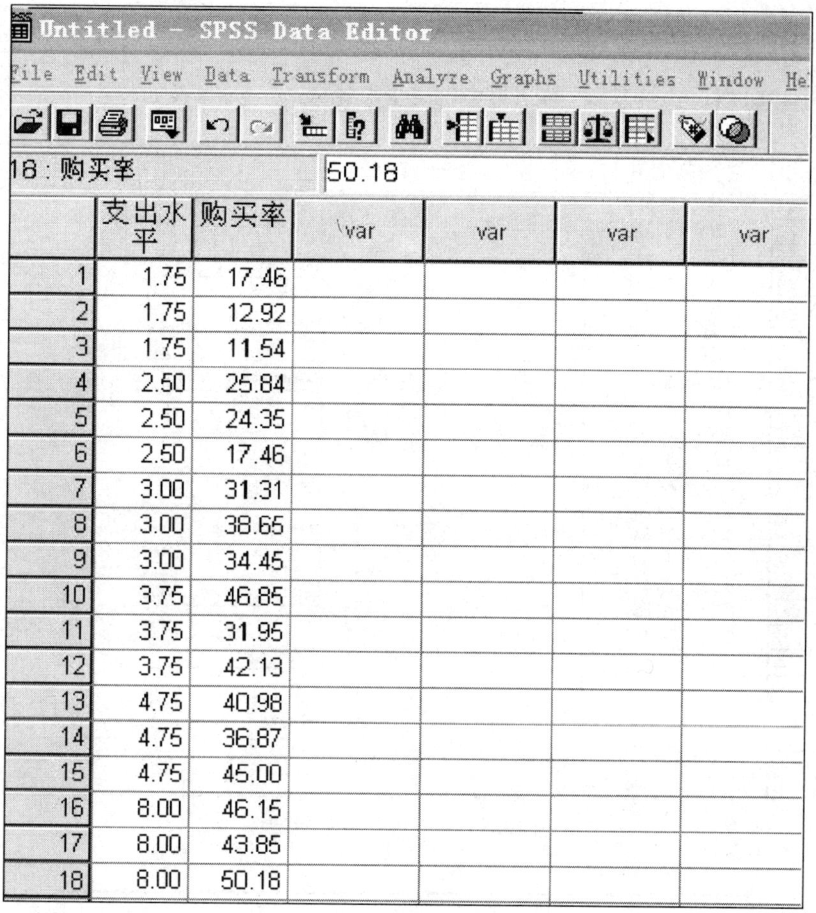

	支出水平	购买率	var	var	var	var
1	1.75	17.46				
2	1.75	12.92				
3	1.75	11.54				
4	2.50	25.84				
5	2.50	24.35				
6	2.50	17.46				
7	3.00	31.31				
8	3.00	38.65				
9	3.00	34.45				
10	3.75	46.85				
11	3.75	31.95				
12	3.75	42.13				
13	4.75	40.98				
14	4.75	36.87				
15	4.75	45.00				
16	8.00	46.15				
17	8.00	43.85				
18	8.00	50.18				

图 10.2　数据录入

接下来操作“分析(Analyze)→回归(Regression)→线性回归(Linear)”，在弹出的对话框中将因变量设为“购买率”，独立变量设为“支出水平”，见图 10.3 至图 10.5。

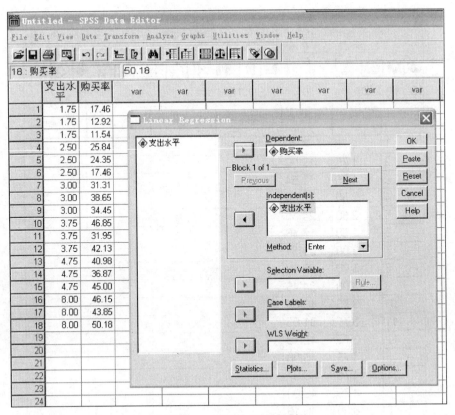

图 10.3 一元线性分析对话框

Model	R	R Square	Adjusted R Square	Std. Error of the Estimate
1	.789(a)	.622	.598	7.82748

a Predictors: (Constant),支出水平

图 10.4 R 平方值

Model		Sum of Squares	df	Mean Square	F	Sig.
1	Regression	1613.252	1	1613.252	26.330	.000(a)
	Residual	980.312	16	61.270		
	Total	2593.565	17			

a Predictors: (Constant), 支出水平
b Dependent Variable: 购买率

图 10.5　ANOVA(b)

一元线性方程式的两个参数 a 和 b 分别对应图 10.6 中"Unstandardized Coefficients"下的 14.834 和 4.645，因此与实验数据匹配的一元线性方程式为：

$$Y = 14.834 + 4.645x$$

Model		Unstandardized Coefficients		Standardized Coefficients	t	Sig.
		B	Std. Error	Beta		
1	(Constant)	14.834	4.030		3.681	.002
	支出水平	4.645	.905	.789	5.131	.000

图 10.6　Coefficients 系数

方程式是建立了，但是这个方程式是否能够出色地匹配实验数据呢？我们将运用方差分析的标准误差来检验方程式的适用程度。在图 10.4 中，我们看到估计回归系数的标准误差为 7.82748，超过了估计回归系数本身 4.645，这个标准误差过大，所建立的一元线性方程组并不匹配实验数据。这有可能是实验数据本身并不是线性关系所导致的，有可能它们是一种曲线关系，因此下面我们将继续介绍另一种模型——曲线回归模型。

第三节　曲线回归模型

1. 曲线回归模型概述

在实际问题中，有时候因变量和自变量之间的依存关系并非是线性形式，而是某种曲线，这时就需要拟合适当类型的曲线模型，即曲线回归或非线性回归。曲线回归按照自变量的个数可以分为一元非线性回归和多元非线性回归，

曲线的形式也因实际资料的不同而有多种形式,比如双曲线、指数曲线、抛物线曲线、S形曲线等。拟合何种曲线为宜,有的可以根据理论或过去积累的经验事先确定,有的则必须根据实际资料的散点图来确定。下面我们就以美的公司的实验数据为例介绍曲线回归模型的操作方法。

2. 曲线回归模型实例操作

根据前面的线性回归分析结果,我们可以估计数据可能呈现曲线模型,选择二次曲线模型、三次曲线模型进行分析。

在输入数据后,单击"分析(Analyze)→回归分析(Regression)→曲线估计(Curve Estimation)",将因变量设为"购买率"、自变量设为"支出水平"。模型栏的选择有赖于实验人员的过往经验,有经验的实验人员根据数据的分布确定选择何种模型。还有一种方法是观察散点图,根据散点图的大致分布初步判断数据可能呈现的曲线模型,进而勾选所需模型。在本例中,根据散点图我们勾选"线性(Linear)"、"平方(Quadratic)"和"立方(Cubic)",如图10.7所示。

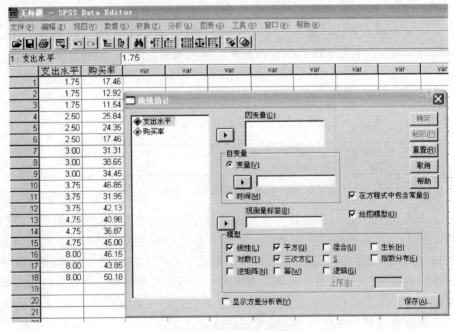

图10.7 曲线估计对话框

单击"确定"后,可以得到平方模型和立方模型的分析结果,如图10.8、图10.9所示。

Quadratic

Model Summary

R	R Square	Adjusted R Square	Std. Error of the Estimate
.922	.850	.830	5.094

The independent variable is 支出水平.

ANOVA

	Sum of Squares	df	Mean Square	F	Sig.
Regression	2204.336	2	1102.168	42.475	.000
Residual	389.229	15	25.949		
Total	2593.565	17			

The independent variable is 支出水平.

Coefficients

	Unstandardized Coefficients		Standardized Coefficients	t	Sig.
	B	Std. Error	Beta		
支出水平	19.827	3.235	3.367	6.129	.000
支出水平 ** 2	-1.519	.318	-2.622	-4.773	.000
(Constant)	15.147	6.807		-2.225	.042

图 10.8　曲线回归平方模型分析结果

Cubic

Model Summary

R	R Square	Adjusted R Square	Std. Error of the Estimate
.934	.873	.846	4.854

The independent variable is 支出水平.

ANOVA

	Sum of Squares	df	Mean Square	F	Sig.
Regression	2263.652	3	754.551	32.020	.000
Residual	329.913	14	23.565		
Total	2593.565	17			

The independent variable is 支出水平.

Coefficients

	Unstandardized Coefficients		Standardized Coefficients	t	Sig.
	B	Std. Error	Beta		
支出水平	45.377	16.397	7.705	2.767	.015
支出水平 ** 2	-7.812	3.978	-13.482	-1.964	.070
支出水平 ** 3	.447	.282	6.643	1.587	.135
(Constant)	-45.152	19.994		-2.258	.040

图 10.9　曲线回归立方模型分析结果

在图 10.8 平方模型中分析得出的标准误差为 5.094,方差分析其值显示为 0.000,具有显著性,而在系数表中支出水平、支出水平 2、常数都具有显著性,因此可以建立平方模型,即抛物线曲线。抛物线有一个一般公式:$Y = a + bX + cX^2$。将图中系数表给出的参数代入抛物线公式即可建立曲线模型:

$$Y = -15.147 + 19.827X - 1.519X^2$$

为什么不建立立方模型呢?在图 10.9 中系数表中支出水平 2 和支出水平 3 的值分别为 0.70 和 0.135,都不具有显著性,因此其建立的立方模型并不比平方模型精确。

至此,我们就建立了实验数据的曲线模型。这个曲线模型是否比第一节中的线性模型更匹配实验数据呢?SPSS 在曲线回归分析结果中生成了一个比较图,如图 10.10 所示。在这个图中我们可以清楚地看到,线性回归所建立的预测模型在预测最低和最高值时比实验数据要高,中间部分又比实验数据低。而抛物线模型则显然要比线性模型准确得多。

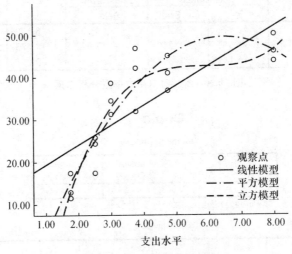

图 10.10　曲线回归比较图

3. 正交多项式法

传统方法计算回归模型,费时费力,方程式每增加一个新的次项都要重新计算回归系数。R. A. Fisher 提出匹配曲线的方法,即采用正交多项式来寻找与数据相匹配的回归模型时,每增加新的次项,原有的回归项系数保持不变,只需为新的次项寻找回归系数。因此,回归模型可以每一次增加一个新的次项,直到获得一个满意的曲线为止。在这个过程中不需要建立多个方程式,所以曲线的次数越高,正交多项式的优越性越能得到体现。

正交多项式的一般形式为:

$$Y = A + BX_1 + CX_2 + DX_3 + \cdots$$

这里 X_i 表示含有 X 的复杂式子，Y 表示因变量。这个曲线是非常灵活的，可以应用于各类数据。在某些特定条件下，它可以是直线也可以是抛物线。当实验中每一处理组的观测点数量相同并且处理值以等距排列的时候，运用正交多项式法会使得建立模型的过程变得非常简单。如果实验是为了观测两个变量之间的作用关系，正交多项法就可以使研究者设计一个便于使用更简易分析技术的实验了。

在前面的例子中，广告支出水平之间并没有等距排列，使用正交多项式法需要把它们转换成等距排列，如图 10.11 所示。

处理前		处理后	
支出水平	总购买率	支出水平	总购买率
￥1.75	41.92	￥1.75	41.92
2.50	67.65	3.00	82.63
3.00	104.41	4.25	104.41
3.75	117.93	5.50	117.93
4.75	122.85	6.75	122.85
8.00	140.18	8.00	124.61

图 10.11 正交多项式处理前后的数据

处理后的数据方差分析结果如图 10.12 所示。

Source of variation	Sum of squares	Df	Mean square	F
Between treatments	1,712.80	5	342.56	17.64**
Within treatments	232.99	12	19.42	
Total	1,945.79	17		

图 10.12 方差分析结果

处理后的方差分析的组间差异 F 值为 17.64，具有显著性，与处理前的数据方差分析结果一致。

与前面建立曲线模型不同，正交多项式法在每新增加一个次项时都要测试其是否具有显著性,直到一个新增加的次项对整个回归模型的适用程度不再具有显著性,我们才能开始建立整个方程式。

下面我们要开始为多项式各部分匹配正交系数,这部分工作需要借助图10.13 来完成。

No. of treatments k	Component	Treatments in order of size							...	$\sum c^2$	λ
		1	2	3	4	5	6	7			
3	Linear	-1	0	1						2	1
	Quadratic	1	-2	1						6	3
4	Linear	-3	-1	1	3					20	2
	Quadratic	1	-1	-1	1					4	1
	Cubic	-1	3	3	1					20	10/3
5	Linear	-2	-1	0	1	2				10	1
	Quadratic	2	-1	-2	-1	2				14	1
	Cubic	-1	2	0	-2	1				10	5/6
	Quartic	1	-4	6	-4	1				70	35/12
6	Linear	-5	-3	-1	1	3	5			70	2
	Quadratic	5	-1	-4	-4	-1	5			84	3/2
	Cubic	-5	7	4	-4	-7	5			180	5/3
	Quartic	1	-3	2	2	-3	1			28	7/12
7	Linear	-3	-2	-1	0	1	2			28	1
	Quadratic	5	0	-3	-4	-3	0			84	1
	Cubic	-1	1	1	0	-1	-1			6	1/6
	Quartic	3	-7	1	6	1	-7			154	7/12

图10.13 正交系数表

图10.13 中 K 代表处理水平的个数,在我们这次实验中有六个处理水平,所以我们选择 $K=6$ 的线性、平方、立方的正交系数,结果如图10.14 所示。

	¥1.75	¥3.00	¥4.25	¥5.50	¥6.75	¥8.00
总购买率	441.92	882.63	104.41	117.93	122.85	124.61
一次成分	-5	-3	-1	1	3	5
二次成分	5	-1	-4	-4	-1	5
三次成分	-5	7	4	-4	-7	5

图 10.14 实验数据和正交系数

接下来进行回归成分解释量的显著性检验。回归成分的解释量为 C^2/D，其中：

$$C = \sum Y_i c_i$$
$$D = m \sum c_i^2$$
$$m = 每个处理水平下的观察数$$
$$c_i = 正交系数$$

借助正交系数表分别对一次、二次、三次回归求 F 值，结果分别为 73.54、14.05、0.58。一次和二次回归成分的解释量显著，三次回归成分的解释量不显著。因此我们可以推断出所需方程为二次项。

在决定了建立二次成分的方程式后，我们就要开始计算方程 $Y = A + BX_1 + CX_2$ 中的系数 A、B、C，然后算出多项式 X_1、X_2。建立正交多项式要将处理值转换成单元值，处理水平间的差值为一个单元，如图 10.15 所示。

计算多项式的系数：

$$A = Y$$
$$B = C_{\text{lin}} / D_{\text{lin}}$$
$$C = C_{\text{quad}} / D_{\text{quad}}$$

求解多项式：

$$X_1 = \lambda_1 (X - \overline{X})$$
$$X_2 = \lambda_2 [(X - \overline{X})^2 - (n^2 - 1)/12]$$

代入数据后得方程式：

$$Y_e = -6.501 + 17.384X - 1.560X^2$$

原数据	单元值
￥1.75	1.40
2.50	2.40
3.00	3.40
3.75	4.40
4.75	5.40
8.00	6.40
均值 ￥4.875	3.90

图 10.15 正交多项式处理

图 10.16 给出了原始数据和由正交多项式方程所得出的估计值:

实际处理水平	转换水平	Y	Y_e
￥1.75	1.40	13.97	14.78
2.50	2.40	27.54	26.24
3.00	3.40	34.80	34.57
3.75	4.40	38.64	39.79
4.75	5.40	40.95	41.88
8.00	6.40	41.45	40.86

图 10.16 原始值与估计值

从图 10.16 可以看出由正交多项方程式所预测的值与实际观测值相当接近,所建立的方程与实验数据匹配度非常高。

回归方程具有预测结果、策略选择的作用,但是在使用回归方程的时候也要谨慎,因为方程不一定真实反映变量之间的关系,实际变量之间的关系可能还受多种实验未观测的因素的影响。

本 章 小 结

企业在进行市场实验时,所要考察的变量不可能涉及变量的所有水平,但是企业往往又想探究变量的不同水平的不同结果,以便进行市场决策。利用实验所得的数据,借助统计软件,可以建立处理水平与结果之间的数据模型,利用这个数学模型企业便可以估计变量的不同处理水平可能产生的结果。数据模型有多种类型，比如线性模型、曲线模型等，其中曲线模型还包含多种子模型，如平方模型（抛物线模型）、立方模型。模型的建立有助于企业的决策，但是这种模型所预测的结果并不是完全精确的，因为模型建立所依据的原始素材——实验所得数据本身可能就存在误差。

附录

附录一　市场实验计划撰写(例)

说明:附录一以某地区银行为例,用于示范市场实验计划书的撰写,包括问题提出、实验目的、实验设计、具体操作过程、人员安排、时间控制、数据回收与分析等事项,可用于给该实验过程相关执行人员提供指导与说明。

一、问题提出与实验目的

某地区银行想了解以下两个问题:

1. 沟通渠道效果比较

该银行现在推销新的服务或业务时,常用的与现有客户沟通的渠道,包括手机短信、电话呼叫(外呼)与直邮等三种渠道,其中直邮又可分为广告单张邮寄、广告印在账单背面与账单夹寄广告单张三种。该银行想知道一般情况下各种沟通渠道方式及其组合的效果差异,以便为将来的营销沟通提供渠道优先选择方案。

2. 不同沟通内容设计的效果比较

通过整合新业务所有卖点针对所有用户进行沟通,还是提取单个有针对性的卖点瞄准细分人群进行沟通,二者产生的效果是否存在差异?该银行想知道哪一种内容设计与沟通方式更佳,以便为将来的传播内容设计与沟通方式选择提供科学的决策依据。

实验的结果变量均为实际来营业厅办理实验业务的人数。

二、实验设计与操作

本项目分为实验设计、实验操作与数据分析三大阶段,其中实验操作是针对在前期实验设计中所定义的样本群体(实验单元)实施实验处理并收集相关数据。

1. 步骤一:识别与提取实验样本

操作方:银行数据中心

时间:2009 年 6 月 1 日

内容:根据前期实验设计阶段所定义的样本特征与数量,提取所有样本客户信息(手机号码、联系地址等),按照拟定的编号发送或通知相关沟通渠道负责人(见表 A1.1)。

表 A1.1 实验样本客户组别编号

组合序号	短信	外呼	直邮	渠道的排列方式	A 组 随机抽取客户	B 组 储蓄型客户		C 组 投资理财型客户		D 组 消费贷款型客户	
						B1 储蓄卖点	B2 三个卖点	C1 基金业务卖点	C2 三个卖点	D1 股票业务卖点	D2 三个卖点
1	Y			1. 短信	A1						
2		Y		2. 外呼	A2						
3			Y	3.1 单独邮递	A31						
			Y	3.2 账单背面	A32						
			Y	3.3 随账单夹寄	A33						
4	Y		Y	4.1 短信-直邮	A41						
				4.2 直邮-短信	A42						
5	Y	Y		5.1 短信-外呼	A51						
				5.2 外呼-短信	A52						
6		Y	Y	6.1 外呼-直邮	A61						
				6.2 直邮-外呼	A62						
7	Y	Y	Y	7.1 短信-外呼-直邮	A71	B171	B271	C171	C271	D171	D271
				7.2 短信-直邮-外呼	A72	B172	B272	C172	C272	D172	D272
				7.3 外呼-短信-直邮	A73	B173	B273	C173	C273	D173	D273
				7.4 外呼-直邮-短信	A74	B174	B274	C174	C274	D174	D274
7	Y	Y	Y	7.5 直邮-短信-外呼	A75	B175	B275	C175	C275	D175	D275
				7.6 直邮-外呼-短信	A76	B176	B276	C176	C276	D176	D276

注:有编号和底色的方格为各实验组别。

共 59 组,每组样本数为 100 人,样本总数为 5 900 人。

2. 步骤二:各沟通渠道的内容准备(见表 A1.2 至表 A1.4)

表 A1.2　短信内容发送指引(按照发送时间排序)

客户群编号	发送时间	短信内容
A1	7月1日 10:00	某某银行最新推出 A 理财套餐……营业厅恭候您
A41	7月1日 10:00	某某银行最新推出 A 理财套餐……营业厅恭候您
A51	7月1日 10:00	某某银行最新推出 A 理财套餐……营业厅恭候您
A71	7月1日 10:00	某某银行最新推出 A 理财套餐……营业厅恭候您
A72	7月1日 10:00	某某银行最新推出 A 理财套餐……营业厅恭候您
B171	7月1日 10:00	某某银行最新推出 A 理财套餐……营业厅恭候您
B172	7月1日 10:00	某某银行最新推出 A 理财套餐……营业厅恭候您
B271	7月1日 10:00	某某银行最新推出 A 理财套餐……营业厅恭候您
B272	7月1日 10:00	……
C171	7月1日 10:00	……
A52	7月5日 10:00	
A75	7月5日 10:00	
B175	7月5日 10:00	
B275	7月5日 10:00	
C175	7月5日 10:00	
C275	7月5日 10:00	
D175	7月5日 10:00	
D275	7月5日 10:00	
A74	7月6日 10:00	
A76	7月6日 10:00	
B74	7月6日 10:00	
B76	7月6日 10:00	
D174	7月6日 10:00	
D176	7月6日 10:00	
D274	7月6日 10:00	
D276	7月6日 10:00	
……		

表 A1.3　直邮发送指引

客户群编号	发送时间	直邮版本
A31	7月1日 10:00	单独邮寄:A 理财套餐
A32	7月1日 10:00	账单背面版:A 理财套餐
A33	7月1日 10:00	账单夹寄单张版:A 理财套餐
……	……	……
……	……	……

表 A1.4　外呼脚本指引

客户群编号	外呼时间	外呼脚本版本
A2	7月1日 10:00	先生/小姐,您好！我是某某银行……
A51	7月2日 22:00	先生/小姐,您好！我是某某银行……
A52	7月1日 22:00	先生/小姐,您好！我是某某银行……
A61	7月1日 22:00	先生/小姐,您好！我是某某银行……
……	……	……

3. 步骤三:各沟通渠道操作方式说明与培训

按照所提供的指引(步骤二所完成的内容),各沟通渠道负责人完成对相关操作人员的说明、培训。这一过程对于外呼话务员显得最为必要。

说明与培训预留 1 天时间。

4. 步骤四:向各沟通渠道发送沟通内容

各沟通渠道操作人员按照步骤二所提供的沟通内容发送指引表格展开对相关客户群的沟通,并就执行过程中的问题给予及时反馈。

5. 步骤五:客户反应与接待

执行方:银行营业厅服务人员

接收到沟通信息的客户可能会按照所被告知的方式赴营业厅办理 A 理财套餐业务,服务人员应安排专人接待并完成业务办理手续。

注意事项:由于该业务推广目前还只用于 5 900 人的实验群体,各网点营业厅不得在店内公开宣传 A 理财套餐业务。对于没有接收到任何银行所发送的沟通信息而主动询问该业务办理的客户,应给予接待和业务解答。如其愿意,应给予办理。(对于所有客户都应该接纳,否则会有歧视嫌疑。)

截止日期:2009 年 7 月 20 日。所有沟通渠道中规定的截止日期是一致的。但同时对于迟于截止日期 3 天内的顾客,也可给予办理。

6. 步骤六:数据收集与整理

执行方:银行数据中心,银行负责该项目的临时小组

根据各网点营业厅在业务办理过程中所传输并反映在中心数据库中的记录,整理并输出所有客户(样本试验单元)数据的表格,至少包含以下变量(见表 A1.5):

表　A1.5

样本(卡号)	样本组别	沟通渠道	发送时间	业务办理状态 (1 为办理;0 为不办理)
6222＊＊＊＊＊083	A	5	2009-07-02	1

7. 步骤七:递交数据文件进行分析

进入数据分析阶段,由某人负责执行,并撰写结果分析报告。最后递交给银行高层。

附录二 市场实验报告撰写(例)

说明:附录二仍以某地区银行为例,用于示范市场实验报告书的撰写,包括实验目的、实验时间、实验自变量与因变量、数据分析等事项,可用于给公司高层提供决策支持。本文档就第一个实验目的相关的结果深入报告(只分析 A 组的数据),第二个实验目的的报告略去。通常公司只需要知道哪一种方案是最优的,如果报告能提供一个合理的解释就可以了。但有时公司可能想了解更深层的客户心理,就需要进一步的问卷、实验或者访谈,这有点像学术研究的味道了。

一、实验目的

1. 沟通渠道效果比较

该银行现在推销新的服务或业务时,常用的与现有客户沟通的渠道,包括手机短信、电话呼叫(外呼)与直邮三种渠道,其中直邮又可分为广告单张邮寄、广告印在账单背面与账单夹寄广告单张三种。该银行想知道一般情况下各种沟通渠道方式及其组合的效果差异,以便为将来的营销沟通提供渠道优先选择方案。

2. 不同沟通内容设计的效果比较

通过整合新业务所有卖点针对所有用户进行沟通,还是提取单个有针对性的卖点瞄准细分人群进行沟通,二者产生的效果是否存在差异?该银行想知道哪一种内容设计与沟通方式更佳,以便为将来的传播内容设计与沟通方式选择提供科学的决策依据。

二、实验结果

第一次实验时间为 2009 年 7 月 1 日至 10 日。

自变量为沟通渠道及其各种组合方式;因变量为办理该业务的客户数量。这个实验采用被试间设计(inter-subject),每种沟通渠道的样本数为 100 人,这样总样本量达到 1 500 人。沟通效果的衡量指标是来营业厅办理该业务的顾客数。数据结果如表 A2.1 所示。

表 A2.1　不同沟通渠道及其效果

沟通渠道	样本量(人)	办理该业务顾客人数	反应率(%)
短信	100	4	4%
外呼	100	4	4%
邮寄	100	2	2%
短信—邮寄	100	4	4%
邮寄—短信	100	2	2%
短信—外呼	100	2	2%
外呼—短信	100	2	2%
外呼—邮寄	100	4	4%
邮寄—外呼	100	4	4%
短信—外呼—邮寄	100	8	8%
短信—邮寄—外呼	100	4	4%
外呼—短信—邮寄	100	4	4%
外呼—邮寄—短信	100	2	2%
邮寄—短信—外呼	100	20	20%
邮寄—外呼—短信	100	20	20%
合计	1 500	86	5.77%

采用 SPSS 做 ANOVA 组间比较,结果发现这 15 种沟通渠道的效果存在显著性差异,$F=7.02, \mathrm{df}=13, p<0.001$。两两比较的结果,最后两种渠道组合方式(邮寄—短信—外呼、邮寄—外呼—短信)在反应率方面显著高于前面 13 种渠道。前面的 13 种沟通渠道的反应率比较则没有发现显著差异,尽管有些沟通渠道的反应率要高些。对于这家银行来说,最佳的沟通组合方式是"邮寄—短信—外呼"或"邮寄—外呼—短信"。

单渠道与双渠道沟通的反应率都比较低,反应率高的组合都是三条渠道并用的,这说明整合多条渠道传播的效果确要优于单一渠道。通过对这 6 种渠道组合顺序的比较,研究者发现反应率最高的两种组合都是先邮寄信件,而后采用短信或外呼的沟通。先发短信或直接打电话似乎太冒昧了,可能会让人感到恼怒,但是邮寄则不同,如果你一看信封,不感兴趣,你甚至可以直接将它扔到垃圾筒里。先发送邮件,似乎是先给信息的接收者打声招呼,后面再发短信或打电话,就显得不那么突然了。换言之,信息接收者已经有了"心理准备"。

……

(注:通常,企业的实验就到此结束了,公司决策者已经知道了哪一种方案是最优的,这就可以了。数据分析与报告撰写者一般也会估计可能的原因,试图做出解释,但这些通常并不重要。除非在少数情况下,公司想进一步了解并确定客户的心理过程,那就需要进一步研究加以证实。)

教师反馈及教辅申请表

  北京大学出版社以"教材优先、学术为本、创建一流"为目标，主要为广大高等院校师生服务。为更有针对性地为广大教师服务，提升教学质量，在您确认将本书作为指定教材后，请您填好以下表格并经系主任签字盖章后寄回，我们将免费向您提供相应教辅资料。

书号/书名/作者	
您的姓名	
校/院/系	
您所讲授的课程名称	
每学期学生人数	____人　　____年级　　学时
您准备何时用此书授课	
您的联系地址	
邮政编码	联系电话（必填）
E-mail（必填）	
您对本书的建议：	系主任签字 盖章

我们的联系方式：

北京大学出版社经济与管理图书事业部

北京市海淀区成府路 205 号，100871

  联 系 人： 徐 冰

  电　　话： 010-62767312 / 62757146

  传　　真： 010-62556201

  电子邮件： xubingjn@yahoo.com.cn　　em@pup.cn

  网　　址： http://www.pup.cn